U0921469

当代社会主义核心价值观培育和践行的多维研究

段传彬◎著

中国水利水电出版社
www.waterpub.com.cn
·北京·

内 容 提 要

党的十八大以来，习近平总书记发表系列重要讲话，对全面贯彻党的教育方针，为党和人民的事业培养合格建设者和可靠接班人作出重要指示，强调“广大青年要使社会主义核心价值观成为自己的基本遵循，并身体力行大力将其推广到全社会去”。本书积极响应习总书记的号召，本书积极研究践行社会主义核心价值观的要求和策略，对社会主义核心价值观的内涵、演变、三个层面、核心内容和发展的四个维度作出了研究。

图书在版编目(CIP)数据

当代社会主义核心价值观培育和践行的多维研究 / 段传彬著. —北京：中国水利水电出版社，2016.10（2022.9重印）

ISBN 978-7-5170-4708-7

Ⅰ.①当… Ⅱ.①段… Ⅲ.①社会主义建设－价值论－研究－中国 Ⅳ.D616

中国版本图书馆 CIP 数据核字(2016)第 216730 号

责任编辑：杨庆川　陈　洁　封面设计：崔　蕾

书　　名	当代社会主义核心价值观培育和践行的多维研究 DANGDAI SHEHUI ZHUYI HEXIN JIAZHIGUAN PEIYU HE JIANXING DE DUOWEI YANJIU
作　　者	段传彬　著
出版发行	中国水利水电出版社 (北京市海淀区玉渊潭南路 1 号 D 座 100038) 网址：www.waterpub.com.cn E-mail：mchannel@263.net(万水) sales@mwr.gov.cn 电话：(010)68545888(营销中心）、82562819（万水）
经　　售	全国各地新华书店和相关出版物销售网点
排　　版	北京厚诚则铭印刷科技有限公司
印　　刷	天津光之彩印刷有限公司
规　　格	170mm×240mm　16 开本　16.75 印张　215 千字
版　　次	2016年10月第1版　2022年9月第2次印刷
印　　数	1501-2500册
定　　价	50.00 元

前　言

党的十八大首次明确提出“社会主义核心价值观”的科学概念，并从国家、社会、个人三个层面对当代中国社会主义的核心价值理念进行了初步的凝练和概括，强调要“积极培育和践行社会主义核心价值观”。这是我们党继十六届六中全会提出“建设社会主义核心价值体系”战略目标之后于新的历史时期在思想文化建设上提出的又一重大战略任务和重大理论创新，是对社会主义核心价值体系理论的继承和发展。培育和践行社会主义核心价值观是当前推进社会主义核心价值体系大众化的一项重要而紧迫的工作。因此，深入开展对社会主义核心价值观的研究无疑具有十分重大的理论和现实意义。

社会主义核心价值观重在培育和践行，是思想文化领域必须坚持的一条重要指导原则。所谓重在培育和践行，就是要把“培育和践行”作为社会主义核心价值观工作的出发点和落脚点，以立为本，持之以恒，贵在落实，务求实效。从高校思想政治教育的角度出发，培育和践行就是要把社会主义核心价值观与高校思想政治教育结合起来，使之在当代大学生群体的思想中生根发芽。

本书以党的十八大精神为指导，深入贯彻落实习近平总书记系列重要讲话精神，结合近年来相关教学、科研和社会调查成果，力求对社会主义核心价值观做一些新的思考，特别是对社会主义核心价值观的丰富内涵、历史演进、三个层面、基本内容、路径维度、主体维度、高校维度、社会维度等问题，进行深入思考与研究，旨在深入揭示培育和弘扬社会主义核心价值观的时代特征和基本规律。该书对社会主义核心价值观和高校思想政治教育的发展进行了深入的思考与研究，是学界研究成果的一次集中体现。总体来说，本书有以下几个方面的特点。

第一，主题聚焦，导向明确。本书在严格遵循马克思主义基本立场、观点、方法的基础上，紧扣习近平总书记系列重要讲话精神，紧密结合当前高校思想政治教育的实际，系统研究了高校如何坚持社会主义核心价值观的问题。

第二，结构严谨，逻辑紧密。本书注重从核心价值观的整体性上深入研究和阐释高校坚持社会主义核心价值观的问题，既突出研究的形式统一和个性阐发的有机结合，又注重从逻辑与历史、理论与实践的有机统一上阐述社会主义核心价值观研究所涉及的内容。

第三，视野开阔，立足前沿。深入阐释践行社会主义核心价值观的策略，立足学术和理论研究前沿，关注对重大问题的分析。

总之，本书初步从理论上探讨了社会主义核心价值观的基本问题，分析了核心价值观提出的历史背景、理论渊源和时代主题，从理论和实践相结合的角度对社会主义核心价值观作了系统研究和学理分析，提出了一些新观点、新判断、新思考，以为社会主义核心价值观研究做出些许贡献。

作　者

2016 年 6 月

目 录

前言

第一章 社会主义核心价值观的内涵解读…………………… 1

第一节 社会主义核心价值观的相关概念…………… 1
第二节 社会主义核心价值观的本质及特征分析……… 9
第三节 社会主义核心价值观培育和践行的时代境遇 … 22

第二章 核心价值观的历史演进 ……………………………… 28

第一节 中国封建主义社会核心价值观 ……………… 28
第二节 资本主义社会核心价值观研究 ……………… 35
第三节 社会主义核心价值观研究 …………………… 44
第四节 我国社会主义核心价值观的当代发展 ……… 53

第三章 社会主义核心价值观的三个层面 ………………… 61

第一节 社会主义核心价值观的国家层面 …………… 61
第二节 社会主义核心价值观的社会层面 …………… 77
第三节 社会主义核心价值观的个人层面 …………… 86

第四章 社会主义核心价值观培育和践行的基本内容 …… 97

第一节 马克思主义指导思想 ………………………… 97
第二节 中国特色社会主义共同理想………………… 105
第三节 民族精神和时代精神………………………… 112
第四节 社会主义荣辱观……………………………… 121

第五章 社会主义核心价值观培育和践行的路径维度…… 129

第一节 加强宣传教育推动社会主义核心价值观的培育和

践行…………………………………………… 129
第二节 学习雷锋精神推动社会主义核心价值观的培育和践行…………………………………………… 139
第三节 立足传统文化推动社会主义核心价值观的培育和践行…………………………………………… 143
第四节 借鉴国外经验推动社会主义核心价值观的培育和践行…………………………………………… 156

第六章 社会主义核心价值观培育和践行的主体维度…… 164

第一节 重视党员干部核心价值观建设………………… 164
第二节 重视高校教师群体的核心价值观建设……… 172
第三节 重视公共人物的核心价值观建设 ………… 184

第七章 社会主义核心价值观培育和践行的高校维度…… 198

第一节 改进理论课教学提高高校核心价值观教育的实效…………………………………………… 198
第二节 建设和谐校园文化优化高校核心价值观教育的环境…………………………………………… 211
第三节 加强社会实践促进高校核心价值观教育的知行合一………………………………………… 221

第八章 社会主义核心价值观培育和践行的社会维度…… 228

第一节 社会主义核心价值观培育和践行与构筑中国梦…………………………………………… 228
第二节 社会主义核心价值观培育和践行与建设文化强国…………………………………………… 236
第三节 社会主义核心价值观培育和践行与建设和谐社会…………………………………………… 251

参考文献……………………………………………… 258

第一章　社会主义核心价值观的内涵解读

2013 年 8 月 19 日，习近平总书记在全国宣传思想工作会议上讲话指出："经济建设是党的中心工作，意识形态工作是党的一项极端重要的工作。"进入 21 世纪后，随着经济全球化的不断深入和国际竞争日趋激烈，原有国与国之间意识形态的约束逐渐被打破，原有的思想观念、宗教信仰、文化传统、生活方式等诸多方面受到前所未有的冲击，人们的思想观念与文化追求呈现出多元化的特征。同时大学生的价值取向也面临着内容的多样化选择，大学生价值取向多样化的趋势越来越明显。在此背景下，确立什么样的主流价值观，就成为一个重要而且迫切的历史任务。

第一节　社会主义核心价值观的相关概念

从人类社会产生以来，人们就对人生的意义和价值开始追问，并逐渐由一个平凡的问题上升为一个哲学的重要问题。从哲学角度看，价值和价值观都是十分重要的概念，它们不仅关注个人的人生意义和价值，而且扩展到了社会层面，影响面宽，地位和作用越来越重要。事实上，在阶级社会中，我们回避不了对阶级价值的探讨，社会的价值和观念往往成为阶级利益的重要表达，尤其是统治阶级，既要通过一定的价值观来体现和表达他们的利益诉求，又要通过一定的价值观来整合社会不同的利益取向和价值分歧，引领社会的发展。可见，重视一个社会的核心价值观的提炼和宣传教育，是各国实现经济社会稳定发展的共同经验。对社会主义建设而言，社会主义核心价值观作为社会主义意识形态的核心内容，对建设中国特色社会主义的作用更为明显。当前，认识和思考价值、价值观和核心价值观的本质意义，是进行社会主义核心价值观的提炼的首要前提。

一、价值问题研究

（一）价值的定义

“价值”的含义十分丰富。在不同的语境下，在不同的学科中，价值都有各不相同的内涵与形态。在我们熟知的马克思主义《政治经济学》中，价值是一个常见的概念，被归结为凝结在商品中的一般的无差别的人类劳动，是商品的社会属性。价值同样常见于哲学、社会学、美学、伦理学等众多学科，用来表示事物的社会属性和人文属性。

在哲学的概念体系中，“价值”则反映了客体对主体需要的满足程度。马克思在《评阿·瓦格纳的〈政治经济学教科书〉》中指出：“‘价值’这个普遍的概念是从人们对待满足他们需要的外界物的关系中产生的”，“人在把成为满足他的需要的资料的外界物……进行评价，赋予它们以价值或使它们具有‘价值’属性”；并且，马克思在谈论这个问题的时候揭示了价值背后所隐藏的人与人之间的社会关系。“而实际上价值只不过是人和人之间的关系、社会关系在物上的表现，它的物的表现……人们同他们的相互生产活动的关系。”由此可见，价值是人们在主观上看待客观事物的观念，体现了客体满足主体感性或者理性需要的属性。价值一般通过主体对客体的判断而被反映出来。“评价的过程就是主体以其特定的需要对客体的属性在观念上加以评定的过程。价值是客观的，评价是对客观价值的主观反映。”

（二）价值的作用

从人对社会的认识角度看，价值评价是主体认识客观事物的一种方式，主要涉及客观事物的作用、价值认识。而主体在社会科学之中一般指人。人是具有感性思维和理性思维的复合存在，其社会活动具有较强的目的性和主观能动性。人的活动目的是为了满足人的需要，都是在追求他认为最有价值的事物，而这种对有价值事物的追求与探讨对人类的认识活动和实践活动产生了深刻影响。

首先，对价值的追求影响到人们活动的性质和方向，决定了人们的思想、行动的方向。可以说，一个人有什么样的价值目标，就会产生什么样的行为方式；并且，对价值目标的追求贯穿于人类的社会活动的始终，是人们积极从事各种活动的最终动因，对人们选择所从事的社会活动具有指导意义。

其次，人们对有价值事物的追求直接决定了主体活动的方向，影响到主体对事物的选择。人们依据其活动目的主动选择被改造客观事物，而其判断依据则是该种事物对人类需求的满足程度——价值的判断，"人对客观事物采取什么样的态度，要以某事物是否满足人的需要为中介"。价值所引发的强烈的意志和情感会引起人们创造事物的主动性、积极性，从而逐渐推动社会历史的前进。

（三）价值与规范的关系

在马克思主义哲学体系中，"规范"是对社会成员社会活动调整的准则，每一个社会成员都应当遵循。"社会规范反映着各种社会、阶级、集体和团体的利益，而它们主要的、直接的任务是在社会利益居支配地位的情况下协调各种利益。所以，统一的规范按其实质是统一的利益的另一种反映。如果没有这种统一，要使人们按所希望的方向确定价值目标，以及使调节人们行为的机制有效地发挥功能都是不可能的。"[①]规范与其他社会意识形态一样，包含了显性的和隐性的社会制度。与法律、政治这种显性的制度相比，隐性的社会规范力量常常被用来作为评价社会行为善恶和正当性的广义标准，更加强调社会价值导向作用和个体自律

---

① (苏)A. M. 奥马罗夫. 社会管理[M]. 杭州：杭州人民出版社，1986，第 291 页

精神，其规范性力量来源于社会舆论和传统习俗，其规范性本质更为明显、突出。

价值与规范的相似性主要表现在两者是为了调节主客体间的关系，都具有规范社会秩序的作用，而价值相对来说更加抽象。美国社会学家麦基指出："任何社会里的规范是很容易观察到的，……相反，价值并不是显而易见的，因为价值是较为一般的原则"。一个社会有什么样的价值判断及道德标准就决定了这个社会必然会有什么样的社会规范，"如果规范与价值判断之间有任何联系的话，在我们看来，这种联系全在下列事实：规范若要有效，必须以相关的价值判断为基础"[①]。

二、价值观研究

(一)价值观的含义

对于价值观的含义，目前学界有许多界定，比较权威的观点有："价值观是在一定社会条件下，人的全部生活实践对自我、他人和社会所产生的意义的自觉认识，与世界观和人生观密不可分。其核心是对人生目的的认识、对社会的态度和对生活道路的选择"[②]；"所谓价值观是人们在实践中形成的关于价值和价值关系的根本观点、根本看法和根本态度。具体说，价值观是人们心目中关于某类事物的价值的基本看法、总的观念，是人们对该类事物的价值取舍模式和指导主体行为的价值追求模式"[③]。

价值观是人们对待社会各项事务内涵价值的抽象观念，包含了价值的内涵、价值的本质、价值的功能等一系列价值的基本问题。从是否具备系统性来看，价值观可分为"哲学的价值观"和"世俗的价值观"，"哲学的价值观"是关于价值的理论体系，一种

---

① (美)麦基.文化的意义和要素[J].现代外国哲学社会科学文摘，1988(6)

② (澳)方迪启著；黄藿译.价值是什么——价值学导论[M].台北：联经出版公司，1986，第97页

③ 朱贻庭.伦理学大辞典[K].上海：上海辞书出版社，2002，第58页

理论化、系统化的价值观点和价值学说；而“世俗的价值观”是人们在长期存在的社会世俗生活中自发形成的关于价值的观点。

个体的价值观与他后天的教育有密切关系。教育作为一种人社会化的重要工具，一方面，教育将本土文化和传统价值观念不断传承下去；另一方面，教育担负着发展新观念、新思想的重要使命。

价值观与人的社会实践是良性互动的。一方面，价值观指导人的思维实践支配人的生活实践。美国社会学家丹尼尔·贝尔指出：“思想和文化风格并不改变历史——至少不会在一夜之间改变历史。但是它们是变革的必然序幕，因为意识上的变革——价值观和道德伦理上的变革——会推动人们去改革他们的社会安排和体制。”①另一方面人的实践活动进一步地改变人的价值观。人的行为与人的思想相互作用，在特定的时间、地点、条件下，产生奇妙的反映，以量变的形式逐渐影响人的价值观念。

（二）价值观的主要问题

价值观中的主要问题有价值目标、价值追求、价值规范、价值标准、价值取向以及价值信念等。人们的价值观一方面表现为价值取向甚至价值追求，这表现为人们的价值选择，影响到人们选择某一事物的标准；另一方面表现为价值尺度和准则，影响到人们的价值判断，包括人们行为的是非曲直、真假善恶，对人们的社会行为具有根本性的引导和指向作用。

社会实践活动是对人们价值观生成产生最重要影响的一个源泉。马克思主义认为：“全部社会生活在本质上是实践的。凡是把理论引向神秘主义的神秘东西，都能在人的实践中以及对这种实践的理解中得到合理的解决。”②在马克思看来，实践在理解社会关系中具有根本性、决定性的作用。价值观是人类社会意识形态的反映，属于社会意识；而实践活动则是生成意识形态的社

---

① （美）丹尼尔·贝尔.后工业社会的来临[M].北京：商务印书馆，1984，第530页

② 马克思恩格斯文集（第1卷）[C].北京：人民出版社，2009，第501页

会存在。

价值观的核心内容之一就是价值标准的问题。从认识论的角度看,价值标准是人们进行价值判断的标准,是主体判断客体有无价值及价值大小的重要准则。人们根据自身的价值标准,确定各种客观事物有无价值及价值大小,进而确定自己活动或行为取舍的价值取向。因此,价值观的关键问题是怎样确立价值的评判标准和确立什么样的价值评判标准。

人们的价值观主要表现为信仰、信念和理想等。价值观在人们的社会活动中集中表现为人们关于社会生活中人生目标、生活态度、是非判断的信仰、信念和理想等观念的总和。作为表现形式,理想、信念、信仰等观念转变成为支撑人类社会生活的精神支柱,支配和统摄人类的精神文化世界,这就决定了价值观在社会精神文化体系中属于内核的、深层的、相对稳定而起主导作用的成分,是人的精神心理活动的中枢系统,代表着一个社会应该提倡什么、不应该提倡什么的道德规范,决定着人们行为的实践取向。

最后,价值观还包含了人对自身地位的判断,即人对自己的"主体性定位"问题。价值观要回答和解决"人为什么活着"的问题,即通常意义上的人的生活意义问题。人的主体性定位问题关系到人的生活方向和生活目标,对人生具有重要意义。从社会学的角度出发,人生价值包括人的自我价值和社会价值。对人的自我价值和社会价值的定位就决定了人的主体性定位问题。

三、核心价值观研究

价值观体系具有特别明显的体系性特征,各种价值观参与其中,并分布在该体系内部不同重要程度的位置之上。占据重要位置的,可以称之为具有主导地位的价值或核心价值;占有次要位置的,可以称之为具有从属地位的价值。前者决定了并表现出价值体系的基本特色,价值体系整体的倾向以及后者的归属也都取决于前者。研究和把握一个核心价值体系,最核心的是研究和把握核心价值观。“核心价值观,就是反映一种社会制度、一个时代本质的价值观,每个时代、每个社会形态、每个民族,都有自己的核心价值观念。”①

在价值体系明显的结构性特征之中,层级性的特色也是非常明显的。也就是说,如果把一个国家在特定时代的价值体系视为一个统一整体的话,由于价值体系内部不同价值观念性质上的本质区别以及因此所引发的功能的不同,不同价值观念所发挥的作用也不同,甚至截然有别。譬如作为核心价值观,它的本质上的先进性使其具有导引、统率其他价值观的作用,是价值体系中硬度最高、韧性最强的部分;而作为受到核心价值观影响最大的那些价值观念,一方面固然接受了核心价值观的长期熏染,另一方面却依然保留了与核心价值观不同的、也是略为逊色的特征。这些价值观念就分布在核心价值观的周围,与核心价值观具有最为密切的“地缘”关联,当核心价值观面对外界冲击的时候,它往往扮演了“防火墙”或者“隔离带”的作用。此外,还有一种与核心价值观不相吻合甚至略有分歧的价值观,它们一般存在于价值体系的周边区域,具有明显的游离性。“在价值体系中获取核心地位至少要具备如下三个条件:第一,价值观念必须稳定,否则无法保持价值体系的稳定;第二,价值观念必须隐蔽,否则很容易在外来冲击中丧失自己的地位;第三,价值观念必须深刻,否则无法给外围价值观念提供标准和尺度。只有具备这三个条件的价值观念才能成为核心价值观念。在一个价值体系中这样的价值观念并不是很多,否则价值体系定然会因价值多元化而瓦解。”②

认识到价值体系层级性的重要特征,对于把握不同价值观念的自身定位极有帮助。因为正是接受了它们之间本质、功能和作用的不同,我们才能够理清核心价值体系的基本形式要件。如第一是稳定性,核心价值观必须具有稳定性的特征,必须出现在价

① 高惠珠.社会核心价值观的构建与认同[A].见周中之等主编.社会主义核心价值体系教育探索[C].上海:上海人民出版社,2007,第25页

② 兰久富.价值体系的两个核心价值观念[J].东岳论丛,2000(1)

值体系的“中央高地”，以俯瞰的姿态面对其他价值观念。第二是评判性，核心价值观必须具有评价和裁判其他价值观的作用，否则便无法为其他价值观念指出完善的路径与方向。“在这个体系中，核心价值观最稳固、最持久、最有统摄性，也最具渗透性。它影响、支配其他层次的价值观。核心价值观的形成从根本上来说受制于经济结构，执政党、领导阶级和精英阶层的建构也起着重要的作用。”①

于是，名称各异的价值观念便会根据自身的性质、功能和作用的不同，被分别定位于价值定位不同的层级之上。一个由核心价值观、伦理价值观、政治价值观、经济价值观、社会生活价值观等层层环绕而成的价值体系整体的面貌也就出现了。

既然有层次，就有外围和内层之分，就有一般和核心之别。价值观在发挥作用层面上，有核心和非核心的区别与联系。

所谓核心价值观，是指在多种价值观中居于最关键和最基础地位，起决定和支配作用，具有影响力和决定性的价值观。其实，核心价值观人人都有，它决定着一个人对世界和人生的基本价值判断和看法，所以，在生活中不难看到一个人所持的观点和态度可以不断改变，但处世的原则却很难改变的现象，“江山易改，禀性难移”其实就是个人的核心价值观在起作用。同样，国家和社会也有核心价值观，它恒久支配和决定着国家、社会和民族的思想观念、价值取向和精神世界，是凝聚人心、汇聚力量、统一思想的精神力量和奋斗目标。

因此，建立在核心价值之上的核心价值观与其他价值观相比较而言，具有如下特征。

首先，核心价值观对其他价值观具有主导性和统摄性。核心价值观处于价值体系的核心地位，在总体上决定着主体的价值取向和价值选择，对各种非核心价值观具有统领和主导地位。也就是说，当非核心价值观与核心价值观相冲突时，非核心价值观会

---

① 韩震.社会主义核心价值体系研究[M].北京：人民出版社，2007，第14页

在核心价值观的指导下进行自我修正、补充和完善。尤其是在社会发生急剧变化，主体的根本利益发生剧烈调整的时期，主体的核心价值观也会发生变化，核心价值观的自我调适，必然会使各种非核心价值观也随之发生变化；另外，当非核心价值观持续地、集聚地对核心价值观反作用时，核心价值观也会适时地做出调适。但是，从根本上说，核心价值观的调适是以核心价值的发展变化为参照进行的，而绝不是以非核心价值的发展变化为参照进行的。

其次，核心价值观的发展变化具有稳定性。核心价值观和核心价值是密切联系的。虽然随着人类社会生产发展和现实社会关系的变化，核心需要和根本利益也是要发展变化的。但是，这种变化与非核心价值观相比，具有稳定性特征。只有当社会的根本性质发生变化的时候，主体的根本利益才可能发生变化，与之相关的核心价值才可能随之发生变化，并最终传导到核心价值观的发展变化上。当一个社会的根本性质不发生变化的时候，人们的根本利益是相对稳定的，建立其上的核心价值观也是稳定的。当核心价值观确立之后，它将逐渐演变成主体维护的行为准则和价值判断的标准，规范和约束主体的行为。随着时代的发展，非核心价值观可能会发生变化甚至急剧的变化，但核心价值观在相同社会条件下却大体恒定。

第二节　社会主义核心价值观的本质及特征分析

一、社会主义核心价值观的含义

社会主义核心价值观，是指社会主义国家以马克思主义为指导，在建设社会主义的实践中形成和发展起来的，适应社会主义经济政治制度，适应社会主义文化繁荣发展要求，在社会主义价值体系中居统治地位、起主导作用的价值理念。这一理念，从最深层次科学回答社会主义本质属性这一根本问题。社会主义核心价值观，是马克思主义社会意识形态理论在新历史条件下的具体运用，是中华民族优秀文化传统的传承与升华，是对人类价值观合理因素的借鉴和吸取，是中国共产党带领中国各族人民在建设中国特色社会主义实践中做出的符合社会发展规律和时代要求的主体价值选择。

对社会主义核心价值观的含义，中共中央办公厅印发的《关于培育和践行社会主义核心价值观的意见》是这样明确规定的："社会主义核心价值观是社会主义核心价值体系的内核，体现社会主义核心价值体系的根本性质和基本特征，反映社会主义核心价值体系的丰富内涵和实践要求，是社会主义核心价值体系的高度凝练和集中表达。"①

从社会功能上来说，社会主义核心价值观具有聚拢社会意识，形成广泛的社会价值认同的功能。价值主体通过价值认同确认自身的价值认识、价值评价和价值选择活动，从而逐渐发展自身的价值结构，最终把社会主流的价值观念和价值规范内化成为自身的价值取向，外化成为自身的价值行为。在当前社会主义市场经济条件下，不同的社会利益主体在经济因素的作用下，形成了社会多元的价值主体，有着不完全相同的价值认知。越是在这样一个多元价值观念的时代，越是要强调当前社会的核心价值观念。以核心价值观念引领社会多元价值观念，形成社会建设的合力。在这个过程中，我们一方面要提倡全社会追求核心价值观、弘扬主导价值取向，另一方面则要抑制腐朽落后的价值观，摒弃那些阻碍社会进步的迷信观念。在这一合力的作用下，人民群众必将在引导之下提高自身的政治觉悟、能力素质，做好自身的本职工作，从而推动全面建成小康社会的步伐。

① 中共中央办公厅印发《关于培育和践行社会主义核心价值观的意见》[N].人民日报，2013－12－24.

二、社会主义核心价值观的内容

党的十八大用“三个倡导”凝练了社会主义核心价值观的内容，富强、民主、文明、和谐、自由、平等、公正、法治、爱国、敬业、诚信、友善，短短二十四个字以三个层面概括了全部的社会核心观念。在此之后，中共中央办公厅发文为这二十四个字的核心价值观内容正式确定了三个不同的层面。[①]

社会主义核心价值观的二十四个字内容是与中国特色社会主义发展要求相契合的，与中华民族的优秀传统文化内容和全世界古老文明传承的核心内容是一致的，是我们党凝聚新时期全社会价值共识而做出的重要论断。这二十四个字虽然简短，但内容却是非常丰富的，是一个完整有机结合的整体，对我国今后一个时期社会建设方向具有重要的指导作用。

三、社会主义核心价值观的本质

“社会主义核心价值观”这一句表述之中，“社会主义”与“核心”虽然是价值观的修饰词，但是也对这一价值观的内容做了非常准确的说明。因此要完整把握这一概念的本质，需要从“社会主义”“核心”和“价值观”这三个方面分别进行研读。

首先是“社会主义”。“社会主义”是对核心价值观社会性质的限定。社会主义核心价值观必须是立足社会主义制度，能够充分展现社会主义制度优越性的价值观。社会主义的优越性在于其人民性，在于人民能够自觉自主地从事社会生产。社会主义核心价值观把人民自觉自主从事社会生产的要求完全展现出来，显示出其基本的价值取向。

其次是“核心”。社会主义社会之中价值观念是多元的，并不会限制社会的价值观念发展的自由。而要确立核心价值观，就是

① 中共中央办公厅印发《关于培育和践行社会主义核心价值观的意见》[N]. 人民日报，2013－12－24.

要用核心价值观引导社会上其他价值观的发展，从而使整个社会按照一个积极向上的精神氛围发展价值观念。

最后是“价值观”。这里说的价值观并不仅仅是思想上的价值选择，更是实践上的价值行动。把握社会主义核心价值观，要把观念落实在行动上，在各个方面围绕中国特色社会主义核心价值体系把活动落实到行动上。

总之，社会主义核心价值观是一个综合性的概念，是中国社会主义社会对价值观念的高度凝练而成的结果，对中国特色社会主义社会的建设具有高度的指导性意义。

四、完整准确把握社会主义核心价值观本质内涵

完整把握社会主义核心价值观的本质和内涵需要紧紧围绕中国特色社会主义建设这个主题，立足于小康社会建设和中国特色社会主义共同理想。

社会主义核心价值观，内涵丰富，博大精深，必须紧紧围绕中国特色社会主义这个主题，从统一性和整体性上来完整准确把握社会主义核心价值观本质内涵。

（一）主导价值与社会制度的统一

从经济基础和上层建筑的角度来看待主导价值和社会制度的话，主导价值与社会制度属于后者。再从主导价值与社会制度的关系来看，社会制度的地位更加基础，是主导价值的外在表现形式，在各个层面体现了主导价值；而主导价值则起到引领作用，是社会制度的内在精神和生命之魂，对社会制度的内在本质起到规定作用。在社会主义社会，社会主义制度需要当前以社会主义核心价值观为引领的主导价值的理论指导和精神支撑。尤其是在全面建成小康社会的今天，社会主义核心价值观及其体系在政治建设、文化建设、经济建设等各个方面对社会主义制度起到引领作用。社会主义核心价值观及其体系能够让人们确信在中国共产党的领导下，能够更好地维护社会稳定有序地运行，对于政

治、经济和文化三方面的秩序都将起到极为有利的作用。因此，从建设社会主义社会的战略角度看，培育和践行社会主义核心价值观，对于更好地建设社会主义社会，实现三步走战略，具有极为重要的作用。

（二）一元化与多样化的统一

当前我国处于社会主义社会的初级阶段，经济制度是处在公有制为主体、多种所有制经济共同发展的阶段。因此，在经济利益问题上、在文化观念问题上存在着一元化和多样化矛盾的问题。从整个社会形态发展的需要来看，社会发展的未来本就存在着无限的可能性。在一元观念的主导之下，人们必将实现多样化观念的最终统一。因此，在建设社会主义的过程中，党必须引领中国人民实现经济利益和价值观念上的一元化与多样化的统一。而引领中国人民的观念则是社会主义核心价值观及其体系。

社会主义核心价值观及其体系是既着眼于当前又布局未来的庞大社会统治观念，是社会主义社会的根本所在。从社会主义价值观及其体系的内容来看，社会主义价值观及其体系代表了全社会最广大人民在价值观念上的认同，在全社会拥有最普遍的道德威信。一方面，社会主义核心价值观及其体系肯定了社会上普遍存在的经济利益与价值观念的多样化问题，承认他们的合理性与正当性。这一点实现了广大人民群众在价值观念上对其他主体的认同。另一方面，社会主义核心价值观及其体系肯定了社会主义社会建设需要一个能够引领社会普遍存在的多元观念的核心价值，即实现了社会上普遍存在着的多元价值观念在最根本问题上的认识同一。社会主义核心价值观及其体系在这两个方面的作用能够在最广泛的程度上实现一元化与多样化矛盾的化解与统一，从而集中社会上最广泛的力量参与到社会建设中来。

（三）先进性与广泛性的统一

百舸争流，千帆并进。在我国社会主义社会初级阶段，我国施行公有制为主体多种所有制经济共同发展、按劳分配为主体多种分配方式并存的经济和分配制度。这就对应着我国社会体制中将存在不同系统、不同层次的经济主体、道德主体和价值主体。这种格局的分配制度要求我国社会既能够鼓励先进继续发展,又要照顾多数维护社会稳定。如上文所述,社会主义核心价值观肯定了社会上存在的多样性事实,就确定了社会上存在多个层次主体的现实。因此,社会主义核心价值观及其体系并没有运用一个道德标准要求各阶层的社会群体。总体来说,社会主义核心价值观及其体系对待社会主体的态度可以归纳为倡导积极的,支持有益的,允许无害的,改造落后的,抵制腐朽的,反对错误的。社会主义核心价值观及其体系针对人们在观念上的层次性问题,坚持用先进的思想道德引领全体社会成员在思想观念上不断提升,向主流价值观念靠拢。由此来看,社会主义核心价值观及其体系对于不同层次群众的思想状况的态度,体现了当今社会发展的愿望和追求,涵盖了不同的群体和社会阶层。

(四)理想性与现实性的统一

在当前阶段,实现中国特色社会主义共同理想是全体中国人民的诉求。共同理想是全体人民对未来美好生活状态的设想与期望,是对当前生活状态的超越,是感召全体中国人民为之奋斗的力量源泉。但是,在社会主义初级阶段,建设社会主义社会不能单靠理想,还必须立足于当前生产力不发达的现实,从现实着手建设社会主义。社会主义核心价值观及其体系将社会主义的理想与现实紧密结合起来,看重人民群众要从社会主义制度建设的过程中获得真正的利益与实惠,并以此激励他们参与社会主义社会建设。

培育和践行社会主义核心价值观需要广大劳动人民将社会的远大理想与现实情况紧密结合起来,运用扎扎实实的实践实现伟大的理想。社会主义核心价值观及其体系将远大理想通过实践与改革、创新联系起来,致力于破除中国特色社会主义共同理想实现的阻碍。唯有如此，才能不断增强人民群众对团结在中国共产党的领导下实现中国特色社会主义的信心。

（五）传统与时代的统一

社会主义核心价值观及其体系继承了中国传统的价值观念，将中华民族的优秀文化涵盖了进来，用中华民族的语言风格予以精确表达。与此同时，社会主义核心价值观及其体系还将当前时代的发展特色容纳进来，将时代精神作为一个重要内容凝聚中华民族的信心与智慧。因此，社会主义核心价值观及其体系是传统与现代价值观念的统一，实现了中华民族在价值观念问题上的衔接。这也说明，社会主义核心价值观及其体系具有极强的创造力和感召力。正是这种感召力和创造力，不断凝聚一个又一个时代发展的文化内核。

（六）理论性与实践性的统一

社会主义核心价值观念及其体系作为上层建筑的一种，是抽象的理论形态。社会主义核心价值观及其体系的内容包括了当前社会发展过程之中最本质、最普遍的价值规律，具有极大的包容性，能够在多元社会思潮的发展中形成明确的引领方向，从而达成最广泛的社会共识。但是，社会主义核心价值观又是具体和实在的。社会主义核心价值观是对当前社会具体状态最深刻的总结，因此，社会主义核心价值观与社会生活的方方面面紧密联系，是社会上每个个体在当前生活状态之中世界观、人生观和价值观的灵魂和内核，对人们的生活选择产生具体而又实在的影响。当前，我国社会建设过程中，将社会主义核心价值观融入社会建设的各个方面同样体现了社会主义核心价值观与当前社会状态紧密结合的具体性。

（七）稳定性与发展性的统一

社会主义核心价值观是一个能够包容社会多样价值观的开

放系统。从其性质、地位、特征和功能等方面来说，社会主义核心价值体系始终是我国社会主义社会建设的核心理论内涵，始终在我国社会主义建设过程中占据引领地位，始终包容我国社会多元价值体系。因此，社会主义核心价值观及其体系在未来一个较长时期引领我国社会发展的科学性和革命性不会变。而且，我国社会是发展的社会，结合这一点还可以发现社会主义价值观及其体系在一个较长时期内都将以一个包容的姿态容纳各个社会阶段的时代精神，不断凝聚，最终形成一个集中华民族精神的一元价值体系。

五、社会主义核心价值观与社会主义核心价值体系的关系

社会主义核心价值观及其体系一方面存在紧密的内在联系，社会主义核心价值观是社会主义核心价值体系的构成部分；另一方面，两者却在不同方面各有侧重，社会主义核心价值体系在各个方面更加具体。因此，将两者紧密结合起来，对于建设社会主义中国具有极为重要的价值依据。

（一）社会主义核心价值体系与社会主义核心价值观存在包含关系

社会主义核心价值体系是融汇多元价值观念于一体的有机整体。一方面，社会主义核心价值体系之中既有核心价值，又有基本价值、具体价值，包含的层次非常丰富。其中，核心价值以基本价值和具体价值为基础，其重要内容蕴含在基本价值和具体价值之中，并对基本价值和具体价值起到支配作用。基本价值和具体价值是对核心价值的体现。基本价值和具体价值是抽象的核心价值的具体化，在社会建设的每一个方面体现着核心价值的统领作用。另一方面，社会主义价值体系是价值诉求和价值要求的综合体。社会主义核心价值体系体现了人们广泛接受和要求的

价值观念，是人们社会生活之中价值观念在意识形态上的表达。同时，社会主义核心价值体系还要求人们朝着一个固定的方向改造自身原有的价值观念，使整个社会朝向一个特定的方向发展，起到这方面作用的主要是社会主义核心价值观。从以上这两个方面来看，无论是从内容上还是从功能上，社会主义核心价值观都是社会主义核心价值体系的一个重要构成部分。

（二）社会主义核心价值体系与社会主义核心价值观存在承接关系

前文已述，社会主义核心价值观包含于社会主义核心价值体系，社会主义核心价值体系之中的内容蕴养着不断发展的社会主义核心价值观。形成社会主义核心价值体系是形成社会主义核心价值观的必要条件，社会主义核心价值观引领着社会主义核心价值体系发展的方向。因此，许多专家学者纷纷表示要在不断发展的社会主义核心价值体系之中不断发展社会主义核心价值观，并进行更加深入的研究，寻找到当代社会不断发展的活的灵魂。在这一研究思路的主张之下，许多学者做出了相当突出的贡献。有的学者认为："社会主义核心价值体系的功能主要在于确立社会主义核心价值观的灵魂、原则与依据，这些方面内容并不直接成为社会主义核心价值观的具体内涵，但为构建走向大众实践的社会主义核心价值观指明了方向。"有的学者主张："提炼社会主义核心价值观，应立足社会主义核心价值体系，坚持逻辑与历史、理论与现实相统一，借鉴外国价值观和我国传统文化的优秀成果，体现民族性和时代性基础上的大众化风格。"有的学者强调："在现时代，把马克思主义的理论追求、社会主义的理想境界、中华民族的民族精神和时代精神以及体现传统美德和时代要求的行为规范结合起来的核心价值观念，主要有：民主自由、公平正义；人道和谐；开放进取。"还有的学者认为："富强、民主、文明、和谐与人的自由全面发展，囊括了社会生活的基本领域，涵盖了经济、政治、文化、社会四大层面，既体现了共产主义的远大理想和最高价值，又反映了现阶段我国社会主义现代化建设的宏伟目标和总体布局，体现了党的最高纲领和最低纲领的统一，体现了社会主义物质文明、政治文明、精神文明、社会文明和生态文明的有机统一，理所当然是我们应当遵循和倡导的社会主义核心价值观。”所以，将社会主义核心价值体系与社会主义核心价值观加以区别，是这一问题近年来研究的深化，也是更好地践行社会主义核心价值观的必然要求。

（三）核心价值体系与核心价值观是框架与实质、结构与要素、形式与内容的关系

社会主义核心价值体系，决定了社会主义核心价值观的意识形态性质；社会主义核心价值观则反映着社会主义核心价值体系的价值追求和价值取向。所以，中国人民选择马克思主义不是因为马克思主义这个名称，而是因为它有符合中国人民翻身得解放的价值追求和价值取向；中国人民走社会主义道路不是因为社会主义这个名称，而是因为社会主义有建立平等、自由、正义、人道、和谐之社会价值理想。我们的民族精神和时代精神，只有符合既植根于历史传统又体现时代要求的价值取向，才能成为中华民族伟大复兴的推动力量和凝聚力量。社会主义荣辱观正是因为契合社会主义条件下的道德诉求才会获得巨大的生命力和感召力。

六、我国社会主义核心价值观的特征

社会主义核心价值观是以我国社会发展的现实生产关系为基础的，是社会主义意识形态在价值观问题上的根本体现。同时，社会主义核心价值观还结合了过去社会一切优秀的价值观。现实的与历史的因素有效结合，成为我国社会主义核心价值观的特征。

（一）人民性

价值观的本质是与社会生产方式相关联的社会意识形态。

因此，要在一定社会关系的基础上体现出社会主义核心价值观。或者说，要将社会主义核心价值观和人民联系起来，体现人民的根本利益，反映人民的愿望和要求，这就形成了社会主义核心价值观的一个本质特征——人民性。这个特点也就意味着人民的根本利益和意志是社会主义核心价值观所蕴含着的基本价值追求。在社会主义社会中，人民的根本利益和意志主要是通过人民在社会关系之中的地位来表现的，而具体的就是人民在经济生活、政治生活、文化生活之中的地位。社会主义核心价值观在我国的国家性质的基础上强调人民当家做主的社会地位。这一点既说明了社会主义核心价值观的根本特征和方向，同时也反映了社会主义核心价值观对社会生活的指导意义。

社会主义民主政治意识的核心，是国家的一切权力属于人民，必须受到人民的监督；国家权力必须对人民负责，它的最高职能就是维护和保障人民的自由和权利不受侵犯。这一点的具体化，就表现为一种现代社会的宪法权利意识，而现代宪法权利意识的本质内容，则是公民宪法权利的神圣不可侵犯性质。这正是社会主义核心价值观人民性的本质内容。

（二）科学性

社会主义核心价值观是在马克思主义的指导下确立的。其中的内容体现了马克思主义指导思想的根本特征——科学性。社会主义核心价值观注重将价值观的理论和我国发展的实际要求结合起来，在重视我国社会生产力发展的基础上指导社会建设。因此，社会主义核心价值观是对社会发展规律的正确认识，是一种科学的价值观。

正确把握社会主义核心价值观的科学性特征，首先要从我国社会建设的客观性要求出发，即以社会建设的客观事实作为价值判断的根据。客观事物是不断发展变化的，这一点说明我国价值评价标准也要不断发展变化。一方面，尊重历史，以各个地区价值观发展的历史为依据提炼价值观。另一方面，观察时代，以社会发展的时代创新观念为根据对社会主义核心价值观进行再次凝练。长期以来,我国十分重视对社会价值观的凝练。当前的社会主义核心价值观也是在这个基础上形成的。

(三)民族性

社会主义核心价值观,是建立在中华民族传统文化深厚基础上的,因而具有鲜明的民族特色。这一特点可以使社会主义核心价值观充分反映出各个民族人民的根本利益,得到各族人民的一致认同,成为共同精神财富。

在社会实践中,要坚持社会主义核心价值观的民族性特征,首先就要结合我国的优秀文化传统,传承而且创新,建设好中华民族的共同精神家园。中华文化是我国社会持久发展不竭的动力,要开发好中华民族的优秀文化,使之与我国社会建设紧密地配合。其次,我们要全面认识、科学对待传统文化。对于传统文化中的内容,第一,现代人不能依据自己的需要断章取义,做出错误的解读。这是对古人的不尊重,对现代人的欺骗。第二,现代人要通晓古代文化的微言大义,不做粗浅的理解。第三,我们要用批判的眼光对待传统价值观的内涵,以马克思主义的态度对其进行重新解读。在这个问题上,我们首先要对长期以来影响很深的"西方文化中心论"进行再次考核,反对过去的民族虚无主义,树立以中华民族精神为核心的民族自信心与自豪感。这其中十分重要的就是如何面对西方社会思潮。西方社会思潮具有一定的积极意义,但是对我国社会也产生了负面影响。要解决好这个问题,关键的一点就是把西方社会思潮与我国的文化结合起来,确立我国社会文化对西方社会思潮的统领作用。同时还要反对民族文化复古主义的倾向,对于我国的传统文化,要采取分析批判的态度,去其糟粕,取其精华。这样才能真正使民族文化统领西方社会思潮,发挥其对时代的作用。

(四)开放性

社会主义核心价值观继承了马克思主义的理论品质,在秉持民族性特征的同时，还坚持了开放性的特点。其实，开放性也是中华文化的一个重要特征。五千年来，中华文化容纳了佛教文化、伊斯兰文化等一些世界上重要的文化类型。而在当今社会，中华民族继续保持着开放的态度，将世界上其他优秀的文化融合进来，成为新时期的中华文化。所以，作为中华传统价值观在当代的表现，社会主义核心价值观继续保持着开放性与民族性的特征，在两者互为条件的基础上继续发展当代价值观。

从开放性特征的角度，社会主义核心价值观至少有三个方面的内容值得研究。首先，社会主义核心价值观整体上就是一个开放的体系，理论的内涵与思想的外延始终都非常关注时代价值观的发展。举例来说，社会主义核心价值观的道德观念中将社会友善相处不仅定义为与邻居、同事、朋友的友善相处，还有网络上的友善相处。这说明社会主义核心价值观已经把网络生活容纳到规范之中。其次，社会主义核心价值观的开放性是社会主义意识形态包容性的重要体现。从新中国成立以来，我国精神文化建设就坚持“双百”方针，在多样性和差异性的基础上寻求文化发展的核心规律。这一要求也体现在社会核心价值观之中。社会主义核心价值观是一种主导的意识形态，在指导其他价值观发展的同时还吸收其中的优秀成果发展自身，以适应社会的发展。最后表现在其民族性和人类性的统一方面，即社会主义核心价值观具有人类性因素，这首先取决于作为社会主义核心价值观指导思想——马克思主义的历史特征。马克思创造马克思主义的时代是一个文化交流和发展的时代。马克思的眼光没有局限在欧洲，他所关注的还有非洲、拉丁美洲和亚洲。因此马克思主义是对世界发展规律有着深刻研究的一种科学体系，是对整个无产阶级发展有着宏观指导的一门科学。马克思主义还吸收了当时为止一切科学发展的积极成果，尤其是哲学、政治经济学和空想社会主义的发展。在马克思主义指导下发展的社会主义核心价值观虽然当前是在中国社会的实践基础上产生的，但是它的旨向却是全人类的幸福与和谐。这一点可以在胡锦涛在联合国成立 60 周年发表的题为《努力建立持久和平、共同繁荣的和谐世界》演讲之中看出来。

第三节 社会主义核心价值观培育和践行的时代境遇

社会主义核心价值体系是党根据当今中国社会的发展而提出的统领中国特色社会主义建设的重要价值观念。社会主义核心价值体系融合了我国当代社会发展过程中出现的多种价值观念，是当代中国时代精神的体现。

一、提出社会主义核心价值体系的国际紧张局势

（一）和平与发展时代主题下的深刻变化

从当前的世界局势看，和平与发展仍然是时代主题，求和平、谋发展、促合作是各国政府和人民认同的基本观念。然而在这一主题下，世界形势经历了深刻的历史变化。世界局势从过去的两极格局向多极格局转化的趋势不可逆转，地区经济正演变成为全球经济，科技革命已成为全球经济发展的重要动力。

但同时必须注意的是世界和平与发展的道路上仍旧存在诸多障碍。地区局势紧张，恐怖主义在世界舞台上的小丑角色仍旧没有退去，世界发展仍旧受到强权政治的重要影响。从这些变化的本质来看，我国发展平静湖面的下面仍潜藏着敌对势力在主导这些不安定因素，饰演着我国和平发展道路上的黑暗刺客角色。当前国际上我国和平发展的政治特点，主要有如下几个方面。

第一，大国关系相对稳定，“一超多强”的多极化格局继续维持，和平与发展仍然是当今世界的主题。美国继续维持超级大国角色，欧洲走向一统开始发挥其世界舞台上的重要影响力，金砖四国维持经济高速增长的趋势，过去的国家单一竞争转变成为集

团化角逐。

第二，局部性的矛盾不断激化，地区冲突此伏彼起，世界并不太平。地区紧张局势有所加剧，在不同程度上破坏有关国家和地区的和平的发展环境，增加了大国关系中的隐患，从而威胁整个世界的和平与稳定。

第三，国际社会恐怖主义活动异常频繁。近期，国际恐怖主义活动大有抬头之势，并形成了许多新的组织，例如东突组织、ISIS等。国际反恐斗争面临着异常严峻的挑战。另外，国际社会对待恐怖主义的态度并不一致，许多国家存在双重标准的问题。国际反恐战线存在一定的内部分化倾向。

第四，新国际霸权主义和强权政治在国际社会四处蔓延。当今世界存在的多数热点问题都是国际社会霸权主义和强权政治的集中体现，例如朝鲜半岛问题、巴以问题、伊拉克战争遗留问题。国际霸权主义政治还体现在其他方面，对于各国的自由活动具有较大影响。

第五，国际金融安全和信息安全成为人们关注的新焦点。从当前国际局势的发展来看，金融安全和信息安全是当前世界经济范围内最致命的两种武器。国际热钱投资成为各国政府要时刻关注的焦点问题，一不留神有可能使得国家经济倒退一个时代。而斯诺登事件浮出水面，使得我们日益认识到信息安全的重要性，可以想象国际政治运动已经从控制一个国家细化到控制某一个个人。

在当今中国，社会日益开放，中国的命运紧紧的和世界政治局势发展联系在一起。因此，中共中央提出："不管国际风云如何变幻，中国政府和人民都将高举和平、发展、合作旗帜，奉行独立自主的和平外交政策，维护国家主权、安全、发展利益，恪守维护世界和平、促进共同发展的外交政策宗旨。"[①]具体地说，"我们坚持把中国人民的利益同各国人民的共同利益结合起来，秉持公

① 十七大报告辅导读本[M].北京：人民出版社，2007，第45～46页

道，伸张正义。我们坚持国家不分大小、强弱、贫富一律平等，尊重各国人民自主选择发展道路的权利，不干涉别国内部事务，不把自己的意志强加于人。中国致力于和平解决国际争端和热点问题，推动国际和地区安全合作，反对一切形式的恐怖主义。中国奉行防御性的国防政策，不搞军备竞赛，不对任何国家构成军事威胁。中国反对各种形式的霸权主义和强权政治，永远不称霸，永远不搞扩张。”①

（二）经济全球化更加深入

从经济发展形势来看，经济全球化是当代经济发展的最根本特征。在当代国际社会中，每一个国家都能够从经济全球化中找到机遇，但同时也会遭遇更深层次的挫折。就我国当前的具体情况来看，经济全球化对我国的影响主要表现在以下几个方面。

第一，经济全球化会使国内经济波动的可能性大大增加。经济全球化使中国经济与世界经济之间的联系越来越紧密。世界经济波动对我国经济发展带来了深刻影响，如2008年的全球金融危机给我国的出口贸易行业带来沉重的打击。

第二，经济全球化将对国内产业和市场造成一定的冲击。可以看到，随着外国商品的大量涌入，中国国内产业将面临外国强劲竞争力的冲击，并且这种冲击将随着我国改革开放的程度变得越来越大。

第三，经济全球化可能诱发国内金融风险。在经济全球化的浪潮中，国际资本的流动速度加快，其中包含了以投机闻名的“热钱”，对国家金融系统进行猛烈的攻击，试图攫取大量的利润，而攻击的后果就有可能是可怕的金融危机。

第四，经济全球化会给国内经济改革带来一定压力。毋庸置疑，经济全球化必然带来游戏规则的全球化。也就是说，中国要参与经济全球化，就必须遵循国际游戏规则，按照游戏规则来变

① 十七大报告辅导读本[M].北京：人民出版社，2007，第46页

革国内贸易和经济体制。中国经济体制改革经历了30多年的发展道路，其中遇到了深层次的问题，倘若按照经济全球化的国际规则来重塑经济体制，势必增加改革的难度。

在经济全球化的过程中，中国必须做好长期发展与维护我国经济利益的平衡，以规避经济全球化给中国带来的风险，实现国家在世界经济范围内的长远发展。

（三）意识形态竞争更加剧烈

当今时代，世界多极化和经济全球化的趋势深入发展，在各国综合国力激烈竞争的同时，意识形态领域也是风云激荡。

意识形态关系国家根本利益和发展战略，是不同阶级、不同国家、不同社会制度之间矛盾和斗争的焦点。西方国家极力输出的意识形态将在更加深刻的范围内影响到发展中国家的价值观念。而一旦这些意识形态占据主导地位，西方国家全球范围的霸权地位才能够得到彻底巩固。

一直以来，我国在文化传播上都处于劣势地位。而东方文化与西方文化之间的明显差异和分歧、社会主义和资本主义在本质上的敌对关系这些因素使得我国成为西方文化渗透的主要目标。从近些年文化领域的传播情况来看，西方文化霸权直接威胁我国意识形态安全和文化安全，进而危害到中国共产党的领导地位和中国社会主义制度的巩固。作为社会主义国家，我国将长期面对激烈的文化竞争，特别是面对西方资本主义国家传播其意识形态、进行文化扩张和思想渗透的压力。

面对各种文化的激烈竞争，中国共产党做出积极回应，提出坚持社会主义核心价值体系的要求，鲜明展示出社会主义的普遍性、民族性和时代性。

二、社会主义核心价值体系提出的国内发展依据

党提出社会主义核心价值体系不仅是要应对来自国际层面的威胁，更是要认真处理我国社会发展所遇到的各种突出问题。

当前,我国社会转型期的新情况、新问题、新变化,必须引起高度重视,这些问题和变化可以概括为以下几个方面。

(一)人们自主性意识增强

社会经济格局出现转型,增强了人们的自主意识与市场化倾向,个人追求合法利益的观念与行为逐渐得到认可与肯定。各个社会阶层在过去计划经济年代所处的地位已经有了深层次的改变,新的社会阶层和利益群体不断涌现也成为这一时期的鲜明特点。多阶层的利益群体必然导致多元化的利益诉求,人民内部矛盾必然要更加复杂。因此在国内,如何协调我国经济阶层之间的矛盾已经成为执政党所不得不面对的一个关键问题。

(二)人民内部矛盾日益复杂

人民内部矛盾的深层次变化,主要体现在以下几个方面。

第一,矛盾触及的层次加深。当前,各种矛盾主要表现为经济利益矛盾,但同时又涉及政治利益,甚至影响到不同利益群体的人生观、价值观、政治观。

第二,矛盾变得日益复杂。随着社会主义市场经济的发展,不同群体的利益诉求变得日益多样。利益交织紧密,利益交往深刻。再有理性与非理性、政治与经济等多种因素相互作用,各阶层之间的矛盾将会变得更加难以协调。因此,在社会发展之中,各阶层之间矛盾的解决难度将变得更大。

第三,矛盾的对立性更加激烈。在经济和信息全球化的推动下,人民内部的利益矛盾将传播得更加激烈,更加不可控制。如果协调机构不能及时为之定性,或者采取的措施不及时、不恰当,则会造成双方矛盾的失控,从而激化矛盾,产生对抗性的结果,最终影响整个社会的稳定。

(三)多元价值观念的深刻冲击

改革开放带来了人们价值取向的多样性,思想观念的五花八门，正确的与错误的、先进的与落后的、主流的与非主流的思想观念相互交织在一起。与社会主义价值观念背离的、甚至颓废腐朽的思想乘虚而入，对党的思想意识产生了严重影响。多元价值观念带来的结果就是人们在选择一个正确的结果之时显得更加困难。在淡化意识形态成为一种流行思潮的影响下，部分人在思想信念上出现动摇，并呈现出不稳定性、多样化的状态，精神家园迷失，内心冲突剧烈。

面对这种情况，中国共产党人要自觉担负起以社会主义核心价值体系引领社会思潮的政治责任的历史任务，努力构建引领现代社会发展的核心价值体系。只有坚持以社会主义核心价值体系引领社会思潮，党才能更加自觉、更加清醒地了解掌握社情民意，确定更加适合中国特色社会主义事业发展的路线、方针、政策，真正起到促进和推动社会和谐的作用。同时也只有坚持以社会主义核心价值体系引领社会思潮，党才能更加自觉、更加清醒地运用文化这种“软力量”，从价值观的深层次消除隔阂、化解人民内部矛盾，团结人民参与到建设中国特色社会主义的伟大浪潮中去。

第二章 核心价值观的历史演进

社会主义核心价值观作为当代中国凝聚中国力量的重要精神支柱,人类历史上的各个时期都有对核心价值观的表述。中华民族伟大复兴不仅要继承中华文明的核心精髓,也需要吸收借鉴世界文明有益成果。

第一节 中国封建主义社会核心价值观

中国封建社会的核心价值观始于“乱世绽放的文景”中诸子百家思想的相互交融、砥砺、磨合,甚至于碰撞、对抗。这恰恰为中国封建地主社会核心价值观的形成、发展提供了充足的思想营养,也为中国封建地主社会核心价值观广布流传提供了绝佳的时机和广阔的思想空间。

一、原生点:以君为本

儒家的学说,由于强调等级观念,强调礼制,强调“三纲五常”,而为封建地主阶级社会的统治阶级所需要,把本来属于家庭伦理范畴的道德规范上升为国家上层意识形态,成为封建帝王实施个人独裁的理论工具。“以皇帝为中心专制体制,严重扭曲了应有的合理政治资源分配,引发了一系列的严重政治问题。在这种体制之下,皇帝唯我独尊,控制一切、支配一切,而其他社会成员,包括作为皇帝统治阶级内部的官僚、贵族,都必须屈从皇帝的旨意。一人独大、他人皆为臣虏的体制,自然无法让社会大众参与社会管理,承担社会发展的责任,只能是制造越来越多的政治争斗、社会不公。‘以民为本’的真正政治含义,在于确认民众是社会的主体，民众的利益、诉求，应该是治国、治民的基本出发点。离开这一点，社会就不可能找到发展的原动力。中国古代社会几千年发展迟缓，一再在治乱中循环，这种本末倒置、缺乏人本关怀的专制体制是最根本的原因。”①

二、中国封建地主社会核心价值观的具体内容

（一）三纲

“三纲”是指“君为臣纲，父为子纲，夫为妻纲”，要求为臣、为子、为妻的必须绝对服从于君、父、夫，同时也要求君、父、夫为臣、子、妻做出表率。它反映了封建社会中君臣、父子、夫妇之间的一种特殊的道德关系。“三纲”之中，“君为臣纲”是最高的，统率着“父为子纲，夫为妻纲”，也就是说，“父为子纲，夫为妻纲”最终都是为“君为臣纲”服务的。

封建地主社会的价值观是从西周封建领主社会的价值观中发展演化来的。西周封建领主社会的价值观是建立在以井田制为经济基础、以血缘分封为形式的宗法制度上的。春秋战国之交的“礼崩乐坏”，是西周封建领主社会生产方式瓦解崩溃在意识形态上的反映，也是新兴的封建地主阶级在价值观上崛起的反映。由于井田制的瓦解，税亩制开始出现；由于宗法制与政治制度的分离，贵族的权力开始向地主转移，这些都导致了西周封建领主社会核心价值观“亲亲、尊尊”开始发生变化，“亲亲”从社会核心价值观第一位上退下来，“尊尊”上升为封建地主社会核心价值观的第一位，而“尊尊”在封建地主社会进一步细化和展开，就是“君为臣纲，父为子纲，夫为妻纲”，而“三纲”之归结点和最终价值指向就是“以君为本”。所以说，“君为臣纲，父为子纲，夫为妻纲”就是封建地主社会核心价值观的原生点——以君为本在价值观领域的第一个直接产物，是在“以君为本”基础上构建的封建地主社

① 纪宝成. 中国古代治国要论[M]. 北京：中国人民大学出版社，2004，第30～31页

会核心价值观的纲纪和基本框架。

(二)五常

所谓纲举目张,有了“三纲”,就可以在此基础上继续衍生出一系列价值规范体系,如“君为臣纲”就要求“为君要仁,为臣要忠”,这两者虽然是一种对应关系,但是在实践中的要求却是不一样的,即使为君不仁,为臣的也必须忠。中国历史上有名的“不食周粟”的故事,历代的统治者和文人墨客都对伯夷、叔齐推崇备至,称其二人为“二贤人”“二君子”,正是这种价值观的直接反映;再如“父为子纲”,要求“为父要慈,为子要孝”,两者之中“为子要孝”又是第一位的,即使为父不慈,为人子也一定要孝,所谓“百善孝为先”。而在实际上,往往是“父不慈”情景下的“孝”,因为更为常人所难以做到,所以更为人们所推崇。凡此种种,人们把“三纲”在人伦规范中的具体化概括为“五常”,亦即“仁、义、礼、智、信”。

1. 仁

“仁”居于“五常”之中的核心地位。

所谓“仁”,孔子的解释是“仁者人(爱人)也,亲亲为大”,孟子的解释是“仁之实事亲是也”,由此可见,“仁”其实和封建领主社会的“亲亲”价值观是一脉相承的,但又有所发展,抛弃了其中的血缘关系的限制而把视野转向一切人,只不过在对一切人的关系中,亲亲的关系是第一位的,即亲亲为大而已。

李从军在《价值体系的历史选择》一书中对“仁”有更深层次的解释。他认为,在孔子那里,“仁”包含两个层次的内容。

一是“爱人”,“仁者人也,亲亲为大”。以什么方式体现“爱人”呢?“仁者,己欲立而立人,己欲达而达人”、“己所不欲,勿施于人”。也就是说,要爱人,就要以己推人,自己不愿意做的不要施加在其他人头上。非但如此,自己欲立、欲达,首先要立人、达人,体现的是以己推人、兼济的思想。

二是“克己复礼为仁。一日克己复礼,天下归仁焉。”正是由于这点,儒家的“仁”才具有社会实用功能,才不限于单纯的说教,而是要人们按照“礼”的要求来“克己”,并通过主体的“克己”达到“复礼”,这样主体就达到“仁”的境界了。从中可以看出,“仁”与“礼”是一对紧密联系的范畴,“仁”构成价值体系的思想内涵,“礼”构成价值体系的行为规范。[①] 也正是在这个意义上,孔子说:“仁者人(爱人)也,亲亲为大;义者宜也,尊贤为大;亲亲之杀,尊贤之等,礼所生焉。”至于如何做到“克己复礼”,其具体要求就是“非礼勿视,非礼勿听,非礼勿言,非礼勿动。”

2. 义

所谓“义”,孔子解释为“义者宜也,尊贤为大”。孟子的解释为“义之实从兄(尊长)是也”。从中可以看出,“义”和中国封建领主社会的核心价值观“尊尊”“贤贤”有着十分密切的联系。

所谓“义者宜也”,是指人的行为适当、合适;而如何使自己的行为适当呢?孔子认为就应该按照礼的要求去做,也就是说符合“礼”的要求的言行称为“义言、义行”,按照“礼”的要求言行的人为“义人”,而“义人”亦即君子。与君子相反,不按照“礼”的要求言行的人,是小人,小人是追求利的。因此,孔子说“君子喻于义,小人喻于利”。

孔子重“义”的目的在于达“仁”,也就是说,“义”是达“仁”的途径,对于“仁”来说,“义”具有手段价值。孟子则强调“义、理”的结合,认为合乎道理的事情称为“义”,并把义提高到和“仁”并列的高度。之后,荀子、墨子、韩非子等都对“义”的含义进行了丰富和发展。

总之,作为五常之一的“义”有以下几层含义。

首先是适宜,指言行的正当性,而正当不正当的标准是以“礼”来衡量的;其次,“义”即“理”,是宇宙万物发展变化的根本原

① 李从军.价值体系的历史选择[M].北京:人民出版社,2008,第306～307页

则；最后，“义”是达到“仁”的手段和途径，不经过“义”这条路，是没有办法达成“仁”的，所以“仁义”后来被联系在一起使用。也正因如此，孟子说：“仁，人心也；义，人路也。舍其路而弗由，放其心而不知求，哀哉！”①

3. 礼

“五常”中的“礼”是从西周封建领主社会中的“礼”发展演化而来，但是又不仅局限在礼仪规范的最初层次，而是一个集伦理道德核心、原则和规范以及具体实践细则在内的“知行合一”的伦理规范系统。

这一规范系统以加强自身道德修养为起点，以家庭内部规范为圆心（如父慈子孝、兄友弟恭、妇顺夫义），并进而推进到整个社会领域（如温、良、恭、谦、让），在“修身、齐家、治国、平天下”的逻辑体系下形成覆盖整个社会的庞大的伦理规范系统。不仅如此，在形成覆盖整个社会的庞大的伦理规范系统的基础上，封建地主社会价值观中的“礼”，还通过具体礼仪来规范和制约人们的具体言行，从而将抽象的伦理规范具体化到人们的日常工作和生活，如冠、婚、丧、祭、饮、射、燕、聘、觐等活动中，从而达到潜移默化的效果。而对于不符合“礼”的言行，除了有强大的社会舆论监督之外，封建地主社会还通过“出礼入刑”的手段，将伦理规范的贯彻和刑结合起来，从而达到使伦理规范进一步强化的效果。

4. 智

“五常”中的“智”，指的是“智德”，是指人的社会生活理智（现在人们说的“情商 EQ”），而不是人的认知能力（即“智商 IQ”）。因此，智德的要义在于分辨善恶，是与道德相联系的范畴。

在孔子那里，“智德”和“仁、勇”一起被看成是“三达德”之一。在《论语·宪问》中，孔子说：“君子道者三，我无能焉：仁者不忧，

① 杨伯峻. 孟子译注·告子上[M]. 北京：中华书局，1960，第172页

知者不惑，勇者不惧。”之后，孟子把“仁、义、礼、智”合成“四德”，并分别解释为：“仁之实事亲（亲亲）是也；义之实从兄（尊长）是也；礼之实节文斯二者是也；智之实，知斯二者弗去（背离）是也。”又曰：“恻隐之心，人皆有之；羞恶之心，人皆有之；恭敬之心，人皆有之；是非之心，人皆有之。恻隐之心，仁也；羞恶之心，义也；恭敬之心，礼也；是非之心，智也。”

从中可以看出，“智”是作为“智德”而列为“五常”之一的，是一种人事之智、道德之智。这种智，主要是作为“达仁”的前提和手段而存在的，是一种区别于一般认知的“大智”。“智德”与道德相统一，是人的道德智慧，而道德具有很强的实践性。因此，“智德”也具有很强的实践内涵，对人们的实践活动产生很强的制约性。

比如，关于如何才能做到“智”的要求主要如下。

其一，在言行方面。孔子说：“可与言而不与言，失人；不可与言而与言，失言。知者不失人，亦不失言。”荀子说：“言而当，知也；默而当，亦知也。故知默犹知言也。”董仲舒说：“其言寡而足，约而喻，简而达，省而具，少而不可益，多而不可损。其动中伦，其言当务。如是者谓之智。”贾谊亦说：“夫一出而不可反者，言也；一见而不可得掩者，行也。故夫言与行者，知愚之表也，贤不肖之别也。是以智者慎言慎行，以为身福；愚者易言易行，以为身灾。”这就是说，要做到智，在说话的时候就必须做到该说的说，不该说的不说，做事情要合乎规矩，要慎言慎行。

其二，在反省自身方面。“知过之谓智，改过之谓勇，无过之谓仁。……好问好察，改过不吝之谓上智；饰非拒谏，自以为是谓下愚。”也就是说，智者知道自身的过错，并勇于改正。

其三，在察人方面。“智”就是“知人”。孔子说：“不患人之不己知，患不知人也。”（《论语·学而》）在《论语·颜渊》中，“樊迟问仁。子曰：‘爱人。’问知。子曰：‘知人。’”也就是说，在察人方面，不仅要知人，而且要自知；不患人之不己知，患不知人。

以上从三个方面对“智德”进行了规范，强调了智德在达仁上的重要性和工具性价值。没有智德，仁的境界的追求只能是一句空话而已。[①]

5. 信

“五常”中的“信”是指“信德”。“信德”最初没有进入“五常”之一，但是，儒家关于“信德”重要性的论述却很多。针对春秋战国时期缺乏诚信的社会现实，孔子强调“信德”的重要性，“人而无信，不知其可也”，要求弟子们切实践行“文、行、忠、信”“四教”。同时，孔子把人在言行上的外在信实态度与人的内心世界真实忠诚的状态结合起来，使“信”的含义发生了质的变化，使“信”从外在的生活准则“发展成为外在信实和内心忠诚相统一的全面的信德。”

到了汉代，董仲舒提出“五常”的概念，在孟子的“仁义礼智”之后加入“信”，“信”才正式作为“五常”之一出现。“信虽然最晚提出，显在‘五常’之末，但是信在‘五常’中有举足轻重的地位。信之于仁义礼智，是一种更为基本的道德规范，也是其他四者的基石与保障。……离开信而谈仁义礼智就如同空中楼阁，这也是增加信作为‘五常’之一予以重视的原因。”另外，“信”也必须和“仁义礼”结合，才能有正确的意义和道德方向，也只有和“智”结合，才能正确地被把握并确保“信德”的实现。

从以上对“五常”的分析中可以看出，中国封建地主社会的核心价值观的最核心的内容是“仁”，之外是“义礼”，再之外是“智信”两个达到“仁义礼”的途径和必备条件。说到底，“五常”之中只有一常，那就是“仁”；“三纲”之中只有一纲，那就是“君为臣纲”。更进一步说，作为“五常”之核心的“仁”，也是为“君为臣纲”服务的。

一言以蔽之，中国封建地主社会核心价值观的原生点就是“以君为本”。

---

① 肖群忠. 智德新论[J]. 道德与文明，2005(3)

第二节　资本主义社会核心价值观研究

资本主义社会核心价值观，“是人类文明发展进程中的重要成果，是当前我国社会主义核心价值体系建设碰到的最直接并共存于现时代的一种社会核心价值观”。从理论上看，“每一种社会形态和社会制度，都有自己的核心价值体系。与人类社会历史的发展形态相对应，人类社会的核心价值体系，大致经历了原始社会、奴隶社会、封建社会、资本主义社会和社会主义社会等五种从低级逐步向高级发展的社会价值形态”①。

一、原生点：以资为本

资本主义社会核心价值观是“以资为本”进行构建的，也就是说，资本主义社会核心价值观是为资本增值的目的服务的。脱离这一目的价值观在资本主义社会就不可能产生、发展并构建成一个庞大的价值系统，并作为上层建筑而对社会发展起到统领、驾驭和凝合的功能。

（一）资本的本质是一种社会关系

资本不仅仅是一个经济学范畴，更是一个社会学范畴。马克思指出：资本不是物，正像货币不是物一样，资本的本质是一种社会关系。在资本主义制度下，资本反映了资本家和工人的利益关系，这是一种社会属性。资本是能够带来剩余价值的价值，一种价值只有在运动中实现“增殖”才可能成为资本。而“增殖”必须通过劳动才能够实现，因此，资本只有和劳动相结合，才能实现自身。脱离了劳动，资本就不能成为资本。

---

① 黄士安，戴木才．如何科学对待资本主义核心价值观[N]．光明日报，2012－02－18

(二)资本是资本主义制度的基础

没有资本,资本主义是根本无法产生并发展壮大的。也就是说,资本主义是以资本为本质和特征的社会,资本主义社会的性质是由资本的性质决定的。

资本及其实现前提的雇佣制是资本主义社会的经济基础。“资本家是资本的人格化,是资本的载体,他通过其拥有的货币资本配置生产要素特别是劳动者,形成劳资结构。资本的目的是最大程度地增殖,为此,它总是倾向于最大程度地降低工人工资。……资本增殖的秘密正是劳动力成为商品。……在资本家雇佣工人进行生产的过程中,工人不仅在必要劳动时间内创造出自己的劳动力价值,而且在剩余劳动中创造出超出劳动力价值的价值——剩余价值。这些剩余价值源源不断地流入到资本家的口袋中。……资本本性促使资本不断地将工人的劳动转化为剩余价值,这就构成了资本主义社会最本质的制度基础。”①

(三)资本主义社会是资本增值的机器

资本是资本主义制度的基础,而资本主义制度则反过来是保证资本增值的运行机器。随着资本从原始资本积累到私人资本、到垄断资本的发展,资本主义国家机器也不断地发生变化,先后经历原始资本积累资本主义阶段、私人资本主义阶段(也叫自由竞争资本主义阶段)、垄断资本主义阶段、国家垄断资本主义阶段直到目前的国际垄断资本主义阶段。每一阶段的发展,都是为了资本增值的战略目的服务的,是资本发展的诉求在不同时代政治上层建筑上的投射而已。

从以上三点可以看出,资本是资本主义的制度基础,这种制度不仅包括经济制度、政治制度、文化制度,也包括意识形态尤其是社会的核心价值观。在整个资本主义的庞大运行体系中,资本

① 程晓.马克思资本本质思想及当代意义[D].山西大学硕士学位论文,2010

具有基础性的地位，因此，整个社会的经济制度、政治制度、文化制度及其意识形态系统都应该为资本服务，也就是说，资本主义是以资本为本位的，以资为本是资本主义社会核心价值观的原生点。

二、资本主义社会核心价值观的具体内涵

资本主义社会核心价值观的具体内涵，其实就是“以资为本”的价值原生点在经济、政治、文化等各个方面的具体展开。

（一）经济层面：资本增殖最大化

这是资本主义社会最基础的核心价值观。

从理论上说，“资本增殖最大化”的要求是：纯粹的私有制、纯粹的市场经济，资本家与工人阶级之间绝对的贫富分化。但是在实践上，纯粹的私有制和纯粹的市场经济都是不可能存在的，现实的资本主义在所有制上是以私有制为主，在经济运行机制上是以市场经济为主，同时辅之以适度的政府干预。

另外，由于绝对的贫富分化很容易转化为政治上的阶级对抗，从而破坏社会系统的稳定性，反过来导致资本追逐利润的社会成本加大。因此，在“资本增殖最大化”的目标制约下，资本主义通过建立一系列制度，如社会保障制度、社会福利制度、累进税制度等，重点解决二次分配中的社会公平问题，确保贫富分化保持在一个可容忍的、可维持社会稳定的限度之内，从而为“资本增殖最大化”创造前提和基础。

“资本增殖最大化”在理论要求和实践约束之间的差异性，为资本主义社会核心价值观本质和表象的分离提供了空间。而且，正是由于这种差异性的存在，给资本主义所宣扬的表象上的核心价值观提供了一定的现实基础。因此，资本主义所宣扬的表象上的核心价值观也就带有更大的迷惑性和说服力。

“资本增殖最大化”衍生价值之一：私有财产神圣不可侵犯。“资本增殖最大化”要求资本主义所有制为私有制。马克思指出：

资本主义是以生产资料私有制为基础，以资本剥削雇佣劳动力为特征的一种社会经济制度。资本主义的支持者也强调，在生产工具不受政府控制的情况下，即在私有制条件下，将能最大化经济的生产力，实现资本增值的最大化。因此，资本主义国家都以法规制度来确立和保护私人财产，尤其是对生产资料的私人所有权。美国的《独立宣言》、法国的《人权宣言》、英国的《人民宪章》，都强调"私有财产神圣不可侵犯"这一核心价值观。尽管在现实中，资本主义国家不可能完全实行私有制——政府或多或少地拥有对生产工具的所有权并在适当时候干预经济的运行——但是只有绝大部分的所有权都归私人拥有的经济体系，才能被视为资本主义。

"资本增殖最大化"衍生价值之二：自由主义之自由。在资本主义反对封建主义的过程中，为了突破封建主义的束缚，逐渐形成了具有资产阶级特色的自由观——自由主义，极大地推动了资本主义社会生产力的发展，并在巩固资产阶级政权、维护资产阶级利益的过程中得到不断发展。一大批资产阶级的思想家，如霍布斯、洛克、伏尔泰、卢梭、康德、边沁等，都从不同的侧面对资产阶级自由主义进行了阐释和发展，最终形成了较为完整的理论体系。在这一理论体系中，维护"资本增殖最大化"是其本质和核心内容。

为了实现"资本增殖最大化"，资本需要统一的自由的市场、贸易自由、生产自由，以及以最低价格购买劳动力的自由等。从中可以看出，在资本主义社会里，自由首先是经济的自由。而"以最低价格购买劳动力"的自由，则是完全属于资本家的。为了实现所谓"以最低价格购买劳动力"的自由，资本主义首先要把劳动者从封建制度中解放出来，这就是资本主义宣扬"自由是人的天生的权利"的根本目的。对劳动者来说，他们所拥有的自由只是"出卖劳动力"的自由。

这种自由，一方面使得资本主义以前所未有的速度推动生产力发展，极大地提高了人类的文明程度和现代化水平；另一方面则是社会财富愈来愈集中到少数资本家手中，不仅使资本家异化为物的奴隶、资本的奴隶，而且导致劳动者的异化和贫困化，造成人与人之间日益尖锐的不平等。当自由成为通往不平等的道路、成为人异化的肇始的时候，这种自由就必然是异化的自由。

（二）政治层面：资产阶级占统治地位

经济基础决定上层建筑，在一个“以资为本”的社会里，维护资产阶级的统治地位就成为理所当然的逻辑结论。而在实践中，问题的关键却不在这里，问题的关键在于如何维护。

其一，在资产阶级取得统治地位之前和之初，为了反对封建专制的压迫和“君权神授”的思想，资产阶级的代表人物力图从人的自然本性出发，突破封建等级和宗法制度的制约，强调人的社会权利的平等和自由，提出资产阶级“人权”概念。“人权”包括“自由”“民主”“平等”“博爱”等内容，而最根本的一条是“私有财产权”，是“私有财产神圣不可侵犯”。

“人权”概念的提出及其普及，是人类精神的一次大解放，在资产阶级联合广大人民群众反对封建主义的专制过程中，起到过巨大的历史作用。但是，从一开始资产阶级的代言人提出“人权”的概念，就是指资产阶级的“人权”，而广大的工人阶级是被排除在“人权”之外的。

对这一点，英国资产阶级理论家洛克就毫不讳言地指出：“可以达成社会契约的自由民，是贵族、神职人员、绅士、商人资本家和金融资本家的成员，特别是那些有学识的有产者”，而“对于穷人，则必须武力（以治之）”。“面对封建社会和后封建社会的主导阶级（贵族阶级），上升阶级（银行资本家和商人资本家）最常使用与君主结盟的策略，其基础可以称为‘重商妥协’，即以‘君主的财富’为首要目的，其次是国家繁荣与商人富裕的一致性，从而推行一种防御别国竞争、扩展贸易、扩张殖民地和发展生产的政策。当资产阶级发觉足够强大到控制世界市场的时候，它就抛弃了重商主义观点而把自由贸易放在了首位。当它自觉足够强大到可以对抗君权主义时，它就一方面用自由和自愿这些新理念武装自己（从而得到一些小资产者和民众的支持），另一方面与贵族中较有学识的阶层结盟（当面临农民起义或民众不满的危险时）。无论是前一种情况还是后一种情况，资产阶级都以‘技术官僚阶级’的雏形初现于国家机构的最高层（大臣、总督、政府或国会、法院的官员），这一阶级以其知识和国家事务实践取得了一定的实权。”①

其二，在通过对农民剩余劳动的传统榨取和以各种形式对殖民地进行剥削而进行财富积累，从而使资本主义逐渐成形的18世纪，资产阶级——银行资本家、商人资本家、富起来的批发商和制造商们——“到处致力于宣扬一个关键词：自由。……在资产阶级已涉足国家事务的英国，自由问题首先是经济自由：贸易的自由、生产的自由、用最低价格偿付劳动力的自由……并且还有防范工人联合和阻止工人造反的自由。在资产阶级远离国家事务的法国，自由问题首先是政治自由：取消特权，宪政，平等；不过经济自由主义的要求在法国也有发展。”②

从中可以看出，资产阶级所谓的自由是资产阶级的自由。这种自由推动人类社会取得巨大的发展和生产力的跃进，但同时，也在逐渐加大社会的分化和工人阶级的贫困。

而到了工业资本主义兴起的19世纪，资本主义生产方式成为统治资本主义社会的统治性力量，资产阶级和无产阶级的对抗成为社会矛盾的焦点。“19世纪的资本主义，在其自身发展的同时，也衍生出了严重的对立状态：即富人与穷困的工人之间的对立，受教育的宽裕阶层与粗鄙的困窘阶层之间的对立，权势阶层与绝对从属阶层之间的对立。”在这一对立中，工人阶级逐渐开始觉醒并走向成熟。通过与资产阶级不断的持续的斗争——这种

---

① (法)米歇尔·波德著；郑方磊，任轶译.资本主义的历史：从1500年至2010年[M].上海：上海辞书出版社，2011，第29、39～40页

② (法)米歇尔·波德著；郑方磊，任轶译.资本主义的历史：从1500年至2010年[M].上海：上海辞书出版社，2011，第88页

斗争有时候是相当残酷的——工人阶级逐渐获得了普选权，建立起自己的工会组织。“工人阶级使资产阶级不得不承认他们是一支政治和社会力量。长期被压榨的、赤手空拳的、屈服于日常压迫和严酷镇压的工人，现在组织起来了，组成了政党、组织了工会，办起了报纸，拥有了自己的培训手段。虽然压迫和镇压都没有停止，但面对统治阶级，从此存在了一个能够加入力量对比的阶级。而这个力量对比深刻地影响了此后工业资本主义的发展。”①

其三，资本主义从帝国主义到“全球化”阶段。在政治斗争领域，由于工人阶级的觉醒和工人运动的持续展开，在经济领域，随着资产阶级工业革命的推进，新技术、新能源、新动力的运用，资本主义开始向帝国主义和全球化阶段发展。在这里，政治斗争为其拓展提供了必要性，向全球范围的拓展，成为资产阶级转化国内阶级矛盾、对世界开始殖民的必然选择；而工业革命和新技术的发展，则为这种拓展提供了必要的手段、方法和途径。米歇尔·波德在总结这段历史时指出：“由1873年经济危机开启、并一直持续到1895年的‘大萧条’，既开启了工业资本主义的第二阶段，又开启了帝国主义时代。尤其是因为：——第二代工业技术和产业的发展；——在工业化②的国家里，工人运动取得了可观权利并被认可；——资本的集中及金融资本的出现；——导致‘世界瓜分’和‘世界大战’的新一波殖民化及世界范围扩张大潮。”

这一阶段，资本主义社会先后经历了大萧条阶段（1873—1895年）、大动乱阶段（1914—1945年）、“大跃进”阶段（1945—1978年）以及一直持续至今的全球化新阶段。资产阶级的统治地位也经历了从强化到危机再到强化的过程。同时，在这一阶段上，资产阶级民主更加充分发展起来。“民主是一个根本成果：它

① （法）米歇尔·波德著；郑方磊，任轶译.资本主义的历史：从1500年至2010年[M].上海：上海辞书出版社，2011，第126、131页

② （法）米歇尔·波德著；郑方磊，任轶译.资本主义的历史：从1500年至2010年[M].上海：上海辞书出版社，2011，第153～154页

既是资产阶级的战利品，尽管如此，它又是反资产阶级的战利品——因为资产阶级本来更希望民主只是有产者和有能力者小群体的事务；民主又是——一个世纪以来的历史已经告诉我们——所有朝向社会主义的进展的根本条件。民主、个人自由、人权，是我们有责任保卫的、在有可能的情况下还要扩大、加强、深化的基本成果。”①

（三）文化层面：拜金主义

马克思指出：“思想的历史除了证明精神生产随着物质生产的改造而改造，还证明了什么呢？任何一个时代的统治思想始终都不过是统治阶级的思想。”②资本主义文化的产生、发展与资本主义制度的产生和发展是相一致的，也就是说，资本主义文化必然体现资本的本性。资本的本性就是固执地、疯狂地追求剩余价值，由此导致资本主义文化在本质上具有拜金主义的价值指向。

拜金主义是一种盲目崇拜金钱、把金钱价值看作最高价值的思想观念。拜金主义古已有之，但它真正成为盛行的观念却是在资本主义社会出现之后。这是因为“资本主义和拜金主义恰如一对孪生姐妹，或者说，拜金主义是附着在资本主义身上、去除不掉的毒瘤。资本主义之所以会盛行拜金主义，就在于资产阶级的本性（实际也就是资本的本性）就是无休止地聚敛财富，追求资本的增殖；就在于金钱作为财富的化身，在资本主义社会能够左右一切”③。

拜金主义核心价值观在资本主义发展的不同阶段有不同的表现形式。具体来说：

其一，在资产阶级刚刚崛起，开始反对封建主义而进行思想启蒙运动和宗教改革的时期，拜金主义表现为理性主义，即如何

---

① （法）米歇尔·波德著；郑方磊，任轶译.资本主义的历史：从1500年至2010年[M].上海：上海辞书出版社，2011，第297页

② 马克思恩格斯选集（第1卷）[C].北京：人民出版社，2012，第420页

③ 韩庆祥.反对拜金主义[J].求是，2005(9)

将追求财富与勤奋克己结合起来。“在宗教改革与文艺复兴时期，自己阶级在为自己受到压迫的利益而奋斗时，它需要道义的制高点，需要崇高与正义感，而它所需要的东西，一方面存在于古希腊罗马的历史传统中，另一方面存在于基督教教义中，于是资产阶级就借此让自己正义和崇高了起来。正是由于这样一个历史和文化背景的存在，人们至今还在不断享受着早期资本主义文化的丰富资源：人性、人道主义、民主自由、创造性与征服等。”①

其二，在资产阶级革命取得胜利之后，已经获得胜利的资产阶级，依赖于先进的生产力，已经不再需要宗教的精神支持的时候，拜金主义在现实赤裸裸地展现出来，基督教文化开始衰落，加上其间爆发的两次世界大战的影响，早在19世纪，非理性主义开始广泛流行。而到了20世纪，精神分析学说和存在主义更是助长了这种非理性主义思潮的蔓延。理性主义与非理想主义的对抗，是理想资本主义与现实资本主义的对抗在思想领域的表现。

其三，在晚期资本主义阶段，资本主义进入后工业化社会，资本开始全面扩张并对人实行全面的控制，拜金主义在文化上表现为消费主义文化。消费主义文化建立在发达的资本主义社会生产力基础之上，人们在其中生活得仿佛很适意，工作的目的是满足自己的消费，同时对政治问题不再关心。正如丹尼尔·贝尔在《意识形态的终结》中所说的：“在西方世界里，在今天的知识分子中间，对如下政治问题形成了一个笼统的共识：接受福利国家，希望分权、混合经济体系和多元政治体系。从这个意义上讲，意识形态的时代也已经走向了终结。”②

但同时也应该指出，以拜金主义为核心的资产阶级文化在历史上也对人类文化的发展起到过巨大的推动作用。资产阶级文化的双重性是和资本的双重性密不可分的。“资本的运动一开始就有着否定性与肯定性相统一的两面性。资本的肯定性就在于

① 黄力之.资本主义文化精神论[J].文艺理论与批评，2009(2)

② (美)丹尼尔·贝尔著；张国清译.意识形态的终结[M].南京：江苏人民出版社，2001，第462页

它推动生产力的发展，推动社会的进步和文明；资本的否定性在于资本本身的非人性、反历史以及最终阻碍生产力发展的本性。这一点，在揭示资本主义文化逻辑时亦是如此。”①

马克思指出：资本主义在历史上曾经起到过非常革命的作用，这种革命作用不仅表现在资产阶级在它不到一百年的阶级统治中所创造的生产力，比过去一切世代所创造的全部生产力还要多，还要大，而且更在于为了满足“资本增殖”的逻辑需要，“在资产阶级反对封建主义专制社会、建立资产阶级统治的过程中，资本主义大胆地采用了由早期空想社会主义者、资产阶级启蒙思想家、法国革命家罗伯斯庇尔提出的‘自由、平等、博爱’的口号作为核心价值观。美国的《独立宣言》、法国的《人权宣言》、英国的《人民宪章》，较为完整地表述了资本主义的这种核心价值观：人生来是自由的，权利是平等的；国家的主权在于人民，私有财产神圣不可侵犯；在政治上提出‘自由、平等、博爱’等口号。这种与当时社会生产力发展水平相适应的新思想新价值观，代表着社会进步的思想潮流和价值追求，并且在血与火的洗礼中，登上了人类历史发展的舞台，发挥了积极的进步作用”②。尽管这种所谓的“核心价值观”仅仅是虚伪的、理论宣传上的，但对于推动人们的思想解放和文化发展也产生了十分巨大的历史作用。

第三节　社会主义核心价值观研究

每个社会都有其核心价值观。从理论上说，社会主义是建立在资本主义基础上的更高级的社会形态，是对资本主义的扬弃，也就是说，社会主义核心价值观是建立在对资本主义社会核心价值观扬弃的基础上的，是对资本主义社会核心价值观的超越，具有替代资本主义社会核心价值观的历史必然性。也只有完成对

① 黄力之.马克思主义与资本主义文化矛盾[M].开封：河南大学出版社，2010，第114页

② 黄士安，戴木才.如何科学对待资本主义核心价值观[N].光明日报，2012－02－18

资本主义核心价值观的历史性超越，社会主义才能在合规律性和合价值性相统一的基础上彻底战胜资本主义，人类社会才能真正演进到“资本主义终结”的新时代。没有价值观的彻底扬弃，没有价值观的超越与全民普及，社会主义对资本主义的完全胜利是根本无法完成的。

一、原生点：以人为本

社会主义的本质是“以人为本”，也就是以无产阶级和广大人民群众的根本利益为根本。也就是说，在社会主义革命、建设和改革开放的整个历史过程中，一切都要从无产阶级和广大人民群众的根本利益出发，去考虑和实施我们的战略、对策以及工作思路。也就是把“无产阶级和广大人民群众的根本利益”作为一切工作的出发点和落脚点。在社会主义革命时期，无产阶级和广大人民群众的根本利益是推翻资产阶级的统治，从而使无产阶级上升为统治阶级，争取民主。中国的革命，由于中国社会的性质是半封建、半殖民地社会。因此，在中国共产党领导之下的革命的性质为新民主主义革命。但是中国无产阶级和广大人民群众的根本利益是推翻“三座大山”的压迫，建立一个新中国。从中可以看出，中国社会主义革命是围绕“以人为本”展开的。

在“以人为本”的指导下，世界范围内的社会主义革命取得了巨大的历史成就。如在十月革命前期列宁对马克思恩格斯的社会主义思想进行阐释和发挥，做了大量理论论述，这些论述概括起来就是：社会主义的目的在于消灭阶级、消灭剥削、消灭贫富对立，使社会全体成员过上幸福美满的生活，使人得到全面的发展。十月革命之后，列宁的社会主义观开始与社会实践相结合，并从苏俄的实际出发，提出一系列有关社会主义的新论断，如提出：“我们说：每个人都希望改善自己的生活状况，大家都想过好日子，这是理所当然的，这正是社会主义”[①]，检验社会主义的标准是

① 列宁全集(第34卷)[C].北京：人民出版社，1985，第468页

人们认为“比旧制度好”[①]等。一直到晚年，列宁一直围绕着“以人为本”的社会主义本质来进行政策调整与认识的升华，特别是在被称为列宁“政治遗嘱”的最后五篇文章中，列宁从“人民过上好日子”的角度，来重新思考社会主义建设的政策、制度和方法，认为凡是可以“让人民过上好日子”的政策、制度、方法，都是社会主义的，并由此提出：“与此同时我们不得不承认我们对社会主义的整个看法根本改变了。这种根本的改变表现在：从前我们是把重心放在而且也应该放在政治斗争、革命、夺取政权等等方面，而现在重心改变了，转到和平的‘文化’组织工作上去了。”[②]

从中可以看出，列宁的社会主义观是随人民群众的根本利益的发展变化而不断地发展变化的，其变化的根本目的在于实现“让人民过上好日子”的目标。可惜的是，列宁去世以后，斯大林没有延续列宁“以人为本”的社会主义建设思路，而是走向马克思主义教条化、片面追求“公有化、计划经济、按劳分配、消灭商品经济”等形式上的社会主义，造成了苏联模式的强化和人民群众根本利益的弱化甚至伤害，最终导致苏联共产党执政的民心基础丧失，苏联的崩溃也就成为一种历史的必然。

“以人为本”不仅是社会主义革命、建设和改革开放的逻辑主线，不坚持“以人为本”，社会主义革命、建设和改革开放事业都不可能取得成功；而且，“以人为本”也是社会主义价值和社会主义核心价值的原生点。不把无产阶级和广大人民群众的根本利益放在第一位的价值观，肯定不是社会主义的价值观，更不可能是社会主义的核心价值观。

总而言之，“以人为本”是社会主义的本质，这就决定了不仅社会主义理论、社会主义运动，而且社会主义制度都要围绕这一核心而展开。在社会主义理论、运动和制度围绕“以人为本”展开的过程中，不断生成和壮大社会主义价值观、社会主义核心价值观，这是社会主义在“文化”上逐渐走向成熟的过程。诚然，这一

① 列宁全集(第43卷)[C].北京：人民出版社，1987，第301页

② 列宁全集(第43卷)[C].北京：人民出版社，1987，第367页

成熟过程依靠经济上的高度文明为基础，但是经济上对资本主义的超越，即比资本主义创造更高的生产力，仅仅是社会主义对资本主义超越的开始，而其完成必然终结于社会主义文化的成熟和对资本主义文化的超越。这其中，社会主义核心价值体系的形成、完善与成熟，具有关键性的战略意义。

二、社会主义核心价值观的内涵

"以人为本"是社会主义本质和社会主义核心价值观的原生点，那么，在"以人为本"这个价值原生点上，可以生成什么样的社会主义核心价值观呢？李德顺教授在《表述社会主义核心价值观的几点思考》一文中指出："社会主义'一切为了人民'的价值体系，究竟包含哪些基本的内容和原则，它们依怎样的结构和秩序形成了完整体系，从而证明和显示其中'核心'的面貌和意义?"这个问题"可以称作是我们当下核心价值研究中的'硬问题'。弄清它们并给予明确的表达，是起码的要求，也往往是难点"[①]。对社会主义核心价值观的回答的确不易，需要进行历史逻辑和实践逻辑的双重推演。

（一）空想社会主义的核心价值观

空想社会主义的产生与发展，大约经历了16—19世纪，可以划分为三大历史时期：16—17世纪，为空想社会主义的产生期，以莫尔、闵采尔、康帕内拉为代表的空想社会主义者，主要针对资本主义原始积累时期的残酷压迫和剥削，一方面用人道主义的武器对其进行了犀利的批判，另一方面在批判的基础上，为人们描绘出"乌托邦""太阳城""千年王国"等未来社会的美好图景。18世纪，为空想社会主义的发展期，以莫莱里、马布利和巴贝夫为代表的空想社会主义者，开始以理性的方式探讨如何消灭资本主义私有制，并在此基础上，对未来社会进行了展望。19世纪，为空想社

① 李德顺.表述社会主义核心价值观的几点思考[J].决策，2011(12)

会主义发展的顶峰期，出现了三大空想社会主义者——圣西门、傅立叶和欧文，他们不仅对资本主义进行更加理性和系统的批判，而且开始实践的批判，探索进行“实业制度”“和谐社会”“劳动公社”等社会主义实践。可惜的是，无论是在理论上还是在实践上，空想社会主义最终都归于失败了。

但是，空想社会主义从一开始产生，就确立了社会主义制度的价值目标。这种价值目标“以公有制、按需分配、消灭商品货币、有计划地按比例地组织社会生产、人的全面自由解放等为其鲜明特点，不同于(以往)任何一个社会制度的价值性”①。随着三大空想社会主义思想家的出现，尽管人们对社会主义价值目标的认识没有改变，但是在社会主义存在合理性的认识上进一步深化和发展为：“一是生产资料不再是少数资本家所有和支配，而是全社会公有；二是生产资料的按劳分配或者按需分配；三是没有商品货币以及全社会按照计划进行生产；四是生产力极大发展和物质财富的丰富；五是阶级和国家的消亡，人人参与社会管理；六是人的全面自由发展，没有脑力劳动与体力劳动的区别，劳动成为人们的一种享受和需要等。”②

总结空想社会主义的发展史，可以看出空想社会主义的核心价值观主要体现在以下几个方面③：第一，平等。未来的社会主义社会是一个消除不平等的社会。莫尔、傅立叶和圣西门强调机会平等，而巴贝夫、卡贝等主张绝对的平等；第二，和谐。未来社会是和谐社会，资本主义社会中现存的一切不和谐，都将为“和谐制度”所代替；第三，幸福。未来社会的目的是为全体人民创造幸福。一切生存的首要目的是求得幸福，但幸福不能单靠个人获取，只有人人都幸福，个人的幸福才能成为现实；第四，劳动。未来社会，劳动成为人们的需要而不仅仅是应尽的义务；第五，人的自由而全面的发展。生活在未来社会的人，是德智体行等各方面

---

① 王庆五.社会主义从过去走向未来[M].天津：天津人民出版社，1999，第2页

② 王庆五.社会主义从过去走向未来[M].天津：天津人民出版社，1999，第3页

③ 方爱东.社会主义核心价值观的发展历程及其当代建构[D].安徽大学博士学位论文，2010

全面发展的人。

应该说，在社会主义价值目标的层面上，空想社会主义为科学社会主义的产生提供了许多“天才”的设想，也在对资本主义社会的批判中，张扬了人们的价值理性。但是，“空想社会主义者认为，社会主义的价值性最根本的就在于社会主义是人类社会理性、绝对真理和社会正义的体现，理性是空想社会主义全部价值性的前提或者是第一要素。因此，他们的价值目标不能谓之不远大，但是这种设想因为这种价值前提一开始就注定要成为空想，而且是制定的越详细，就愈是空想”[①]。在社会主义的价值主体、价值实现的方法和途径上，由于缺少唯物史观的支撑，也不可能认识到人民群众是社会主义价值的主体力量，更没有办法找到实现美好的社会主义价值理想的途径与方法。因此，他们的天才设想只是一种超越历史的价值理想，体现了价值理性的苏醒和复归，但是在其现实性上，却永远找不到通往彼岸的“船”和“桥梁”。这一任务，自然地落到科学社会主义创始人的肩上。

（二）科学社会主义的核心价值观

马克思恩格斯指出：一切划时代的体系的真正的内容都是由于产生这个体系的那个时期的需要而形成起来的。科学社会主义产生于 19 世纪 30—70 年代。当时，西欧先进国家中资本主义生产方式已经占据统治地位，无产阶级作为独立的政治力量开始登上了历史的舞台。适应这一新形势的发展，马克思恩格斯创立了科学社会主义理论，并使之迅速与工人运动结合起来，从而使科学社会主义理论在实践的检验和推动下不断得到丰富和发展。19 世纪 70 年代到 19 世纪末，资本主义的发展经历了从自由竞争资本主义到垄断资本主义的转型，这为科学社会主义学说在更广泛的领域传播提供了条件。

和空想社会主义对资本主义的原则批判不同，马克思主义的

① 王庆五. 社会主义从过去走向未来[M]. 天津：天津人民出版社，1999，第 4 页

创始人马克思和恩格斯是从物质批判即对资本主义生产方式的批判出发，进而对资本主义社会展开价值性的批判。1848 年 2 月，共产主义者同盟的纲领——《共产党宣言》的发表，标志着马克思社会主义学说的初步形成。《共产党宣言》运用唯物史观分析了资本主义产生、发展和灭亡的规律，得出“两个必然”的历史结论，第一次系统地阐述了无产阶级的政党学说，并把未来社会概括为：代替那存在着阶级和阶级对立的资产阶级旧社会的，将是这样一个联合体，在那里，每个人的自由发展是一切人的自由发展的条件。之后，为了更加深刻地批判资本主义社会，马克思把大量精力用于经济学的研究，并最终发现了剩余价值，从而揭露了资本家剥削工人的秘密，对资本主义生产方式展开了科学的批判，揭示了资本主义生产方式——即生产社会化同资本主义私人占有之间的矛盾运动必然导致社会主义。在此基础上，马克思恩格斯进一步论述了从资本主义向社会主义过渡的理论，包括：必须建立无产阶级政党，并始终坚持党的领导权；必须建立巩固的工农联盟；必须进行无产阶级革命，建立无产阶级专政等。

至于未来社会，马克思恩格斯从分析资本主义社会的实际入手，进行了一些科学的预测，包括：第一，未来社会实行生产资料公有制，即由全体社会成员共同占有生产资料；第二，未来社会没有商品和货币交换，实行有计划的生产；第三，共产主义社会划分为“共产主义社会第一阶段”和“共产主义社会高级阶段”；第四，消灭了阶级对立和阶级差别，政治意义上国家将消亡，对人的统治将由对物的管理和对生产过程的领导所代替；第五，人的全面而自由的发展。①

从中可以看出，马克思恩格斯在对未来社会的设想中蕴含的丰富的价值思想。概括起来主要有：

第一，为无产阶级和广大人民群众谋利益的价值取向，即以人为本。

---

① 黄宗良，林勋建，叶自成. 世界社会主义的历史和理论[M]. 北京：中央编译出版社，1995，第 39～41 页

马克思指出:“过去一切阶级在争得统治之后,总是使整个社会服从于它们发财致富的条件,企图以此来巩固它们已经获得的生活地位。无产者只有废除自己的现存的占有方式,从而废除全部现存的占有方式,才能取得社会生产力。无产者没有什么自己的东西必须加以保护,他们必须摧毁至今保护和保障私有财产的一切。”“过去的一切运动都是少数人的,或者为少数人谋利益的运动。无产阶级的运动是绝大多数人的,为绝大多数人谋利益的独立的运动。”①而实现“以人为本”的具体途径是:“工人革命的第一步就是使无产阶级上升为统治阶级,争得民主。”②接下来,“无产阶级将利用自己的政治统治,一步一步地夺取资产阶级的全部资本,把一切生产工具集中在国家即组织成为统治阶级的无产阶级手里,并且尽可能快地增加生产力的总量。要做到这一点,当然首先必须对所有权和资产阶级生产关系实行强制性的干涉,也就是采取这样一些措施,这些措施在经济上似乎是不够充分的和无法持续的,但是在运动进程中它们会越出本身,而且作为变革全部生产方式的手段是必不可少的。这些措施在不同的国家里当然会是不同的。但是,最先进的国家几乎都可以采取下面的措施”③。接下来,马克思列举了10条具体措施。从中可以看出,“以人为本”的实现不是文字上的,需要有经济基础作为其保障。没有经济基础的保障,“以人为本”只是一句空洞的口号。

第二,“以人为本”的目标是实现人的全面而自由的发展。

未来社会通过“以人为本”价值观指导下的经济、政治和文化建设,当阶级差别在发展过程中已经消失而全部生产集中在联合起来的个人的手里的时候,公共权力就失去政治性质。原来意义上的政治权力,是一个阶级用以压迫另一个阶级的有组织的暴力。如果说无产阶级在反对资产阶级的斗争中一定要联合为阶级,通过革命使自己成为统治阶级,并以统治阶级的资格用暴力

① 马克思恩格斯选集(第1卷)[C].北京:人民出版社,2012,第411页

② 马克思恩格斯选集(第1卷)[C].北京:人民出版社,2012,第421页

③ 马克思恩格斯选集(第1卷)[C].北京:人民出版社,2012,第421页

消灭旧的生产关系，那么，它在消灭这种生产关系的同时，也就消灭了阶级对立的存在条件，消灭了阶级本身的存在条件，从而消灭了它自己这个阶级的统治。代替那存在着阶级和阶级对立的资产阶级旧社会的，将是这样一个联合体，在那里，每个人的自由发展是一切人的自由发展的条件。

从中可以看出，“以人为本”是整个社会主义时期革命、建设和改革的核心价值。在“以人为本”核心价值的指导下，社会主义的发展在制度指向上是共产主义，在价值指向上是“人的全面而自由的发展”。脱离这一价值目标的指引，社会主义的发展就会走上歧途。这一点，可以从世界社会主义运动从高潮走向低谷再走向复兴的历程中得到证明。

（三）以上两者的异同

把空想社会主义核心价值观和科学社会主义核心价值观放到一起分析，可以发现，两者在价值指向和价值追求上几乎是相同的，差别微乎其微。这是因为，空想社会主义和科学社会主义都是在批判资本主义社会的基础上形成的，都是社会主义核心价值观对资本主义核心价值观的扬弃。

虽然从字面上看，空想社会主义的核心价值观和科学社会主义的价值观没有原则上的不同，但是由于：

第一，科学社会主义的价值观是建立在生产力发展的前提和基础上的。

第二，科学社会主义的核心价值观在价值秩序上把生产力发展作为社会主义价值目标的首要要素，同时在科学社会主义核心价值观内部各要素之间，是按照从生产力到生产关系，从经济基础到上层建筑的顺序排列并构成一个严密的价值结构系统。

这一价值结构系统是科学社会主义核心价值区别于空想社会主义核心价值的关键所在。也就是说，与空想社会主义相比，科学社会主义的价值观是建立在唯物史观和剩余价值学说基础上的，是建立在马克思主义关于生产力和生产关系、经济基础和上层建筑辩证关系基础上的，实现了科学性和价值性的辩证统一。这种辩证统一是马克思主义区别于其他形形色色社会主义的分水岭。

明白了价值观念体系中价值秩序和价值结构的存在，对于我们深化对价值观的认识具有十分重要的推动作用，也必然对我们思考中国特色社会主义核心价值观的内涵和构建具有十分重要的作用。

第四节　我国社会主义核心价值观的当代发展

我国社会主义核心价值观是中国共产党领导中国人民在进行新民主主义革命、社会主义革命和建设以及改革开放的伟大实践中逐渐形成和完善起来的。社会主义核心价值观集中体现在毛泽东思想和中国特色社会主义理论体系之中，体现在党的一系列路线、方针、政策之中，体现在党中央领导集体一以贯之、孜孜不倦的接力探索中。

一、毛泽东的社会主义核心价值观

毛泽东思想是马克思主义理论在中国的创造性运用和发展，是经过实践证明的关于中国革命和建设的正确理论原则和经验总结，是我们党集体智慧的结晶。毛泽东社会主义核心价值观的主要内容有以下几个方面。

（一）以平等为核心的正义观

正义是人类社会的永恒追求。毛泽东认为实现民族国家独立是建立正义的社会制度的必要前提，在为建立社会主义创造必要前提的新民主主义革命年代，毛泽东经常用正义一词区分战争的性质。在和英国记者贝特兰的谈话中，他指出“历史上的一切战争,依其性质可以分为两类,一是正义的战争,一是非正义的战争”①。在分析中国和日本侵略者各自的特点时,他认为:“由于中国战争的进步性、正义性而产生出来的国际广大援助,同日本的失道寡助又恰恰相反。”②基于此,他坚信中国人民一定能够取得胜利。其后他认为美帝国主义和一切反动派都是纸老虎,中华人民共和国成立后,毛泽东坚决支持世界被压迫民族的解放运动和各国人民的革命战争。他在《中国共产党第八次全国代表大会开幕词》中指出:“亚洲、非洲和拉丁美洲各国的民族独立解放运动,以及世界上一切国家的和平运动和正义斗争,我们都必须给以积极的支持。”③毛泽东的正义观是内蕴于平等这个核心的,平等也是相对于特权来讲的。毛泽东一生最痛恨特权。他对新民主主义革命的理解是与反特权及反特权阶层紧密联系在一起的。社会主义制度建立后,他对维护自身既得利益的官僚主义特权现象深恶痛绝,时刻把对于人民群众而言的平等价值置于首要位置。毛泽东视域中的平等内涵是丰富的,主要体现在政治平等、经济平等、文化平等、社会平等(社会身份平等,男女平等,教育、卫生等理念和资源分配的平等)等方面。

(二)以“为人民服务”为核心的人民利益至上观

传统上,“民众的历史一直都无足轻重,如同水滴随意消失在历史的长河中,翻不起一点涟漪,留不下些微痕迹。……而历史和现实却一再地告诉我们:无论是谁,只要是作为工具而存在都不会、不必留下历史。普通老百姓在统治者眼中一直就如同砂石泥土、蝼蚁草芥,是‘只可使由之不可使知之’的工具。普通人在历史中的销声匿迹恰恰因为他们是工具,而工具是不必留下使用记录的……应作为根本的人在历史中消失了,只作为统计数字而存在;在统治者的视野中也消失了,只作为工具而存在”。而毛泽

---

① 毛泽东选集(第2卷)[C].北京:人民出版社,1991,第383～384页

② 毛泽东选集(第2卷)[C].北京:人民出版社,1991,第624页

③ 毛泽东选集(第1卷)[C].北京:人民出版社,1991,第14页

东颠覆了这种历史，以他为代表的中国共产党人尊奉人民群众为上帝，认为人民群众是社会物质财富和精神财富的创造者。毛泽东还通过对中国历史上历次农民起义的原因发展和结局的研究分析，得出了人民群众是历史发展真正动力的结论。因此，以毛泽东为代表的中国共产党人公开打出了"全心全意为人民服务"的旗帜，"以中国最广大人民的最大利益为出发点"。

二、邓小平的社会主义核心价值观

作为中国改革开放的引路人和中国特色社会主义事业的总设计师，邓小平同志在中国精神文明建设的过程中发挥着十分重要的作用。其中有关社会主义核心价值观的重要思想越来越具有时代意义，主要体现在以下几个方面。

（一）强调物质价值，追求国家富强

马克思主义唯物史观认为，社会存在决定社会意识，物质生产是社会生存与发展的第一个前提和基础，物质生活决定整个社会生活、政治生活和精神生活。如果没有物质生产资料和物质生活资料，人类就谈不上生存与发展。邓小平同志从唯物史观的立场出发，提出要强调物质价值，"革命精神是非常宝贵的，没有革命精神就没有革命行动。但是，革命是在物质利益的基础上产生的，如果只讲牺牲精神，不讲物质利益，那就是唯心论。"[①]

接着，他还强调说："按照历史唯物主义的观点来讲，正确的政治领导的成果，归根结底要表现在社会生产力的发展上，人民物质文化生活的改善上。"[②]他认为，一个国家领导者的业绩主要体现在他是否能够带领这个国家提高社会生产力，带领人民过上富裕的生活。没有生产力的发展，就没有人民物质文化生活的改善，更加没有国家领导者的坚固地位。

① 邓小平文选(第2卷)[C].北京：人民出版社，1994，第146页

② 邓小平文选(第2卷)[C].北京：人民出版社，1994，第128页

（二）强调精神价值，追求社会和谐发展

一个国家的繁荣与富强，除了为人民创造丰富的物质产品和经济基础之外，还应该为人民提供丰富多彩的文化产品，满足人民精神上的追求和享受。自改革开放以来，邓小平同志就十分注重精神产品的创造，为营造和谐有序的社会环境提供理念信仰支撑和道德基石。

首先，邓小平强调道德的重要作用。道德作为调节人与人、人与社会、人与自然之间关系的行为准则，关系着社会风气的改善，关系着社会主义市场经济的有序运行，关系着社会主义社会的精神文明建设。邓小平在谈到党在新民主主义革命时期的胜利时就说道："我们在新民主主义革命时期，就已经坚持用共产主义的思想体系指导整个工作；用共产主义道德约束共产党员和先进分子的言行；提倡和表彰'全心全意为人民服务'，'个人服从组织'，'大公无私'，'毫不利己、专门利人'，'一不怕苦、二不怕死'。"[①]正是由于有这样的精神，共产党才获得了人民的支持和帮助。

其次，邓小平强调理想信念对社会和个人价值观的重要作用。理想信念是人们的精神支柱，远大的理想信念能够激发广大人民的工作、学习、生活热情，能够鼓舞人们的斗志。邓小平在介绍革命历程时就说："为什么我们过去能在非常困难的情况下奋斗出来，战胜千难万险使革命胜利呢？就是因为我们有理想，有马克思主义信念，有共产主义信念。"[②]此外，他还看到了理想信念具有强大的凝聚作用，"根据我长期从事政治和军事活动的经验，我认为，最重要的是人的团结，要团结就要有共同的理想和坚定的信念。我们过去几十年艰苦奋斗，就是靠用坚定的信念把人民团结起来，为人民自己的利益而奋斗。没有这样的信念，就没有

① 邓小平文选(第2卷)[C].北京：人民出版社，1994，第367页

② 邓小平文选(第3卷)[C].北京：人民出版社，1993，第110页

凝聚力。”①

（三）强调人的价值，追求个人的幸福

共性需要具体化为个性，普遍需要表现为个别。同样，社会主义核心价值观不仅从国家社会的层面提出了价值目标，在公民层面也提出了要求。国家需要富强，社会需要和谐，人民更加需要幸福。如果缺少了全体公民的道德素质的提升，那么国家富强、民族振兴、人民幸福的中国梦便是空中楼阁。邓小平在公民层面的个人价值的认识上提出了自己的看法。

在谈及个人利益与集体利益时，邓小平就说：“在社会主义制度之下，归根结底，个人利益和集体利益是统一的，局部利益和整体利益是统一的，暂时利益和长远利益是统一的。”②要做到这三个统一，还“必须实行按劳分配，必须把国家、集体和个人利益结合起来，才能调动积极性，才能发展社会主义的生产”③，“共产主义的高级阶段，生产力高度发达，实行各尽所能，按需分配，将更多地承认个人利益、满足个人需要”④。同时，在谈及社会收入分配时，他强调我们必须重视个人利益，而不能否定个人利益，务必承认个人的价值。在处理集体和个人利益时，不能像“文革”时期那样任意否定个人成果，一味地唯上是从，过分强调集体利益，我们的国家、集体必须重视每个社会成员的价值，要以人民的幸福为价值旨归。

在谈及如何维护个人价值和实现个人利益时，邓小平说：“我们一定要根据现在的有利条件加速发展生产力，使人民的物质生活好一些，使人民的文化生活、精神面貌好一些”⑤，“我们引进先进技术，是为了发展生产力，提高人民生活水平”⑥。在这里，他深

① 邓小平文选(第3卷)[C].北京：人民出版社，1993，第190页
② 邓小平文选(第2卷)[C].北京：人民出版社，1994，第175页
③ 邓小平文选(第2卷)[C].北京：人民出版社，1994，第351页
④ 邓小平文选(第2卷)[C].北京：人民出版社，1994，第351～352页
⑤ 邓小平文选(第2卷)[C].北京：人民出版社，1994，第128页
⑥ 邓小平文选(第2卷)[C].北京：人民出版社，1994，第133页

刻地指出了实现个人价值的根本途径,我们必须不断地提升和发展生产力,才能提高国民收入,增强人民的幸福感。诚然,在追求生产力的过程中,难免会遇到各种各样的矛盾,影响个人价值的实现,例如先富与共富的关系问题。他提到允许一部分地区一部分工人农民通过自己的努力先富裕起来,然后带动其他地区和人民的共同富裕,最终的目标是“使全国各族人民都能比较快地富裕起来”[①]。总而言之,不论是先富还是共富,最终追求的是每个人的富裕和幸福。另外,在实现个人价值,追求个人幸福的同时,他还强调,不能忘记国家和集体。

在社会生产生活中,个人的主体地位我们无法否定,人民是这个国家的主人,人民的评价和需求具有不可动摇的地位。无论是社会收入的分配,还是一系列的社会治理措施,我们必须倾听人民这个主体的诉求,要努力为人民实现个人价值创造条件,让他们有权利、有平台追求个人的幸福。

三、当前社会主义核心价值观的发展建设与指导——用科学发展观指导社会主义核心价值观

党的十八大报告,从全面建成小康社会的宏伟目标出发,再次提出扎实推进社会主义文化强国建设的历史任务,强调“全面建成小康社会,实现中华民族伟大复兴,必须推动社会主义文化大发展大繁荣,兴起社会主义文化建设新高潮,提高国家文化软实力,发挥文化引领风尚、教育人民、服务社会、推动发展的作用”[②]。而文化建设的首要任务,是加强社会主义核心价值体系建设,因为“社会主义核心价值体系是兴国之魂,决定着中国特色社会主义发展方向。要深入开展社会主义核心价值体系学习教育,

① 邓小平文选(第2卷)[C].北京:人民出版社,1994,第152页

② 胡锦涛.坚定不移沿着中国特色社会主义道路前进,为全面建成小康社会而奋斗——在中国共产党第十八次全国代表大会上的报告[M].北京:人民出版社,2012,第30页

用社会主义核心价值体系引领社会思潮、凝聚社会共识”①。报告还从加强马克思主义指导思想地位、加强理想信念教育、大力弘扬民族精神和时代精神、积极培育社会主义核心价值观等四个方面做出具体阐述。其中关于社会主义核心价值观，报告的表述为“倡导富强、民主、文明、和谐，倡导自由、平等、公正、法治，倡导爱国、敬业、诚信、友善，积极培育和践行社会主义核心价值观”②。

从中可以看出，对社会主义核心价值观的认识目前还处在积极培育阶段，必须在科学发展观的指导下，在全面建成小康社会的历史实践中进一步确认、强化并用以指导人们的社会主义现代化建设实践活动。

用科学发展观指导社会主义核心价值体系建设，培育社会主义核心价值观，必须坚持科学发展观的核心——以人为本。以人为本不仅是科学发展观的核心，也是社会主义的价值本质，是社会主义区别于其他任何社会的根本标志。脱离“以人为本”去建设社会主义现代化，社会主义现代化会走入误区；脱离“以人为本”去构建社会主义核心价值体系，就会被资产阶级所提倡的价值口号所迷惑。

以科学发展观为指导培育社会主义核心价值观，必须坚持社会主义的最终价值目标——人的自由而全面的发展。科学发展观的第一要义是发展，核心是以人为本，基本要求是全面协调可持续，根本方法是统筹兼顾。以人为本，要求我们在社会主义现代化建设的过程中，“要始终把实现好、维护好、发展好最广大人民的根本利益作为党和国家一切工作的出发点和落脚点，尊重人民主体地位，发挥人民首创精神，保障人民各项权益，走共同富裕道路，促进人的全面发展，做到发展为了人民、发展依靠人民、发展成果由人民共享”③。从中可以看出，人的自由而全面的发展越

① 胡锦涛.坚定不移沿着中国特色社会主义道路前进，为全面建成小康社会而奋斗——在中国共产党第十八次全国代表大会上的报告[M].北京：人民出版社，2012，第31页

② 胡锦涛.坚定不移沿着中国特色社会主义道路前进，为全面建成小康社会而奋斗——在中国共产党第十八次全国代表大会上的报告[M].北京：人民出版社，2012，第29页

③ 中共中央宣传部.科学发展观学习读本[M].北京：学习出版社，2008，第2～3页

来越紧密地和党的最低奋斗纲领结合在一起，成为指导人民前进的最高纲领。

用科学发展观指导社会主义核心价值体系建设，还必须联系中国全面建设小康社会的历史实践。找到社会主义价值本质——以人为本，找到社会主义最终价值目标——人的自由而全面的发展，这当然十分重要。但是，找到通往社会主义最终价值目标的途径，也一样十分重要。没有正确的途径，只有正确的目标和方向，也未必能够取得成功。在这一点上空想社会主义的历史是最好的注脚。因此，在社会主义发展的不同阶段，社会主义核心价值都可能根据当时的历史条件而有具体而明确的实现形式。这种具体的实现形式应该是从实践中来，从社会发展的主要矛盾中来。因此，以科学发展观为指导培育社会主义核心价值观是一个历史的、动态的、发展的过程。反过来，当一定形态的社会主义核心价值观得到确认并用以指导人们的社会实践，它又会释放出巨大的物质改造力量，会加速自我扬弃的历史进程。

第三章 社会主义核心价值观的三个层面

社会主义核心价值观十二词、二十四字的内容分别在三个层面阐述了我国社会价值观的三个层次，对国家、社会与个人都做出了明确的价值指向。对于中国特色社会主义制度建设来说，这三个方面都起到了重要的作用，引导着社会主义社会朝向一个更加公平与稳定的方向发展。

第一节 社会主义核心价值观的国家层面

中国梦，是将亿万中国人凝聚在一起的根本、推动中国人民不断前行的动力源泉。而在国家层面，中国梦的根本就是要将国家建设得更加富强、民主、文明与和谐。中国社会的发展正是要将这一重要的理念落实在社会建设的实际之中。因此，“富强、民主、文明、和谐”正是中国特色社会主义核心价值观中最高层次，是统领其他层次的价值理念。

一、富强：中国特色社会主义建设的基本价值目标

“富强”作为社会文明与进步的重要标志，虽然我国还没有成为一个“富强”的社会主义现代化国家，但是我们一直在为实现这个目标而努力。改革开放以后，我国一直将经济建设作为促进国家发展的主要策略，从这一点中也可以看出党对实现国家富强、人民安居乐业的热烈期盼。

（一）富强是中华民族的千年夙愿，更是中国共产党的奋斗目标

近代中国曾经有过一段屈辱的历史。这段历史给了中华民

族血的教训。中华民族日益意识到，只有具备强大的国力才能在国际事务和国际交往中维护自身的利益，只有国富民强才能摆脱落后挨打的命运；从社会发展的角度来说，只有高度发展的社会生产力和丰富的物质基础才能体现社会主义的先进性和优越性。社会主义，首先就要使生产力发展，这是主要的。只有这样，才能表明社会主义的优越性。发展是硬道理，只有创造出比资本主义更高的劳动生产率，才能向人类表明，社会主义是必由之路，社会主义优于资本主义。

“富强”是社会主义价值体系假设的重要目标，同时也是践行科学发展观，推动我国社会主义现代化建设的重要内容，它是社会主义本质和发展规律的体现，代表着最广大人民的根本利益，是我国必须长期坚持的一项基本治国理念。

（二）“共同富裕”的内涵阐释

1.体现了社会主义经济发展目标和价值追求的有机统一

资本主义制度的发展将社会的发达推到了一种异样的极致状态。在这种状态下，生产力发展同生产关系之间的矛盾依然存在；社会主义的富强，则在本质上优于资本主义，因为社会主义的富强是全体人民的富强、是全体社会成员的富强，这种建立在共同富裕基础之上的富强，比起西方国家两极分化式的“富”“强”具有无比优越性。当然，就目前的情况来看，实现我国共同富裕的目标还有一定的距离，社会主义建设的道路还很漫长。

2.逐步实现“共同富裕”体现了社会主义最终废除私有制、实行公有制的远大理想

社会主义同资本主义社会发展的最大区别就在于社会主义是要实现共同富裕，资产阶级存在严重的两极分化，而社会主义的共同富裕则是全体社会成员的富裕。废除私有制、实行公有制是人类社会发展的必然趋势，也是社会主义和共产主义一直坚持

的原则和立场。私有制的废除可以保证社会成员不会受到特权阶层的剥削，不用付出沉重的代价来获取自己所需要的生存资源，生产关系与生产力的高度统一，可以让人类的发展进入一个新的历史阶段。当然，任何制度都有其存在的理由，私有制也一样，因此我们不可能将私有制一下子全部消灭掉，也不可能将所有的私有制生产关系完全废除，在资本主义向社会主义转变的过程中，必然会经历一个过渡阶段，即社会主义初级阶段。

3."共同富裕"体现了注重效率与维护公平的美好愿景

"富强"是共同富裕的基础。一个国家富强才有能力实现广泛共同富裕。想要实现国家富强和人民的共同富裕，除了树立远大的社会理想外，还要注重效率和公平，只有这两个方面有机结合才能最大限度促进我国经济的发展和社会的进步，最终实现共同富裕。效率代表着我国进行社会主义经济建设的成效，而公平代表着我国政治建设的成就，只有政治与经济发展的共同进步才能在物质和制度上保证共同富裕的实现，因此在实现共同富裕的过程中坚持公平效率具有重要的意义。

（三）积极弘扬践行社会主义富强观

当代中国，比历史上任何时期都更接近中华民族伟大复兴的目标。但是，"行百里者半九十"。越是接近国家富强、民族复兴的历史目标，我们越要保持清醒的头脑，正视我们存在的问题和差距。党的十八大指出，我国仍处于并将长期处于社会主义初级阶段的基本国情没有变，人民群众日益增长的物质文化需要同落后的社会生产之间的矛盾这一社会主要矛盾没有变，中国是世界最大发展中国家的国际地位没有变。建设社会主义富强国家，必须深刻把握我们身处的新形势、新机遇，全面认识我们面对的新任务、新课题，科学分析我们面临的新矛盾、新挑战，真正把社会主义富强观内化于心、外化于行。

1.把富强观的宣讲融入社会主义核心价值观

社会主义核心价值观是一个有机体系，富强不仅与国家层面的其他价值目标有直接联系，而且与社会层面的价值取向和公民层面的价值准则有密切联系。要把富强观的宣教融入社会主义核心价值观的宣教，把富强观的培育同社会和公民等层面的价值取向和价值准则结合起来。

尤其要注意的是，“富强”虽然是国家层面的价值目标，但也是与每一个中国人息息相关的目标。国家富强、民族振兴、人民幸福的中国梦体现了中华民族整体利益与每个中国人利益的有机统一。中国梦是民族的梦，也是每个中国人的梦。中国梦归根到底是人民的梦，必须紧紧依靠人民来实现。功崇惟志，业广惟勤。实现国家富强、人民富裕的价值目标，需要我们每一个人付出辛勤劳动和艰苦努力。我们必须破除国家富强是党和政府事情的错误心态，增强建设富强国家的使命感和责任意识，把实现个人理想和实现国家富强的中国梦结合起来，自觉地把个人奋斗融入国家发展的历史潮流。

2.把富强观的培育融入社会主义核心价值体系的培育

社会主义核心价值观和核心价值体系是相互有机联系的。核心价值观是对核心价值体系内容的深度概括与凝练。要把富强观的培育融入社会主义核心价值体系的培育，尤其要把富强观的教育与民族精神和时代精神的教育结合起来。

以爱国主义为核心的民族精神和以改革创新为核心的时代精神是社会主义核心价值体系的精髓。在五千年的历史演进中，中华民族形成了以爱国主义为核心的团结统一、爱好和平、勤劳勇敢、自强不息的伟大民族精神。爱国主义始终是把中华民族坚强团结在一起的精神力量，我们要把弘扬和践行社会主义富强观融入爱国主义教育，使每个公民尤其是青少年形成国家富强、匹夫有责的使命感和责任感。在改革开放的伟大实践中，我们形成了以改革创新为核心的与时俱进、开拓创新、求真务实、奋勇争先的伟大时代精神。在全面深化改革的实践中，改革创新始终是鞭策我们攻坚克难、不断前进的精神力量。我们要把弘扬和践行社会主义富强观融入改革创新的时代精神教育，要让每个公民都认识到，改革创新是我们这个时代的最强音，国家富强的梦想只有在改革创新的时代潮流中才能真正实现。

3. 把国家富强的目标和当前全面深化改革，完善和发展中国特色社会主义制度，推进国家治理体系和治理能力现代化的事业结合起来

社会主义核心价值观及其体系的理念必须付诸主体实践，才能发挥现实作用。富强的社会主义国家价值目标，必须渗透于国家行为和国家制度安排中，才能真正有助于实现国家富强、民族复兴的中国梦。弘扬和践行社会主义富强观，不能停留于口头和观念上，必须把国家富强的价值目标和当前全面深化改革的伟大事业结合起来。党的十八届三中全会指出，全面深化改革的总目标是完善和发展中国特色社会主义制度，推进国家治理体系和治理能力现代化。从国家层面来说，培育和践行社会主义核心价值观，就是要在推进国家治理体系和治理能力现代化的过程中实现富强、民主、文明、和谐的价值目标。空谈误国，实干兴邦。我们要把实现国家富强的目标同科学发展结合起来。我们的党员特别是领导干部，要把发展作为执政兴国的第一要务，切实落实党的十八大和十八届五中全会制定的各项战略部署和任务，为实现“两个一百年”目标而不懈努力，艰苦奋斗。

二、民主：社会主义始终高扬的旗帜

“民主”是资本主义社会用于标榜自己的一个重要价值要素，但民主并不是资本主义所特有的。资本所谓的民主具有很大的局限性和欺骗性，只有特权阶层才能享受到真正的民主；而社会主义的民主是全体成员的民主，因为社会主义消灭了阶级，国家

的统治基础正是广大的人民群众。

（一）人民民主是社会主义的生命

“民主”是现代社会的基本要素与价值理念。实现民主的前提是自由，而自由是建立在平等的基础之上的，民主的本质就是人民当家做主，体现着社会的公平和公正。从这一论述中我们可以看出，在自由、平等、人权、民主、法治、公平、正义等诸多价值理念之中，民主是所有价值认同中最基础的要素，因为它集中体现着其他几种价值认同。只有在社会主义制度的前提下，实现真正民主，才能保证社会成员其他权利的实现。

人民群众是社会主义国家的主人。通过社会主义民主，人民群众才可以充分行使自己当家做主的权力，在党的带领下社会主义事业必将取得辉煌的成果。人民群众作为国家的主人，是进行社会主义建设的主要力量，在全面实现小康社会的过程中要充分发挥他们的积极性和主动性，充分利用人民群众的力量可以为社会主义建设和发展提供坚实的群众基础，促进社会主义建设更快、更好地发展，可以早日全面实现社会主义现代化。

（二）社会主义民主真正体现人民当家做主

“人民民主”是社会主义的本质特性，体现着社会主义制度的政治本质，马克思主义研究的先驱认为，社会主义由劳动者代替少数特权阶级掌握了国家的统治权，因此社会主义民主是更广泛意义上的民主，它是绝大部分社会群体的民主。十月革命结束后，特别是俄国国内战争结束之后，列宁就表现出了对发展民主政治的渴望，他强调社会主义条件下，我们应该对原来的具有剥削意味的政治制度进行变革，实现人民民主。如果没有民主，就不可能有社会主义，就不可能有社会主义制度，社会主义民主较资本主义所谓的民主而言，具有天然的优势。党的十七大报告指出人民民主是社会主义的生命。

真正的社会主义民主是更深层次上的民主，它较西方政治中的民主具有本质的优点。资产阶级民主是少数人的民主,它只属于把持国家统治权力的统治阶级。我国的人民代表大会制度能够从根本上保证人民的主人翁地位,实现人民的民主权利。

(三)“民主”体现了中国共产党人的崇高价值追求

党历来重视我国人民的民主权力,将发展社会主义民主、完善社会主义民主制度作为国家的重要发展战略。在革命战争年代,党确立起了“民主”的大旗。新中国成立以后,党在实现我国人民民主建设社会主义民主和法制国家上进行了长期而有效的努力,保证了我国人民民主的实现。

在发展民主政治的过程中,马克思主义的社会民主学说具有无可争议的领导作用,它是实现社会主义民主,进行社会主义民主建设的基础。另外,我国在发展社会主义民主的过程中,应该在尊重我国国情的基础上,充分吸收和借鉴我国传统文化中的民主精髓作为发展民主政治的重要辅助。经过 60 多年的努力,社会主义民主建设取得了辉煌的成就,我国人民享受到了社会主义的民主权利,对于社会主义建设有着重要的促进作用。

(四)社会主义民主是坚持党的领导、人民当家做主和依法治国的有机统一

社会主义建设是一项造福全体社会成员的伟大事业,中国共产党作为社会主义职业建设的领路人,广大人民群众必须紧紧团结在党的周围才能保证社会主义事业的顺利发展,社会主义民主也只有在这种条件下才能实现。人民民主是社会主义国家最基本的特点,如果社会主义不能保证人民民主权利的实现,必定会遭到人民的反对。

只有在中国共产党的领导下,在民主政治制度的不断完善中,人民的民主权利才能得到切实有效的保障;在中国共产党的领导下,不断拓展人民群众民主权利的内容,让人民群众享受更广泛的民主权利。依法治国是我国的基本国策,也是发展社会主

义民主政治的基本保障。法律与民主一直都是一个不可分割的主体，法律可以为人民的民主权利提供强制力保障，是广大人民实现自身民主权利的基本依靠。因此，我们应该明确完善我国社会主义法律体系，建设社会主义法治国家对实现人民民主权利的保障性作用，将社会主义民主政治建设与社会主义法治建设紧密结合在一起，双管齐下为我国全面建设社会主义民主法治提供保障。

（五）社会主义民主是一个不断发展进步的过程

社会主义民主的发展不是孤立的，它要受到经济文化条件、社会环境等多种因素的制约。正如马克思所说，权利永远不能超出社会的经济结构以及由经济结构制约的社会的发展。当前，我国仍处于并将长期处于社会主义初级阶段，这就决定了中国特色社会主义民主的发展不可能一蹴而就，而是一个长期的过程。

1. 坚定不移走中国特色社会主义政治发展道路

政治发展道路的正确与否，直接决定着国家的民主政治建设是否能够取得伟大成效。道路决定未来。我们所选择的中国特色社会主义政治发展道路，是在结合国家的历史传统和几千年传承文化的基础上，在经济社会条件的基础上，长期发展并且内生演化的结果。这一道路的选择，不仅是历史的必然，更是现实的要求。近代以来，无数仁人志士在探讨中国的国家发展道路的过程中，曾经尝试过西方的政治发展道路，但是实践证明，这并不适合我国的国情，并不适合我国的现实，因而最后都以失败告终。在中国共产党的领导下，中国人民走上了民主的道路，社会主义民主展现出自身伟大的生命力，并且显示出更加广阔的发展前景。

走中国特色社会主义政治发展道路，必须坚持党的领导。对中国而言，不存在多党轮流执政的政治基础和社会基础。邓小平深刻指出，在中国这样一个大国，“我们人民的团结，社会的安定，民主的发展，国家的统一，都要靠党的领导”[①]。历史教训告诉我们，要必须坚持党对人民的绝对领导，如果放弃党的领导，我们的社会主义社会性质就发生了变化，政治上的人民当家做主也就成了空谈。坚持党的领导，必须完善党的领导，要对党的民主制度进行不断的改革与完善，并且不断发展党内民主，通过党内民主带动人民，进而最终实现人民民主。

走中国特色社会主义政治发展道路，要健全社会主义协商民主制度。中国特色社会主义民主的另外一个重要民主形式，就是协商民主。中国共产党领导的多党合作和政治协商，要不断发展，不断完善，就要充分发挥人民政协的作用，不断发挥这一渠道的重要作用，推进政治协商、参政议政制度建设，更好地汇聚力量、建言献策。把政治协商这一民主形式纳入最终的决策程序中，并且坚持在决策之前和决策之中进行协商，最终增强并实现民主协商的实效性。

2.借鉴、吸收人类政治文明的一切有益成果，积极、稳妥地推进政治体制改革

中华民族是一个兼容并蓄、海纳百川的民族。“社会主义要赢得与资本主义相比较的优势，就必须大胆吸收和借鉴人类社会创造的一切文明成果。”[②]从历史来看，虽然实行中国特色的社会主义民主实践，在我国只有短短的几十年时间，虽然民主的具体实现形式还并不成熟，在民主的运作机制方面还有待完善。西方的资本主义民主虽然具有根本的局限，但是经过几百年的发展，其具体实现形式和运作的机制也取得了很大的积极成果，这些有益的经验和成果完全可以被我们所借鉴。

深化政治体制改革是发展中国特色社会主义民主的必然要求。邓小平指出，有人说我们只搞经济体制改革，不搞政治体制

① 邓小平文选(第2卷)[C].北京：人民出版社，1994，第342页

② 邓小平文选(第3卷)[C].北京：人民出版社，1993，第373页

改革，这不对；我们的改革是包括政治体制改革在内的全面改革。“进行政治体制改革的目的，总的来讲是要消除官僚主义，发展社会主义民主，调动人民和基层单位的积极性。”[①]政治体制改革的实践，必须在结合我国具体实践的基础上进行，必须与我国的生产力水平相适应，必须顺应我们的生产关系，同时与我国的历史条件、经济文化发展水平相适应。既要积极，又要稳妥；既要坚定不移，又要循序渐进。

3. 积极提升公民的民主素养，将民主转化为每个公民的生活方式

弘扬和践行社会主义民主观念，必须提升公民的民主素养，将民主转化为每个公民看待政治的常识。首先，要提高每个公民的政治参与意识和能力。社会主义民主只有通过公民广泛的政治参与才能真正实现。改革开放以来，随着社会主义民主政治的发展，我国公民的民主素养不断提升，政治参与意识不断增强。但是，我国是一个有着几千年专制历史的国家，公民的民主素养和政治参与意识总体上还有待提升。要积极拓展扩大公民政治参与的渠道，提升公民政治参与能力，最广泛地动员和组织人民依法管理国家事务和社会事务、管理经济和文化事业。

其次，把民主转化成生活方式，要求每个公民积极培育有利于民主的各种思想意识。我们要多些规则和法制意识，少些江湖习气和圆滑世故；我们要多些人格独立和平等意识，少些等级观念甚至奴才意识；我们要多些对话意识和妥协精神，不能只想着压制甚至消灭对方，等等。只有在日常生活中积极培育这些有利于民主的思想意识，我们才能离民主政治越来越近。

再次，把民主转化为日常生活，还体现在基层自治和社会自主治理之中。马克思主义认为，人民民主不断发展的过程，也就是实现社会自主治理的过程。当然，最终完全实现社会自主治理

① 邓小平文选(第3卷)[C].北京：人民出版社，1993，第177页

是一个漫长的过程。基层自治是迈向社会自主治理的重要环节和步骤。党的十八大报告指出,在城乡社区治理、基层公共事务和公益事业中实行群众自我管理、自我服务、自我教育、自我监督,是人民直接行使民主权利,实现社会主义民主的重要方式。

三、文明:我国社会主义文化发展追求的价值目标

“文明”是我国文化发展的基本目标,在这一目标的激励和指引下,我们坚定发展社会主义文化的信念,在“文明”的指引下全面提升我国文化的发展水平。党的十八大报告指出:“文化是一个民族的血脉,是人民的精神家园。全面建成小康社会,实现中华民族伟大复兴,必须推动社会主义文化大发展大繁荣,兴起社会主义文化建设新高潮,提高国家文化软实力,发挥文化引领风尚、教育人民、服务社会、推动发展的作用。”

(一)“文明”是社会主义文化建设的根本价值取向

文化进步的宗旨,在于使人类获得自由。马克思说:“文化上的每一个进步,都是迈向自由的一步。”人类想要在自己的发展中获得更加广阔的方式和更加灵活的方式,一定要注重社会主义先进文化的建设和发展。文化是人类在长期的发展过程中不断积累起来的智慧,文化越先进的社会群体在个人的发展中就能获得更加广阔的发展空间和更多的发展机会。我国的社会主义现代化建设之所以将“社会主义文化建设”提升到社会发展的战略高度,就是因为文化的发展能够带动一系列因素的变化,为社会主义现代化建设创造更为有利的条件。另外,社会主义文化建设能够提升人民群众的道德水平和思想觉悟,激发人们为社会主义事业而奋斗的旺盛斗志。

(二)“文明”是社会主义文化建设的科学协调发展

社会主义文化建设是我国社会主义事业建设的重要组成部分,它与社会主义政治文明建设、社会主义政治建设一道构成了

全面建成小康社会的基本战略目标。我国的社会主义文化建设以传统文化为基础，充分吸收和借鉴世界文化的精髓，将不同国家和地区的优秀文化充分吸收到社会主义文化的建设当中。加强文化建设，提升我国社会主义文化发展水平的主要途径有：加强思想道德建设，提高公民的思想道德素质；大力发展教育事业，提高我国公民的科学文化素质；加强科技研究与开发，提高我国的技术水平和实力；积极发展文化产业，促进文化产业的繁荣发展；尊重人民在文化建设中的主动性和创造性，为社会主义文化建设注入更多的活力。

（三）“文明”是推动社会主义文化大发展大繁荣的现实要求

在当今的社会条件下，文化在增强民族凝聚力和保持民族特色方面发挥着越来越重要的作用，对我国社会主义建设事业具有极大的推动作用。加强社会主义文化建设，提高人民群众的文化素质、丰富人们的精神世界，成为我国人民的热切愿望。毛泽东曾预言：“随着经济建设的高潮的到来，不可避免地将要出现一个文化建设的高潮。中国人被人认为不文明的时代已经过去了，我们将以一个具有高度文明的民族出现于世界。”

“文明”是我国社会主义文化建设最终要实现的目标之一，“文明”理念的提出说明党和国家重视文化的建设和发展。在党的号召下，社会主义文化建设事业正在掀起新的高潮，公民文化素质的不断提高使我国的民族凝聚力和民族创造力不断增强。社会主义文化建设能够使我国公民的基本文化权利得到良好的保证，人民群众的精神文化生活越来越丰富，中华民族正以一个新的精神面貌来面对未来的发展和来自外部的挑战。

（四）“文明”是社会主义文化建设的内在本质

民族性、科学性、大众性体现了在社会主义条件下文化的基本社会属性，在这三个基本属性的影响下，社会主义文化的前进方向有了明确的指向性。“文明”体现着我国在文化建设领域始终不渝地坚持着马克思主义的基本理论，将马克思主义作为提高我国人民文化素质和思想觉悟的精神力量，在其引导下利用中国特色社会主义共同理想凝集全国人民的力量，用民族精神和时代精神激励人们克服困难不断进步。

（五）积极培育和践行社会主义文明观

社会主义文明作为人类文明发展史上一种新型的文明，是社会主义核心价值观的重要组成部分。培育和践行社会主义文明观，既要自觉遵循社会主义文化建设的规律，还要把文化建设和中国特色社会主义的各项建设结合起来，使社会主义文明与时代进步同行、与实践发展同步。

1. 把精神文明建设和中国特色社会主义建设的各项事业结合起来

唯物史观认为，生产力决定生产关系，经济基础决定上层建筑。“物质生活的生产方式制约着整个社会生活、政治生活和精神生活的过程。”①物质生产是一切历史发展的基本条件。社会主义精神文明建设，必须以社会主义物质文明建设为基础并与之相适应。也就是说，培育和践行社会主义文明观，必须融入社会主义物质文明、政治文明、社会文明和生态文明的宏大系统，这是社会主义文明发展的内在要求。对此，毛泽东深刻指出，“一定形态的政治和经济是首先决定那一定形态的文化的；然后，那一定形态的文化又才给予影响和作用于一定形态的政治和经济。……我们要建立的这种中华民族的新文化，它也不能离开中华民族的新政治和新经济”②。

① 马克思恩格斯文集（第5卷）[C].北京：人民出版社，2009，第591页

② 毛泽东选集（第7卷）[C].北京：人民出版社，1991，第664页

2.遵循文化发展规律,把传承和发扬中华民族的优秀文化传统同借鉴人类文明的一切积极成果有机结合起来

社会主义文明是人类文明发展的必然结果,社会主义文明之所以是迄今为止最先进的文明,就在于它继承了先前人类文明形态的一切积极成果,并在全新的基础上发扬光大。对于中国这样一个有几千年悠久文明传统的国家而言,培育和践行社会主义文明观,首先就要继承和弘扬中华民族的优秀文化传统。我们必须旗帜鲜明地反对“历史虚无论”“全盘西化论”等论调。“中国文化应有自己的形式,这就是民族形式。”对于“从孔夫子到孙中山”的全部优秀民族文化遗产,我们必须加以继承。当然,继承和弘扬民族优秀文化传统,并不是夜郎自大、故步自封。相反,我们要以开放的胸襟,“大量吸收外国的进步文化,作为自己文化食粮的原料”。“凡属我们今天用得着的东西,都应该吸收。”社会主义新文化不是“自闭于幽谷”的旧文化,它是广泛吸收进步的外国文化资源基础上的,开放的、创新的民族新文化。①

3.坚持以人为本,立足于提升公民文明素养、促进每个人的自由全面发展

人民群众是历史的创造者,也是社会文明的创造者。社会主义文明之所以是人类迄今为止最先进的文明形态,就在于它以最广大劳动人民为服务对象,以最终实现人的自由全面发展为最高价值目标。培育和践行社会主义文明观,必须以人为本,尊重人民群众的主体地位。当然,每个社会个体的内外部条件有所不同,人们的文明观念和价值尺度也会有所不同。这其中,有的是多样性的合理差异,我们要加以尊重;也有的属于素养差别和境界区分,对此我们要坚持鼓励先进,鞭策后进。此外,要用社会主义文明观指导精神文化产品的生产创作,用更多体现社会主义文

① 毛泽东选集(第7卷)[C].北京:人民出版社,1991,第706页

明观的精神文化产品去影响、塑造广大人民的精神世界和价值观念，发挥社会主义核心价值春风化雨的引导作用。

四、和谐：我国社会主义社会发展追求的现实目标

"和谐"是建设中国特色社会主义所追求的一个现实目标，它要求我们将社会发展与社会和谐提升到战略高度进行建设，要求我们将经济建设和环境保护放在更加重要的地位，实现经济、社会、文化、政治等要素的共同发展。

（一）实现社会和谐、建设美好社会，是人类孜孜以求的社会理想

"和谐"在中华民族的传统文化中占有重要的地位，是我国自古以来的极为重要的价值取向，它影响了一代又一代的中国人，直至今日"和谐"仍然符合我国核心价值观所体现的价值取向。"和谐"有着极为丰富的价值内涵，和合思想、天人合一、政通人和、人与自然和谐发展等都是和谐思想所包含的基本价值内容。

在西方文化中，和谐也是一种重要的社会理念和价值观念，西方的社会学家和哲学家对充满和谐要素的社会制度和社会形态充满向往。毕达哥拉斯是古希腊著名的数学家、哲学家，他曾经提出"整个天是一个和谐"的思想；赫拉克利特对和谐的价值观念给予了极高的评价，并提出了"对立和谐观"。马克思认为，"共产主义将实现'两大和解'——人类同自然的和解以及人类本身的和解。"马克思这句话的本质含义其实是，我们要追求人与人之间、人与自然之间存在真正和谐的关系。

（二）社会和谐是中国特色社会主义的本质属性

建设社会主义和谐社会，就在我国目前的生产力发展水平和国内环境的基础之上，建设一个经济发达、民主法治、诚信友爱、安定有序、人与自然和谐发展的社会。

民主法治，就在民主政治制度和法制精神在社会的发展中得

到充分的发扬和体现。民主法治建设需要我国不断对社会制度进行调整和完善,需要我们坚定不移地坚持依法治国的基本策略,充分调动各方面的积极因素。

诚信友爱,就是社会成员之间相互帮助、相互信任,整个社会以诚实守信作为基本的行为准则,人民群众在友好的社会氛围下愉快地相处与生活。

安定有序,就是建立健全完善的社会组织机制,明确各个社会组织的责任和义务,所有社会事物都在统一的框架下平稳、安定地运行,人民群众安居乐业。

人与自然和谐相处,就是在经济和社会发展的过程中,对自然环境给予充分的尊重,不能以破坏环境、污染环境为代价换取经济社会的一时发展,从长远的角度考虑人与自然的关系。

(三)人与自然的和谐是社会和谐的重要内容

马克思主义主张自然的发展与人的发展的统一,人在摆脱自然环境对人类生存发展的束缚之后,不能以牺牲自然环境为代价换取人的发展,只有二者的统一才能促成真正意义上的发展,才能实现真正的和谐发展。生态文明是人类在发展过程中所追求的一种重要文明形态,是工业文明之上的一种更高层次发展形态。人类对生态文明的追求表明,人们对发展有了更为深刻的理解与认识,单纯的物质增长不能满足人们对发展的追求,更不符合基本的发展规律,我国在社会主义建设中要紧紧把握这一点。

(四)人与人的和谐是社会和谐的中心内容

人与人和谐相处、人与社会和谐相处、人与自然和谐相处是一种美好的信念与社会理想,也是我们不断奋斗的目标。社会主义和谐社会显示出了社会主义的强烈感召力、巨大的吸引力和强有力的凝聚力。

社会主义和谐社会在坚持以人为本的基础上,将人民群众的根本利益放在经济发展的首要位置,对人民群众无益的发展计划对社会的发展没有任何意义。社会主义和谐社会的发展要满足人们不断增长的物质文化需求，着力解决我国在社会主义初级阶段的基本矛盾，促进社会的全面进步和发展。社会主义和谐社会的发展，需要精神文明与物质文明的共同发展，在丰富人们物质生活的同时丰富人民群众的精神文化生活。

第二节　社会主义核心价值观的社会层面

“倡导自由、平等、公正、法治”，是我国社会主义社会应当追求的理想价值属性的集中体现。不仅如此，还体现了社会主义的首要价值和理想价值追求，进一步推动了社会主义制度的自我发展和自我完善。中国特色社会主义事业建设取得的成绩和改革开放收获的成果，从政治、经济、社会和文化等方面为发展人民的自由平等权利，实现社会的公正法治提供了更为充分的发展条件。

一、自由：社会主义社会的价值追求

（一）“自由”是人类共同的理想价值追求

“自由”自从人类文明开始之初就一直伴随着人类的发展，它是人们共同追求与认可的文明成果，可以说自由是全人类价值认识的核心，它体现着全人类的共同追求。

资本主义思想家在宣扬自己的思想的时候，将早期空想社会主义提出的“自由”当作资本主义唯一拥有的进行宣传，这种观点是荒谬的，因为自由是全人类共同的价值追求和价值认识。资本主义所鼓吹的自由具有局限性，是“片面的、异化的、虚伪自私的”，社会主义制度下的自由，才是真正意义上的自由，人们可以获得自由、全面的发展，按照自己的意志从事自己喜欢的工作和事业。因此，社会主义自由突破了资本主义自由的局限性和狭隘

性，是人类所追求的真正的自由。

（二）"自由"是社会主义的理想价值追求和共产主义的价值本质

"自由"是人类对自己自由发展和全面发展的追求，是对自身权利的追求，它体现着马克思主义的基本要求和社会主义的本质，凝聚着最灿烂的人性光辉。

建立社会主义制度，这一制度下，所有人所从事的都将是健康而有益的工作，他们将会有充裕的物质生活，将会有充足的闲暇时间，他们也会有真正的充分的自由。

（三）"自由"是我国新民主主义革命和社会主义建设的一个主要目标

马克思主义一直是党所坚持的指导理论，无论是在新民主主义革命时期还是在社会主义建设过程中，马克思主义都对中华民族追求自由做出了突出的贡献。

近代中国外交内困，在民族存亡的历史关头，李大钊、陈独秀等一批先进的知识分子将马克思主义引入了中国，在马克思主义的指导下，在毛泽东等人的努力下，全国人民万众一心，获取了新民主主义革命的胜利，多灾多难的中华民族终于实现自由和独立。可以说没有马克思主义对自由的阐述和描述，没有马克思主义理论的引领与指导，中国很难取得新民主主义革命的胜利，获得真正的民主与自由。

在社会主义建设中，马克思主义基本理论指引着各项工作的前进方向，尤其是社会主义民主政治建设在马克思主义自由理论的引导下已经取得了全面的发展与进步，我国人民正在享受着全面的自由与平等。

（四）倡导自由对重新树立社会主义自由观具有重大意义

我国还处于社会主义初级阶段，如果因为发展程度不够而看不到“人的自由全面发展”对社会发展的重要意义，而忽视“人的自由全面发展”这一社会主义的基本价值追求，会造成社会主义建设的导向性模糊。同时我们也必须承认社会主义初级阶段，“人的自由全面发展”可能没有描述中的那么理想，我们必须认识到社会主义建设还有很长的路要走。同社会主义现代化建设一样，“人的自由全面发展”的实现具有长期性、艰巨性和复杂性。

二、平等：社会主义的基本价值要求

（一）基本权利平等

公民的基本权利只有得到切实的保障才能对他们的平等权利进行全面的保障，才能够在基本的权利底线上体现社会对个体的尊重。平等是社会主义本质的体现，是社会主义建设中我们必须要保证的一点，促进人的自由和全面发展不仅能够保障自由权利的实现，也为社会成员之间的相互平等相处、社会成员与社会之间的平等相处创造必要的条件。

（二）自由权利平等

自由权利是保证平等的基本权利，它认为所有社会成员生来都是平等的，社会成员在相处的过程中应该尊重彼此的人格，尊重彼此的差异，平等相待。

“自由”是人的一项最基本权利，人的自由生而带来，任何人都没有权力剥夺他人的自由。在我们的社会生活中，无论社会地位的高低、财富的多寡，每个人都是平等、自由的社会个体，享受平等的权利。

保护个人的自主性。社会个体的自主性从本质上说代表着人的独立性，而独立意味着个人思想自由、行动自由，不受他人的约束与干扰。

差异存在于每个社会个体，正是因为社会成员彼此之间的差异，才形成了多姿多彩的人类社会，在社会生活中我们应该对个体的差异性保持足够的尊重。

自由不是无约束的自由，自由应该以理性和法律为基础，在此基础上社会成员享有充分的自由。

（三）机会平等

机会，是每个社会成员平等具有的发展空间。对于机会我们应该从两个方面来理解，首先，机会对于每个人来说都是平等，每个人都可抓住机会获取更大的发展；其次，每个人的机会都是有差别的，因为每个社会成员都有其独特的社会经历。

在实际生活当中，我们应该充分尊重机会给我们带来的发展可能，但是一些情况的发生，可能使得机会的绝对平等性得不到保证，主要包括以下几种。

首先，机会所带来的发展空间和发展资源是有限的，它必然不能满足每一个社会成员对自身发展的渴望。

其次，到目前为止，社会对于机会的分配完全是自然作用，机会缺乏有效的、周密的作用分配机制。

再次，不同的人对机会的转化能力不同，有些人能够抓住细小的机会取得成功，有些人对于机会的把握能力则有所不及。

最后，社会成员在自身素质和特质上存在很大的差异，这对他们把握机会的能力、个人潜力的开发等具有一定的影响，也造成了机会的不平等。

（四）互利平等

对于整个社会来说，社会成员不仅享有自己的权利，也必须同时承担自己的义务和责任。通俗来说就是，权利的享有是以义务的履行为基础的。

一般来说，互利平等主要表现在以下几个方面。

第一，存在相互联系、构成一定社会关系的两个主体，都必须充分尊重对方的权利才能享受自己应该享有的权利。

第二，相互交往的双方，彼此之间的权利和义务是完全平等的，任何一方都不存在比另一方更多的权利。

第三，在社会分配中，对于那些由于某些特殊原因造成的“不幸者”给予一定的帮助，是一种特殊的互利平等。

第四，在社会政策的制定和实施方面，应当本着每个社会成员都能享受相关利益来进行。

互利与平等是相互交往中的一个基本原则，无论是对于个人的生存和发展还是对于社会的进步来说都具有十分重要的意义。我们可以从以下两方面来理解这句话。

第一，通过互利平等的交往与合作，可以促成更多的社会成员认同这一行为准则，不仅自己的权利得到了尊重与保护，他人的权利也得到了很好的尊重与保护。这种交往关系和价值认同在更广的社会群体中推广开来，全社会就会形成这样一种交往模式，从而社会的稳定性得到保障，为其他各项事业的开展提供更好的条件。

第二，通过互利平等，可以在社会分配中将各种不和谐的因素降到最低，公平、公正地对社会财富进行分配。平等互利减少不同社会阶层冲突的可能，让整个社会处于一种和谐的状态之中，对保证社会的稳定具有重要的意义。

三、公正：社会主义制度的首要价值

（一）公正具有至高无上的社会价值

社会公正，是人类自由以来就存在的对社会制度的美好追求，是人类共同的价值认识。无论是我国的孔子、孟子，还是古希腊的苏格拉底、柏拉图、亚里士多德等人都认为公正是社会发展的基本追求，具有崇高的理想价值。

正义，是人们对判别标准的最高要求，绝对的正义是很多哲学家和理想主义学者所追求的境界。马克思主义将社会公正作为共产主义要实现的最终目标。在公正的社会制度下，社会成员将获得自由全面的发展，可以说共产主义所追求的社会公正代表着公正的最高境界，也是人类的最高理想。公正、公平、正义具有普遍的实践意义，在社会交往与社会管理中，只有遵循公正、公平、正义的基本原则才能保证交往的愉快与管理的成效，特别是在社会管理中，不公一旦出现，就会对管理者的声誉造成重大的打击与影响。

（二）公正是人类社会的一面理想旗帜

公正、公平、正义，属于社会规范与行为原则的范畴，它们具有很高理想价值。公正、公平、正义，是人类理想中的行为标尺，对人们的行为有着重要的指引与导向作用。公正、公平、正义带有浓重的理想主义色彩，人们总是追求绝对的公正、公平、正义，但是事实却是绝对的公正、公平、正义在目前的社会阶段很难实现。

公正、公平、正义在资本主义社会被标榜为自由、平等、博爱和机会均等价值观念，这些价值观念在资本主义社会中得到了广泛的认同，但是我们应该看到资本主义所谓的自由、平等、博爱有其天然的局限性，这是资本主义制度造成的。社会主义的公正、公平、正义则要彻底得多，比如按劳分配的社会制度集中体现了社会主义制度的公正、公平、正义。

（三）公正通过经济公正体现综合公正

公正，是一种普遍的价值认识，它不仅具有经济上的意义，还具有政治上的意义、社会建设上的意义以及道德培养上的意义。经济公正，是经济建设和社会发展中必须要坚持的一个基本价值理念，它是一种与社会理想一致、保证人的利益和愿望合理地加以实现的制度和规则。公正在政治上的意义、社会发展中的意义以及道德建设中的意义都是通过经济公正表现出来的。

公正是人类发展的一面旗帜和标杆，在不同的社会发展阶段公正具有不同的含义和特征，也具有不同的时代内容；公正在不同的社会制度中表现出不同的特点；在不同的阶级里，公正所代表的含义具有不同的色彩。社会主义和共产主义，都是以公正为基础的社会制度，经济制度中的按劳分配，政治中的民主平等以及文化上的自由和谐都是社会主义公正的具体体现。

（四）公正是人文价值的集中体现

公正是人类最基本的社会价值规范，体现了人类对美好社会的追求和向往。公正的价值，集中体现在公正所含有的人文价值和人文关怀。人文理念体现在人们社会生活的方方面面，当人们将公正这种价值认同作为一种行为习惯，那么公正就能真正实现。

马克思说，实现社会公正，是无产阶级不懈奋斗的最终目标，未来的社会应该是自由的、公正的、平等的，每个人都可以得到自由的发展。如果每个社会成员都实现了自身的自由和全面发展，也就意味着每个人的权利和自由都得到了良好的保障，标志着社会主义制度的成功。如果我们从人的本质和本性的角度去认识与理解公正这一价值理念，才能更好地把握公正的内涵。

四、法治：社会主义价值追求的制度化保障

（一）“法治”是一种政治原则体系

“法治”，还不仅仅是一种单纯的政治价值理念，同时也是一个建立在一系列原则之上的结构体系。所谓“法治”原则，是指在“法治”实践过程中所展现出来的内在精神。法律原则是法律精神的集中体现，“它体现着立法者及其代表的社会群体对社会关系的本质和历史发展规律的基本认识，体现着他们所追求的社会理想的总体图景，体现着他们对各种相互重叠和冲突着的利益要求的基本态度，体现着他们判断是非善恶的根本准则”。“法治”原则，是构成现代“法治”模式的基石。

从近现代“法治”的发展来看，现代“法治”原则一般包括：

(1)法律至上原则。即当法律与统治者发生矛盾时，法律

至上。

(2)依法办事原则。这涉及各个领域,在刑事领域,具体表现为“法无明文规定者不为罪”“罪刑法定原则”“无罪推定原则”,等等;在民事领域,表现为“契约自由原则”“过错责任原则”,等等。

(3)法律面前人人平等原则。

(4)司法独立原则。

(5)分权制衡原则。

在我国,自从实行改革开放,建设社会主义法治国家以来,我国的“法制建设”同样包括一系列原则,这些原则既批判借鉴了西方的法治原则,也结合了我国实际情况。这些原则,主要表述为“有法可依、有法必依、执法必严、违法必究”,等等。

(二)“法治”是一套政治价值体系

作为一种政治价值观念体系,“法治”首先是现实社会的价值观念对法律的要求,具有道德价值的内涵,而“法制”作为规范人的一切行为的尺度,则只是“法治”在制度层面的外在要求。因此,“法治”不仅仅在于其制度层面,其本质内涵还在于其价值层面,“法治”首先是一种价值观念体系。

总结“法治”思想的发展,现代“法治”作为一种政治价值观念体系,主要包括这样几层基本含义。

其一,基本权利(人权)观念。切实保障人的基本权利,充分享有人权,是人类长期以来共同追求的伟大理想,更是现代法治的重要价值目标。现代法治充分尊重和保障公民的人身自由、人格尊严,以及各种民主权利、政治自由和经济权利。公民的基本人权,不仅得到法律的确认,而且得到法律的有效保护。

其二,“人民主权”观念。现代法治无不以民主为基础和前提。民主,归根到底主要是一种国家形态,一种国家形式,其本质是国家制度问题。现代民主的精髓是人民主权,社会主义民主的本质是人民当家做主。

其三,制约权力观念。现代“法治”是针对权力的行使进行有效制约和监督而设计的。法律不仅必须确定权力的产生，而且必须确定权力的运行范围。限制和控制权力，使其合理运行，防止滥用权力，是法治和人治的重要区别。

其四，依法办事与“法律至上”观念。柏拉图曾指出：“如果一个国家的法律处于从属地位，没有权威，我敢说，这个国家一定要覆灭。”亚里士多德认为，法治就是“法律获得普遍的服从”。我国宪法认为：宪法是国家的根本法，具有最高的法律效力，一切国家机关和武装力量、各政党和社会团体、各企业和事业组织都必须遵守宪法和法律，一切违犯宪法和法律的行为，必须予以追究。

其五，“法律面前人人平等”观念。洛克认为，国家的法律应该是不论贫富、不论权贵和庄稼人都一视同仁，并不因为特殊情况而有所出入。我国宪法指出：维护宪法和法律的尊严，坚持法律面前人人平等，任何人、任何组织都没有超越法律的特权。

其六，司法公正观念。法律平等最终必然体现在司法公正上。影响司法公正的因素很多，既有外部因素，又有内部因素，但司法公正作为一种价值理念，是“法治”追求的价值目标。我国宪法明确规定，人民法院、人民检察院依照法律规定独立行使职权，不受行政机关、社会团体和个人的干涉。

（三）“法治”是一种政治制度体系

“法治”，也不单是一些政治价值观念和法律原则的集合，它还必须有一定的载体。近代意义上的法治，起源于英国的君主立宪，发展为法国、美国的共和国政体。因此，“法治”的载体一般表现为君主立宪制政体和共和制政体。无论是共和制，还是君主立宪制，都有一个完整的制度体系。法律制度，是现代“法治”构架的“硬件”，任何法律价值理念、法律原则，都必须以一定的法律制度为载体，外化和体现在一定的制度上，通过这些具体的法律制度来贯彻和实现。建立法律制度，必须体现法的精神，坚持法律原则，必须与“法治”的内在要求相一致。否则，就失去了法律制度存在的必要性和意义。

结合世界各国"法治"实践的经验,建立健全的法律制度,主要包括:人权保障制度、权力制约制度、代议制度、立法制度、执法制度、司法独立制度、政党制度、监督制度等。

第三节　社会主义核心价值观的个人层面

"倡导爱国、敬业、诚信、友善",从道德上规范了我国社会主义公民的行为,是对我国公民个人基本道德价值要求的充分体现。它的内容非常广泛,包括社会公德、职业道德、家庭美德、个人品德等方面。相对于国家层面价值目标和社会层面价值取向来说,公民个人层面的价值准则,更具有广泛性、渗透性和大众性,在广泛的社会领域深入开展涵养公民个人优良价值观的实践活动,不啻是构建主义核心价值观的坚固基石。

一、爱国:社会成员的基本道德要求

(一)爱国是对祖国具有强烈和真挚的情感

强烈的爱国意识能够促使公民主动将个人的命运和祖国的命运联系在一起。爱国就是千百年来巩固起来的对自己的祖国的一种最深厚的感情,是一种对祖国的忠诚和热爱的意识和情感,集中表现为一种强烈的民族自尊心、自信心和自豪感,以及维护祖国尊严和国家利益的使命感、责任感,表现为热爱祖国河山和物产资源,热爱祖国历史传统和文化,热爱祖国的一切物质财富和精神财富,把自己的前途、命运同祖国的前途、民族的命运紧密联系在一起的深厚情感。

(二)爱国是对祖国的基本道德

我国颁布的《公民道德建设实施纲要》规定的二十字公民基本道德规范——"爱国守法,明礼诚信,团结友善,勤俭自强,敬业

奉献”中，把“爱国”排在第一位。爱国主义作为公民道德建设的基本要求和基本规范，在新形势下已经成为提高公民道德水平和全民族素质的重要的价值规范和精神动力。

爱国不是一个抽象的概念，而是通过爱国的情感、爱国的思想、爱国的行为表现出来。爱国之爱，是一种博大的爱，是一种从内心深处产生的对祖国的深厚情感；爱国的思想，是一种对祖国的无限忠诚，对祖国前途和命运的无限关心；爱国的行为，是一种崇高的行为，表现为作为祖国大家庭的一员，为争取祖国的独立和富强而英勇奋斗的具体实践。

（三）爱国是勇于担负对祖国的责任和义务

每个人都生活在具体的国度、具体的民族，都生活在祖国的怀抱，每个人对自己的祖国都有一种特殊的感情，也有一种难以割舍的责任。祖国的壮阔河山，需要每一个人用心去爱护、用心去开发、用心去建设、用心去经营；祖国瑰丽的历史文化，每一个人都应该责无旁贷地去继承、去发扬、去创新；祖国的民族团结和社会安定，需要每一个人用心去珍惜，用心去维护；祖国的领土完整，需要每一个中华儿女用热血去捍卫。

爱国从来不是一个空洞的口号，不能仅仅停留在口头上，而是要把对祖国的无比热爱和深深眷恋转化为一种为祖国发展繁荣的强烈的责任意识、使命意识和奋斗精神，转化为一种对祖国添光加彩的实际行动，转化为一种对祖国的无比忠诚和对国家前途、民族命运的无比关心，转化为一种对祖国的自觉奉献和具体实践，将爱国之心和爱国之情转化为报国之志和报国之行，切切实实地落实到自己的行动实践中。“雷锋精神”“铁人精神”“女排精神”“抗洪精神”“抗震救灾精神”“奥运精神”等，都是爱国主义的具体体现。爱国，就是要从尽职尽责、尽义务、守法规等方方面面做起。当国家处于危难时，当国家需要时，当国家召唤时，应当勇于承担自己应尽的义务。

(四)爱国是一般性要求和时代性特点的有机统一

爱国,既具有一般性的共同要求,又具有鲜明的时代性特点和人群特点。我国是一个多民族的国家,维护国家安定、民族团结和祖国统一,几千年来一直是中华儿女的共同心愿,也是爱国主义的重要内容,是祖国繁荣昌盛的标志和国家兴旺发达、人民安居乐业的必备条件。因此,爱国就必然要求每一个人都要自觉地维护国家安定、民族团结和祖国统一,勇于和一切不利于国家安定、民族团结、祖国统一的行为和言论作坚决的斗争。几千年来,我国各族人民注重和睦相处、互相团结,注重维护国家统一、领土完整,注重维护国家尊严。

在当代中国,爱国首先体现为热爱社会主义中国。走社会主义道路,在我国是一个历史发展的必然结果。事实证明,社会主义让中国走向了独立和富强,赢得了尊严和荣誉,它集中代表着、体现着、实现着国家、民族和人民的根本利益。

二、敬业:公民道德的职业态度

敬业,是个人在集体工作中所具有的态度与理念,是对社会公民行业品德的基本要求和对职业行为准则的价值评价。敬业是中华民族的传统美德,《礼记》讲人成长时要“一年视离经辨志,三年视敬业乐群”,认为青年学习要达到的第二个阶段就是要学会敬业。在我国古代,许多仁人志士敬业尽责的故事广为流传,如“大禹治水,三过家门而不入”,“王猛为相,临终不忘国事”,诸葛亮“鞠躬尽瘁,死而后已”。社会成员忠于职守的敬业精神,既是个人幸福生活的保障,也是社会经济发展的保障。

(一)敬业是职业道德的基本要求

职业道德历来是从业的第一要务,它是从事一定职业的人在职业生活中应当遵循的具有职业特征的道德要求和行为准则。古人为官、为师、为医等,都需先正己修身以养其德,形成有明确指导方向的官德、师德、医德等要求。这也成为我国优秀道德的重要组成部分。改革开放以来，党中央一贯重视职业道德建设。

在职业道德中，敬业是其最基本的要求，贯穿于职业观念、职业态度、职业技能、职业纪律和职业作风之中。只有对职业之敬，才能体味到职业之重，才能珍视自己的岗位，从而爱岗尽职。只有这样，工作对人而言才不再是被动的负担去应付，而是主动的担当去努力，工作获得的也就是成就、满足和幸福；也只有对职业之敬，才能在职业生涯中诚实劳动、诚信待人、合法经营、信守承诺、童叟无欺、讲求信誉，职业道德才能成为普遍的准则；只有对职业之敬，才能珍视职业之神圣，在职业活动中公平、公正、不以私害民、不以权损公、不假公济私，做到办事公道；只有对职业之敬，才能把握到职业之责任，才能担当起职业之重任，时时站在群众的立场，为群众着想、为群众谋利、以精湛的技能为他人提供高质量的服务，最大限度地服务群众，贡献自己的一份光和热；也只有对职业之敬，才能兢兢业业地工作，自觉为社会和他人做贡献，把自己奉献于社会，实现人生的价值。

（二）敬业的重要体现是爱岗尽职

敬业，是指对自己所从事的职业有着无限的忠诚、神圣的使命感与责任心和忘我投入的热情。爱岗是敬业的前提，不爱岗就谈不上敬业；敬业是爱岗的延伸。爱岗，就是指对自己所从事的职业岗位具有高度的珍重与热爱之情。一个热爱本职工作的人，必然会兢兢业业地工作，为社会主义事业做出自己的贡献。敬业，就是干一行，爱一行，钻研业务，增强技能，忠于职守，爱岗尽职，形成良好的职业习惯。爱岗尽职，表现了勤劳的品德，“习勤劳以尽职”。爱岗尽职，要求从业人员对所从事的职业有强烈的责任感、荣誉感和兢兢业业的精神；要求每个从业人员在各自从事的职业活动中，尽职尽责，努力学习，熟悉业务，掌握规律，勤奋高效地做好本职工作。努力钻研业务，做到精益求精，不仅是个技术水平问题，也是职业道德的要求。要做到“爱岗敬业，精益求精”，就要培育爱岗尽职、方便群众、优质服务的敬业精神和对技术精益求精的品质，就要树立一种敬业、爱岗、创业的精神。社会主义职业道德把爱岗敬业作为各行各业共同遵守的道德准则，是社会主义事业发展的客观要求。

（三）敬业是积极向上的人生态度

人的一生就是不断奋斗、不断进步的过程，也是自己价值得到彰显的过程。兢兢业业干好自己的工作，是敬业精神最具标志性的体现，也是其最基本的要求，如果连这一点都做不好，就根本谈不上敬业。

忠于职守、恪尽职责是敬业精神的深层次体现，是一种高层次、高境界的敬业精神，它要求人们将自己的工作作为自己一生的理想和奋斗的目标，全身心投入自己的工作之中，在奋斗的过程中实现人生价值的升华。

在社会主义社会中，每个职业都是平等的，没有高低贵贱之分，所有的职业都是为人民群众的生活和工作服务的。每个人都要热爱自己的工作，不能对自己的工作存在偏见，认为自己的工作不如别人的工作体面，这种想法会消磨自己的工作热情，让自己的工作变成一种负担，不利于个人的发展。

（四）敬业的崇高境界是奉献

奉献，就是不计个人得失，勇于承担社会责任，履行公民义务，为国家、为社会、为人民多做好事，多做贡献。奉献，既是一种高尚的情操，也是一种平凡的精神；既包含着崇高的境界，也蕴含着不同的层次。奉献，既表现在国家和人民需要的关键时刻挺身而出，慷慨赴义，也融汇和渗透在人们日常的工作和生活中。李大钊为追求真理而捐躯，白求恩为人类正义而殉职，董存瑞为人民解放而牺牲，邓稼先为科学事业而献身，是一种奉献；雷锋、孔繁森将有限的生命投入到无限的为人民服务之中去，徐虎走街串户解市民之难，吴天祥将万家忧乐挂在心头，也是一种奉献；在本职岗位上恪尽职守、爱岗敬业、持之以恒、埋头苦干，同样是一种奉献。可以说，奉献无所不在，无时不有。每个人不论职位高低，不论在什么岗位，都能够尽自己所能做出贡献。奉献，不是痛苦，不是丧失，不是剥夺，而是爱心的流露，善意的升华，美德的弘扬。

三、诚信：经济社会生活的基础性规范

诚信，作为一种道德要求，是一切道德的基础和根本，是人之为人的基本品德，是一个社会赖以生存和发展的基石。所谓“诚”，即诚实，就是真实无欺，于自己，要光明磊落，言行一致；对他人，则开诚布公，不隐瞒欺骗。所谓“信”，即守信，就是信守诺言，讲信誉，重信用，忠实履行自己应承担的义务。“诚”“信”合起来，则有诚实守信、表里如一、言行一致、讲信用、守承诺、公平竞争、道德行为与道德品质相统一的丰富内容。

（一）诚信是社会生活和经济发展的基础性要求

从现代意义上讲，诚信就是要自觉地承担自己的社会职责和义务，做一个忠实于自己身份的好公民，是现代社会生活和经济发展的基本规范。它包括两层基本含义。

第一，真诚信实，是指做人应该真诚，在面对别人的时候既不虚伪奉承也不恶意贬低，真诚平等地与人相处。对个人来说，真诚信实既是一种道德品质和道德信念，更是一种崇高的人格力量，对于和谐人际关系有十分积极的意义。真诚信实，就是告诫人们本着真实、诚恳的原则与人相处，言行一致，不弄虚作假。

第二，是践诺履约。诚信是人的立身之本，在社会主义建设中也具有重要的地位。诚信就个人来说，不仅是一种高尚的个人品质，更是个人拥有的一种宝贵的财富；从社会发展的角度来说，诚信为维持社会秩序，促进国家稳定做出了重要的贡献。

倡导诚实守信，既是在倡导加强社会主义先进文化建设，提高我国公民的思想政治水平，也是在倡导完善社会主义制度，促进我国社会的稳定发展。我国当前社会的诚信状况不甚令人满

意,在市场交易中存在很多不诚信的现象,针对这一状况我国应该采取相应的措施促进公民诚信意识教育,提高我国公民的诚信意识。

(二)诚信是现代市场经济的基本规律

诚信是市场经济的基本需求,因为市场经济的自发性会导致很多合作伙伴在经营过程中因为种种不诚信的因素和发生矛盾,干扰市场经济的正常秩序。在市场经济中诚信不仅仅是一项基本的道德品质的要求,从某种意义上来说也是市场经济运作的基本规律之一,因为很多市场经济理论在诚信经营的基础上才能成立。

诚信是克服市场经济自身缺陷的重要手段,倡导诚信、呼吁诚信是市场经济的本质要求。竞争是市场经济的基本属性,在市场竞争中,各种经济规律都发挥着自己应有的作用,其直接结果就是竞争力不足的企业被市场所淘汰,优势的市场主体在竞争中胜出并获得更多的发展空间。竞争是在竞争规律之下进行的,不遵循竞争规律的竞争不仅会破坏市场秩序还会对经济的发展造成恶劣的影响。

(三)法律诚信是现代诚信的基本表现形式

随着市场经济的发展和对经济规律认识的不断深入,人们逐渐认识到诚信原则是市场经济运行不可或缺的重要原则,也是保证市场经济秩序稳定的基本保障。在西方一些市场经济比较发达和成熟的国家,很多市场运作模式都是建立在诚信原则的基础之上的。

市场经济是建立在企业的基础之上的,而契约的维持不仅要靠法律制度的规范,还要靠诚信原则来进行约束。诚信原则是市场经济的基本规范,体现着对交易者合法权益的保护。在现代市场经济体制中,诚信与社会道德和法律有机地结合在了一起,主要体现在两个方面:法律诚信应该以道德诚信作为基础;法律诚信为道德诚信提供法律保障。

（四）诚信是我国公民道德建设的重点

改革开放特别是党的十六大以来，我们党和国家高度重视诚信建设，出台了一系列政策措施。在中央颁发的《公民道德建设实施纲要》中，"明礼诚信"被概括为道德规范的必备要素。诚信既是法治政府的基本品格，也是社会主义国家人民政府的本质特征。

诚信作为道德建设的重点加以倡导，不仅是因为它是社会生活和经济发展中最基础性的行为规范，是个人与社会、个人与个人相互关系的基础性规范，关乎整个道德体系能否建立的重大问题，而且是因为，诚信这一最基础性的规范，在现实生活中受到市场经济的侵袭，成为现实生活中最突出的社会问题，以致影响和干扰人们最基本的道德理念，诚信也成为人们最迫切的道德要求和最渴望的社会需求，关乎整个社会生活能否有序运行。同时，也是因为诚信是我们文明生活的精神家园，唯有建立与社会主义市场经济相适应的诚信规范体系，做到人人诚信，我们的生活才能更加美好、精神才能更加愉悦。

四、友善：公民道德的价值准则

友善，是人与人善良与宽容凝聚的一种宽厚的德性，是公民在处理个人与他人关系上应遵循的行为准则。友善作为个体生命的人的基本道德品质，是一种普遍适用的基本价值观。友善要求人们修身律己，与人为善，尊老爱幼，助人为乐，推动形成"我为人人、人人为我"的社会氛围。

（一）友善是人类生存和发展的基本价值要求

今天我们所讲的友善，应以社会和谐、共同发展为目标，大力提倡对他人、对社会、对自然的爱，大力提倡人与人之间平等相待、友好相处、团结互助，大力提倡人道主义和慈善精神。其基本内涵包括以下几个方面的内容。

1.平等待人

友善以承认人与人在生命价值上的平等为前提,只有以平等人道为基础,才有可能平等待人、友善待人、宽容待人。平等待人,主张人与人之间的平等,在此基础上,提倡人与人之间的慈善精神和博爱精神,只有建立人与人之间的团结友爱,互帮互助,以及相互体谅的关系,才能够倡导全社会的和谐。

2.友爱宽容

我国传统的仁德精神,将宇宙看作是一个整体,主张善待其中的一切存在,包含着人对于同类生命的同情和关怀。当前,倡导友善,有利于融洽社会成员之间的关系,增进人与人之间的亲善。友善,就是对人、对物怀有仁爱之心,在家庭关系、社会关系中彼此友爱、相互关怀,并做到严己宽人、心怀宽广、待人宽厚,不念旧恶、不苛求于人。

3.和谐合作

友善还进一步强调,对不同意见和不同群体利益应予以承认和宽容,和而不同、和平共处、共生共赢,这包含了和谐合作的积极价值观念。当今世界,人与人之间、国家与国家之间、民族与民族之间存在着激烈竞争,但是人类要继续生存发展下去,必须树立合作共赢的理念。强调友善的和谐合作内涵,是与人类文明的和平、发展、合作趋势相一致的。和谐合作,是指人与人之间要不断帮助,互相合作,增强整个团队的整体意识和全球意识,争取创造一种“我为人人,人人为我”的和谐局面。和谐不仅仅是指人与人之间的和谐关系,还包含着人与社会,人与自然之间的和谐。只有实现全社会的和谐,才能创造国与国之间,以及民族与民族之间的和谐。

（二）友善的重要内涵是团结合作

为了实现某个共同奋斗的目标，凝结成一种紧密的联系，就是团结合作。团结合作不仅仅是公民的道德规范，是所有公民在追求共同理想，实现共同目标的过程中，通过彼此之间的团队精神，形成的各个行业以及部门，各个单位以及人群之间的一种凝聚力，凭借着这份向心力和伟大的战斗力，最终实现整个民族和社会的团结合作。团结合作的美德培养，需要以友善为基础，只有这样，才能认识到团结合作的重要意义。团结合作，会使整个集体，整个团队产生个人无法产生的巨大力量，甚至这种团结的力量，会远远胜过个人力量的简单相加之和，通过合作，可以克服个人无法想象的困难，促进我们实现共同理想，不断完成各项任务。团结合作，还需要彼此之间的互相体谅，互相关心。在这种团体的工作生活环境中，难免会发生一些矛盾，产生一些摩擦。友善就是要识大体，顾大局，自我善意先行，无理要认错，有理要让人，互相爱护，互相关心，互谅互让，使团队中的所有成员都能够在这种环境中，感受到温暖，意识到团结合作的宝贵。此外，团结合作需要立场坚定，维护团结。团结合作，是为了实现共同的理想，达成一致的目标而最终形成的凝聚力，但是，这种团结不应当是为了团结的团结，不能为了追求表面的团结，放弃原则，背离最初的目标。毛泽东认为，在处理我们人民的内部矛盾时，要能够从团结的愿望出发，通过批评与自我批评结合的方式，达到新的团结。团结并非是一味地一团和气，而是在坚持原则的前提下，理解人、关心人、帮助人，理解团结合作的重要性，珍惜团结，顾全大局。

（三）友善在现代意义上包括与自然友善

人类源于自然，是自然界的有机组成部分，但不同于自然存在物的是，人类是一个能动的有意识的存在物，并不是消极地依赖自然界而生活，而是根据自己的需要利用和改造着自然，并在改造自然中不断地发展自己。随着人类改造自然能力的增强,特别是在工业化发展的过程中,人们为了获取更多的物质财富,不加节制地对自然巧取豪夺,以致造成环境危机、生态危机。土地、水源、空气严重污染,动植物大量灭绝,能源危机、资源枯竭,人与自然的关系严重恶化,这一切又使人类自身的生存环境进一步恶化,使人类的健康与持续生存受到巨大威胁。究其缘由,在于人类在其工业化过程中没有协调好人与自然的关系,没有友善地对待自然,视自然界为取之不尽、用之不竭的无情之物,任意妄为,自然才无情地报复着人类。因而“必须树立尊重自然、顺应自然、保护自然的生态文明理念”。

与自然友善,即指人与自然之间的友善。古人云:仁者,以天地万物为一体。在我国古代生存智慧中,天人合一的理念,根深蒂固,把人与天地自然置于统一的思维空间中,敬畏天地自然、效法天地自然、倡导合理地利用天地自然。追求人与天地万物之间的和谐与合作,内含着人类应该尊重自然规律,爱护自然环境,与自然和谐共处的精神。当前,我国要建设社会主义和谐社会,建设生态文明,就是强调人与自然之间的友善,强调人与自然之间的和谐相处。只有善待自然、合理利用自然,才符合人类可持续发展的长远利益。唯其如此,也才能使人与自然和谐相处,真正解决人与自然之间的对立关系,使人类生活得更健康更幸福,也为全球生态安全做出新贡献。

第四章　社会主义核心价值观培育和践行的基本内容

社会主义核心价值观是一个不断发展的内容体系，具有一定的动态性。在中国共产党的领导下，中国人民在不同的时代环境中将创造出以社会主义核心价值观为基准的不同的社会价值观念，起到引领时代的作用。但在发展之中，以下四个方面是必须要坚持的。

第一节　马克思主义指导思想

马克思主义哲学原理揭示了世界联系与发展的规律，对于人们进一步了解实务发展规律具有较大的帮助作用，因此是一种科学的世界观和方法论。长期以来，中国共产党在马克思主义的指导下战胜了一个又一个困难，创造了一个又一个奇迹。坚持马克思主义指导思想是我党经过长期历史比较和深刻国际观察得出的关系党和国家前途命运的历史结论。

一、马克思主义指导思想的基本内涵

马克思主义指导思想是我们立党立国的根本指导思想，是社会主义意识形态的旗帜和灵魂，是全党全国人民团结奋斗的共同思想基础。马克思主义深刻揭示了人类历史的发展规律，以解放全人类为己任，为人类的进步和解放指明了正确的方向，是工人阶级和广大人民群众解放自身的强大的思想武器，具有与时俱进的理论品格和持久的生命力，是人们认识世界和改造世界的科学理论体系。它的内容涵盖了政治、经济、文化、军事、历史、社会生

活、人类发展等诸多领域。广义上的马克思主义,不仅包括马克思、恩格斯创立的基本理论、基本立场、基本观点和学说的体系,也包括马克思主义的普遍真理与各国具体实际相结合所诞生的新的理论成果,即发展了的马克思主义。

中国共产党从成立开始,就是以马克思主义为指导思想的无产阶级政党。中国共产党坚持把马克思主义基本原理同中国具体实际紧密结合,从而形成了包括毛泽东思想和中国特色社会主义理论体系在内的马克思主义中国化的理论成果。这些理论成果和马克思主义理论是一脉相承又与时俱进的,是中国化的马克思主义,为马克思主义理论宝库增添了新的内容,进一步丰富和发展了马克思主义。

二、马克思主义指导思想的重要地位

(一)马克思主义是中国革命和建设取得成功的根本保证

马克思主义揭示了人类历史与人类社会发展的最一般规律,是中国共产党的党魂,是中国革命和建设的根本指导思想,是党永不变质和事业成功的根本思想保证,所以中国共产党要坚持马克思主义。只有深刻理解了这一点,马克思主义信念才会稳稳地扎根于人们的心里,社会主义现代化事业必胜的信念也才会稳稳地扎根于人们的心里,我们要在实践中自觉坚持马克思主义。

中国共产党在成立以来的九十多年中,主要干了两件大事,一件是革命,一件是建设。这两件大事,都是为了完成先人的遗志和中国人民的夙愿,实现中华民族的独立解放和繁荣富强。其中,前者是后者的基础和前提,后者是前者的目的和延续。这两件大事,都是在马克思主义特别是中国化马克思主义指导下搞成功的,是围绕建立和巩固社会主义制度、实行人民民主、解放和发展生产力进行的。我们坚信这一点,在推进马克思主义中国化的进程中,离开了马克思主义的指导与支持,我们的事业是不会成功的。

马克思主义中国化是这样一个过程，我党带领人民进行社会主义现代化建设与推进马克思主义中国化是同一过程中同时并存的两个方面，它们是互为因果和前提的。

一是中国共产党以马克思主义为基本理论来指导革命，取得了新民主主义革命的伟大胜利，建立了人民政权。二是中国共产党运用马克思主义指导所有制改造，取得了社会主义改造的伟大胜利，在中国建立起了社会主义制度。三是中国共产党运用马克思主义指导改革开放，使社会主义现代化建设取得了伟大成就，使全国人民的生活总体达到小康水平。

中国共产党在革命和建设中所取得一切胜利和成就，都是马克思主义的胜利，没有马克思主义的指导，就没有这一个个伟大胜利。中国共产党八十多年奋斗的全部实践，都是围绕建立和建设社会主义这个主题展开的。历史和实践都已证明了马克思主义的科学性，证明了马克思主义对中国社会发展的巨大指导作用，这就是我们要始终不渝地坚持马克思主义的根本原因所在。

（二）在社会主义核心价值观的主要内容中有坚持马克思主义指导思想的要求

从一方面来说，社会主义国家和中国共产党的性质决定了马克思主义是我国社会主义的立党立国之本，马克思主义指导思想作为基础思想在我国发展建设的道路上起到了指向标的作用。而一个国家、一个社会所需要的核心价值观则应当与这个国家、民族的基本情况所符合，只有这样才能够发挥出正能量式的作用。从另一方面来说，马克思主义指导思想是社会主义先进文化的旗帜和灵魂，决定着文化的性质和方向。在我国社会主义核心价值体系建设中，马克思主义为我们提供了正确的世界观和方法论，提供了正确认识世界和改造世界的有利思想武器。只有用马克思主义的立场、观点、方法来正确认识经济社会发展趋势，正确认识社会思想意识中的主要矛盾和次要矛盾，才能在错综复杂的社会现象中拨开云雾，看见真理，保持清醒的意识和方向。中国改革开放以来30多年的伟大成就证明,马克思主义具有强大生命力,马克思主义不仅能够救中国,而且能够发展中国。当代国际共产主义运动遭受挫折的教训,特别是苏东剧变的教训告诉我们,如果动摇了马克思主义的精神支柱,就会导致思想混乱、社会动乱,甚至会造成党、国家和民族的灾难。社会主义核心价值观是在马克思主义科学世界观指导下,经过不断总结、凝练,得到的全国各族人民价值判断的基本准则。马克思主义以其强大的科学性、革命性和实践性和它与时俱进的理论品质,决定了它必然是新的历史条件下正确观察、分析和解决问题的科学世界观和方法论,是在全社会培育和践行社会主义核心价值观的指导思想。

马克思主义是科学,它强调辩证统一,始终严格地以客观事实为根据,并随着时代、实践和科学的发展而不断发展。因此,我们坚持马克思主义指导社会主义核心价值观的培育和践行,是坚持发展着的马克思主义,坚持马克思主义中国化的理论成果、毛泽东思想和中国特色社会主义理论体系。只有坚持用发展着的马克思主义,与时俱进的指导思想武装、教育人民,才能真正发挥马克思主义认识世界和改造世界的强大思想武器作用,马克思主义才能真正成为我们的行动指南。也只有这样来认识和把握,才能不断地推动社会主义核心价值观的形成和完善。

三、马克思主义指导思想的主要内容

(一)马克思主义基本原理

马克思主义是将科学的世界观方法论、彻底的唯物主义、无产阶级的党性原则、全心全意为人民服务的精神融为一体的崇高信仰。马克思主义不是一种僵化的社会理论,它是随着时代的发展、时间的变迁、科技的进步而不断发展变化的,马克思主义总能与社会的发展相适应,它既有认识世界、了解世界,具有普遍真理性的认识论,又有针对历史和社会发展特殊性的科学方法论。随着社会实践的不断发展变化,原有的一些马克思理论会逐渐失去其原有的意义或是逐渐被社会实践所修正，但是马克思主义的基本原理则始终为人们的生活提供着正确的指引，因此要对马克思主义的基本原理保持信心，绝不能因为放弃马克思主义中的某些个别结论而全面否定其科学性，恰恰相反放弃过时的理论与不符合实际的发展观这正是马克思主义不断自我完善的体现。

（二）毛泽东思想

毛泽东思想是以毛泽东为主要代表的中国共产党人在领导中国人民进行革命和建设的历史实践中逐渐形成和发展起来的，是马克思主义与中国实际相结合的历史进程中所产生的第一次历史性飞跃的伟大成果，是中国化马克思主义的第一种理论形态。毛泽东思想是指导中国革命胜利的科学指南。大革命时期，党的事业就因为缺乏经验而遭受失败。大革命失败后，正是在毛泽东农村包围城市道路理论的指导下，创建了井冈山革命根据地，点燃了革命的星星之火，并在毛泽东思想的正确领导下形成燎原之势。第五次“反围剿”的失败把革命推向生死存亡之境，又是在毛泽东思想的指导下使中国革命转危为安。抗日战争以及解放战争的胜利也是如此。毛泽东思想是社会主义革命和建设的科学指南，对旧中国进行社会主义改造，是一项开天辟地的事业。毛泽东提出了许多具有重要理论价值和实践意义的理论观点，制定了一系列正确的方针、政策，为社会主义现代化建设奠定了重要的物质基础，而且在思想文化等方面都取得了伟大的成就。它是中华民族宝贵的精神财富，毛泽东思想不仅揭示了中国革命和社会主义建设的规律，也揭示了社会发展的一般规律。其中的一些基本理论、基本观点并不会随着历史的发展而过时。

（三）中国特色社会主义理论体系

邓小平理论是以邓小平为主要代表的中国共产党人在领导中国人民进行改革开放和社会主义现代化建设的历史实践中逐渐形成和发展起来的，是马克思主义与中国实际相结合的历史进程中所产生的第二次历史性飞跃的伟大成果，是中国化马克思主义的第二种理论形态。邓小平承前启后，带领中国人民进行了第二次革命，推动了当代中国在社会主义道路上不断前进。邓小平理论与马克思主义是一脉相承、密不可分的。实事求是，理论联系实际，这是马克思、恩格斯、列宁、毛泽东一贯坚持的唯物主义原则。邓小平揭示并发展了毛泽东思想的精髓——实事求是，进而通过提出解放思想并阐明解放思想与实事求是的关系，在新时期发展了毛泽东思想。中国共产党十一届三中全会贯彻了邓小平的这一思想，确立“解放思想，实事求是”为党的思想路线，使中国社会主义现代化建设有了坚实的思想保障。

改革开放以来，推进党的建设新的伟大工程取得了多方面的成果，但从理论成就而言，莫过于提出“三个代表”重要思想。它虽然是从加强党的建设的角度提出的，但其意义远远超出党的自身建设范围。党的十三届四中全会后，以江泽民为核心的党中央，高举邓小平理论伟大旗帜，准确把握时代特征，科学判断中国共产党所处的历史地位，围绕建设中国特色社会主义这个主题，集中全党智慧，通过回答“建设一个什么样的执政党，怎样建设执政党”这样一个根本性问题，以马克思主义的巨大理论勇气进行理论创新，提出了“三个代表”重要思想。“三个代表”重要思想是我国社会经济发展的指导思想。这个重要思想的形成不但完善了邓小平理论，而且进一步明确回答了“什么是社会主义，怎样建设社会主义国家”。

十六大以来，胡锦涛同志带领中国共产党人，从我国基本国情出发，借鉴其他国家发展实践和理念，提出了科学发展观的重要思想。科学发展观是在坚持毛泽东思想、邓小平理论、“三个代表”重要思想基础之上发展起来的，从新阶段的实际出发、适应现代化建设需要的重要思想。科学发展观在形成过程中不仅吸取国内外的发展经验，而且重视对观念的创新和丰富，是符合中国国情，同时体现我国政党特征的指导思想。科学发展观的内涵十分丰富，涉及包括政治、经济、社会、文化在内的多项发展内容。

党的十八大召开后，习近平总书记就提出把“中国梦”作为重要的执政指导思想和执政理念。习近平在参观《复兴之路》展览时说道：“大家都在讨论中国梦，我以为，实现中华民族伟大复兴，就是中华民族近代以来最伟大的梦想……到中国共产党成立100年时全面建成小康社会的目标一定能实现，到新中国成立100年时建成富强、民主、文明和谐的社会主义现代化国家的目标一定能实现，中华民族伟大复兴的梦想一定能实现。”此外习总书记还在《顺应时代前进潮流　促进世界和平发展——在莫斯科国际关系学院的演讲》中道出了中国梦的基本内涵：“实现中华民族伟大复兴，是近代以来中国人民最伟大的梦想，我们称之为‘中国梦’，基本内涵是实现国家富强、民族振兴、人民幸福。”无疑，国家富强、民族振兴、人民幸福和社会主义核心价值观所倡导的价值取向具有高度的一致性，社会主义核心价值观从国家、社会、个人三个层面提出了要求，正是我们实现中国梦的价值导向和价值引领。

四、坚持马克思主义，关键在于自觉运用马克思主义

成语说得好，“学以致用”。学习的目的在于运用。读书是学习，应用也是学习，而且是更重要的学习。在运用中坚持马克思主义，是我们党的一条重要经验。

（一）坚持以马克思主义为指导来分析解决中国革命与建设中的具体问题

坚持以马克思主义为指导来分析解决中国革命与建设中的具体问题，既能充分发挥马克思主义的指导功能，深入透彻理解马克思主义，对社会主义社会抱有必胜的信念，又能在中国人民的伟大事业中取得成功。马克思主义的生命力和价值就在于它能够指导实践，能够解决革命和建设中遇到的各种问题，如果不被运用，它的价值就不可能实现，它的生命也就停止了。

（二）在运用中坚持马克思主义，就是要坚持理论与实际相结合

坚持理论与实际相结合，需要具备三个基本条件：一是要真正懂得，深入理解马克思主义；二是要切实了解实际情况；三是要实现二者的有机结合。要想真正做到理论联系实际，其根本前提就是要切实把中国的实际搞清楚，弄明白。要深入实际，深入群众，广泛开展调查研究，了解真实情况，切实摸清世情、国情、党情、军情，以此作为研究问题的出发点，并用马克思主义的观点去分析它、研究它，区分本质与现象、必然与偶然，制定出解决问题的政策、办法和措施。

（三）在运用中坚持马克思主义，一定要防止教条主义和经验主义

教条主义者不管我国实际情况，适用的不适用的，一起搬来，唯本本是从，以为上了书的就是对的，把马克思主义的个别词句、个别结论到处生搬硬套，常常用理论去框实践，而不是用实践去检验理论。经验主义者则相反，他们看不到马克思主义理论的巨大指导作用，拒绝理论指导，以为只有具体经验才是可靠的，拘泥于狭隘的个人经验，甚至把局部经验当作普遍真理。教条主义和经验主义都是主观主义，它们是以主观与客观相脱离、理论与实践相分裂为特征的。在我们的队伍中，一些人不能很好地运用马克思主义，要么只会搬来书本上的知识来指导实践，要么只相信前人的经验，他们正是教条主义和经验主义的代表人物，因而都不能很好地坚持马克思主义。因此，真正的马克思主义者绝不是只会搬书本知识的人，也绝不是只依赖前人经验的人，真正的马克思主义者将马克思主义普遍真理运用于具体的实践中，在吸取前人有益经验的基础上来进行社会实践活动。懂理论的人，要向实践方面学习，要勇于参加实践，在革命和建设的工作实践中，在接近工农群众中，在将马克思主义运用于具体的社会实践中，不

断发现马克思主义的魅力光辉。

第二节 中国特色社会主义共同理想

理想信念在人的主观精神世界中居于核心地位,起着主导和统领的作用。社会主义共同理想是全体社会成员的共同理想和奋斗目标,是激励我国人民在社会主义现代化建设中克服困难、勇攀高峰的精神动力。

一、理想的含义和特点

"理想"一词,最初来源于希腊语"ideal",意思是指人生的奋斗目标。据《辞海》解释,理想是"同奋斗目标相联系的有实现可能性的想象"。从一般意义上来讲,理想是一种社会意识、一种精神现象,是人们在对社会现实及其发展规律认识的基础上形成的,是人所特有的主观能动性的发挥。马克思在1842年写的第一篇论文《第六届莱茵省议会的辩论》中谈论社会现实与理想时曾经指出:"这些流于幻想的空谈家、这些伤感的狂热者把他们的理想同日常的现实的任何接触都看成是亵渎神明。"[①]理想外在表现为人们对自身现状不满足,探索追求自己的需要和目标,理想在本质上是客观必然性与人的主观自觉能动性的有机统一,是人生的精神支柱。理想具有以下几个特点。

一是崇高性。站在现实的角度,理想是人们基于现实基础而生发的对未来的美好愿望和期待,因此,理想是基于现实而又高于现实的,理想具有崇高性。低于现实的理想是不存在的。"理想,是人们超越现实、超越自我,追求未来远大价值目标的高度自觉的自我意识,是对经过预测而设计的人们为之而奋斗的未来最完美的远大价值目标体系或模型。理想也体现了主体对真、善、

① 马克思恩格斯全集(第1卷)[C].北京:人民出版社,1956,第189页

美的自觉追求，对未来美好目标的追求。理想与现实是对立的统一。理想不同于幻想，它立足于现实，有实现的可能性。理想以现实为出发点，又是现实的超越。理想是人们追求的远大价值目标，就是对自我的超越，就是努力实现更高价值。”[①]只要是理想，就应该比现实更崇高。

二是超前性。理想对现实的超前反映是一种特殊意义上的反映，因为它不仅说明现实是怎样的，而且说明现实将会如何或应该怎样发展；既包括对现实的批判、否定、改造和超越，又包含着对未来的想象、期待、追求和趋进；既有不容否认的客观内容，又有超前求进的社会意向。理想这种反映现实、面向未来的特性，既可激发理想主体不懈追求的精神，又为理想的实现奠定了可能性的基础。

三是科学合理性。科学理想建立在对客观规律的正确认识基础上，没有实现可能性的想象，不能称为理想。一般地说，人们对社会发展的本质特征和发展规律认识越深刻，不切实际的成分越少，理想的指向性越清晰，越坚定。故此，把握了理想的现实可能性，也就把握了理想与幻想、空想的区别。空想虽也是对未来的想象和向往，但缺乏客观依据和现实基础，纯粹是人们的主观臆想，它违背事物发展的客观规律，是永远不可能实现的。幻想有两种：第一种是完全不切实际的想象，带有病态和佞妄性质。第二种是科学幻想。这种幻想在现实中存在一定依据，但不充分，在当时条件下没有实现的可能，可随着时代的演进和科学技术的发展而发展，条件具备后，就有可能成为现实。如嫦娥奔月、精卫填海、女娲补天，只是古代人的神话和幻想，但是到了今天，人类登上月球，大海造出良田，臭氧层的空洞逐步得到控制，这些幻想已变成了现实。在现实生活中幻想并不总是消极的，列宁曾精辟地指出：“幻想是极其可贵的，没有它，甚至不可能发明微积分。”在某种意义上可以这样讲，没有幻想就没有思想的放飞，没

① 王玉樑．理想、信念、信仰与价值观[M]．西安：陕西人民出版社，2001，第5页．

有幻想就没有诗人,没有幻想就没有科学的发明。

四是美好性。由于理想是真理和价值的统一,因此理想是美好的。如果理想不崇高、不美好,人们何必去憧憬?很难想象,人们拥有一个丑恶、扭曲的理想,并将此作为自己的奋斗目标和追求。如果真有这样的人,那么此人必定是一个变态、扭曲的人。人们对理想的追求都源自于对美好、对真理、对价值的认同和向往。古今中外的历史都说明了这一点。中国从秦末陈胜、吴广的"王侯将相,宁有种乎?"到南宋钟相、杨幺的"等贵贱,均贫富";从李自成的"大同国,均贫富",到太平天国的"有田同耕,有饭同吃,有衣同穿,无处不均匀,无人不饱暖"的太平盛世,都无一例外地反映了他们对美好社会的向往与追求,这就是他们的理想。在外国,古希腊著名思想家柏拉图写下了《理想国》,近代意大利人康帕内拉写下了《太阳城》,英国思想家莫尔则设想了一个民主和平、平等富足的没有贵族豪绅,没有剥削压迫的《乌托邦》。19世纪初法国的圣西门、傅立叶和英国的欧文相继提出了要建立一种平等合理的社会制度,都是从美好的愿望出发,从真理和价值的统一出发。只要是理想,就应该是美好的愿望和向往。

五是主体实践性。理想是主体需要、愿望、价值、人生追求,是人们发自内心的自觉要求,尽管是主观的精神现象,但反映客观的发展规律,因而,它能成为人们的行动指南,为人们的行动提供强大的精神动力。理想的实践性,一方面表明理想产生于实践,实践是理想的唯一来源;另一方面表明实践是实现理想的桥梁和纽带。理想因其同一定的社会物质条件相联系,同一定的社会实践相联系,因而它的实现总是要通过社会实践。马克思说:"哲学的任务不只是解释世界,更重要的是改造世界",强调理论依赖实践,并服务于实践。理想是意识层面的,理想虽是指向未来,但它并不渺茫。人们只有通过身体力行的实践,才能从现实到达理想的彼岸。

六是时代性。时代是一定时期经济、政治、文化等状况的总和,是一个客观的历史进程。任何思想意识要想始终保持生命力，就必须与时代发展的进程相一致，反映时代的特征。马克思主义是时代条件的产物，随着时代而发展。马克思主义的理想同样也应该是与时俱进的。马克思主义认为：社会存在决定社会意识，社会意识是人们所处时代的反映，不管是正确的社会意识还是错误的社会意识，都与人们所处的社会环境有关，作为一种意识现象的理想是具有时代性的。因此，要想树立科学正确、踏实远大的理想，必须体现时代性，把握规律性，富于创造性。

七是阶级性。在阶级社会里，人的奋斗目标总是同一定的阶级相联系的，一个人的理想是由其所处的政治、经济地位决定的。人们由于所处的政治、经济地位不同，必然从各自的阶级利益出发，产生对未来不同的向往和追求，因而，不同的阶级就有不同的理想。

八是指导性。不能保持人发展的正确方向，就不能肩负起党和人民赋予的历史使命。大力加强理想信念教育，从根本上强化人的精神支柱，是一项十分重要的任务。有了崇高的理想，人生追求才能更高尚，人生步履才能更坚实。有理想的人，能在逆境中看到希望，在黑暗中看到光明。人生的支柱由理想擎起，人生的答卷由奋斗填写。在人生的海洋中，理想就是把舵的指南针。

二、对共同理想内涵的科学理解

建设有中国特色的社会主义，把我国建设成为富强、民主、文明的社会主义现代化国家，这就是现阶段我国各族人民的共同理想。要树立这一崇高的共同理想，首先必须要对共同理想有一个科学的认识和理解。

（一）共同理想，具有鲜明的民族性

社会主义从俄国到中国的发展，从十月革命到今天，其发展呈现出鲜明的民族性和时代性特点。正如毛泽东所说，认清中国国情，是中国革命的首要前提。我们应该搞清楚中国特色社会主义与马克思主义之间的关系，才能不犯或少犯教条主义的错误。

马克思主义是共性、普遍性，而中国特色社会主义是个性和特殊性：中国特色社会主义不是马克思恩格斯设想的共产主义社会第一阶段一开始就是生产力高度发达的社会，而是在小生产占优势、商品生产很不发达的半殖民地半封建社会基础上发展起来的；中国特色社会主义所基于的历史矛盾不是生产社会化和资本主义私人占有之间的矛盾，而是农业经济和封建土地制度、民族资本和帝国主义列强之间的矛盾；中国特色社会主义不是作为资本主义直接对立物的共产主义社会第一阶段，而是后封建社会的直接对立形态。总而言之，中国特色社会主义还是"不够格"的、"不发达"的社会主义。因此，在如何建设问题上，既不能照搬马克思主义曾经的设想，也不能照搬别国的模式。因此，强化社会主义共同理想，就是要认清中国特色的民族特点和民族实情。

（二）共同理想必须基于社会成员对民族历史的认同

自从十月革命给中国送来了马克思主义，中国人民就"用无产阶级的宇宙观作为观察国家命运的工具，重新考虑自己的问题"。以毛泽东为核心的中国共产党人把马克思列宁主义关于殖民地半殖民地人民民主革命的学说运用于中国革命道路的探索中，制定了党的最低纲领和最高纲领。在后来的革命、建设和改革的不同历史时期，我们党领导全国人民结合当时的历史实际，制定了相应的近期理想，比如，民主革命时期，推翻帝国主义、封建主义和官僚主义"三座大山"，争取民族独立和国家富强是我们的共同理想，即最低纲领；社会主义改造时期，我们党又制定了过渡时期总路线，确立起了过渡时期的共同理想；社会主义建设和改革开放新时期，我们党又结合改革开放的实际，确立了中国特色社会主义共同理想。这些不同历史时期的阶段性社会理想，就是当时历史时期的最低纲领，都为着最高纲领和远大社会理想、崇高理想共产主义而奋斗。

三、实现社会主义共同理想的策略

(一)要让全体社会成员充分认识到我们当前社会发展的阶段性特点

中国特色社会主义是党在社会主义建设中,将马克思主义基本原理与我国的基本国情相结合做出的科学选择,这一理论符合我国的基本国情,对马克思主义的内容进行了合理的创新,使马克思主义的内涵得到了进一步的深化。因此,在发展中国特色社会主义的过程中我们不能墨守成规,教条化地对马克思主义进行理解和运用,应将马克思主义理论的运用植根于中国社会的具体国情和社会主义初级阶段的发展特点,创造性地对马克思主义进行理解和运用。比如,在中国特色社会主义民主的建设过程中,党和国家领导人应该充分认识到当代中国社会主义初级阶段基本国情,在这个基础上对马克思主义进行科学的运用,并可以根据具体的情况对相关的基本原理进行现代化的引申和阐释,这并不是对马克思主义的背弃,相反这正符合马克思主义的基本要求。

(二)充分认识和把握当代中国社会"两个没有变"的现实特点

党认为"两个没有变",通俗的解释就是我国现阶段和未来相当长的一段时间内仍然会处于社会主义发展的初级阶段,这是由我国生产力发展的基本状况决定的;受制于我国生产力发展水平,人民不断增长的物质文化需求和不能满足需求的社会生产力之间的矛盾也会长期存在,这一点也没有发生改变。基于沉痛的历史教训和对社会发展规律的认识,我们必须要对中国特色社会主义的前途命运进行周密的思考,因此我们必须更加清醒地认识到,要强化中国特色社会主义共同理想与民族成员的亲切感和现实感，必须让全民族社会成员明确当代中国现实国情的突出特点，既立足实际，又充满理想。实现中国特色社会主义共同理想，既不能犯保守主义的错误，又不能犯超阶段的急躁冒进主义错误。

（三）做好几方面的结合工作

致力于中国特色社会主义共同理想的实现，我们需要更加理性地做到以下几个结合：把马克思主义一般原则与当代中国实际相结合；把经济社会发展的长远目标和提高人民生活水平的阶段性任务相结合；把实现人民的长远利益和当前利益相结合；把终极的社会理想和为人民服务的实际行动相结合；把实现终极价值目标和阶段性价值目标相结合，把中国特色社会主义共同理想的理论逻辑与中国人民的生活逻辑相结合。

（四）坚持中国特色社会主义共同理想与共产主义远大理想的辩证统一

中国特色社会主义共同理想是实现共产主义理想的必要准备和必经阶段。共产主义社会是一个非常遥远的社会发展阶段，其实现需要经历一个过程。这是由生产力的发展决定的。在不同的生产力发展阶段，共同理想有不同的具体内容。每一阶段性共同理想的发展趋势，最终都是以共产主义的实现为目标的。阶段性理想的特点就是比较具体、现实，是一定生产力发展阶段中人们的共同理想。而中国特色社会主义共同理想正是在我国的现实条件下，所提出的适应我国情况的阶段性理想。

共产主义理想是共同理想实施的必然趋势和最终目标。在马克思恩格斯看来，共产主义社会是按照社会发展规律而必然到来的一种社会形态。马克思恩格斯的共产主义理论主要放在对共产主义社会必然到来规律的揭示，很少详尽描述这一社会的具体形态。马克思主义认为，共产主义社会之所以相对于其他社会较为优越，其根本的原因在于共产主义社会具有较为发达的生产力和生产关系。在共产主义之中,所有的社会参与者的全面发展成为整个社会的最高价值和终极目标。

还要认识到的是,共产主义实现的道路必然是一个曲折而又漫长的历史过程。首先,共产主义社会并不是历史,而是一个未来。没有任何一个人对共产主义社会有过经历,没有人知道共产主义社会应该是怎样的。现在对共产主义社会的描述仅仅是基于理论的推测,而并非实践。其次,我国现在处于社会主义社会,其实也并非是社会主义社会,而是介于社会主义和资本主义阶段的过渡社会。这个过渡社会与共产主义社会之间的距离表现在意识形态、经济基础和社会制度等多个方面。要在这个社会的基础上实现共产主义,就必须要跨过这样的距离,而实践表明,任何一段距离看起来都不是那么容易。最后,我国还处于全球化的资本主义社会之中,这更会加大我们实现共产主义的困难。从当前的全球政治态势来看,资本主义和社会主义这两种社会制度的斗争还很激烈。在全球化的环境中,这种斗争的激烈程度更是会向更大规模的程度发酵。

第三节　民族精神和时代精神

精神,是指人的意识、思维活动和一般心理状态。它是人们生活中最高尚的东西,是文化的生命、民族的灵魂、人性的根本,是社会与历史发展的活力所在。一个民族的精神状态如何,无论是过去、现在,还是将来,都关乎民族的兴衰成败。

一、民族精神——以爱国主义为核心

所谓民族精神是一个民族在长期的共同生活和共同的社会实践基础上形成的,在该民族生存和发展的历史长河中逐步发展的,为该民族大多数成员所认同和接受的思想意识、价值取向、道德规范、品格风范和文化传统的总和,是一个民族生生不息、薪火

相传的精神血脉，是民族文化最本质、最集中的体现。在五千多年的社会历史发展中，中华民族形成了团结统一、爱好和平、勤劳勇敢、自强不息的伟大民族精神。这种民族精神深深根植于延绵数千年的优秀文化传统中，始终是维系中国各族人民共同生活的精神纽带。

（一）爱国主义是中华民族精神的核心

中华民族精神包含着极为丰富的内容，其内涵博大精深、源远流长。我国历史上的传统美德和可贵精神是中华民族精神的重要内涵。尽管这些传统美德的形式不断变化，在不同的时期有不同的英雄人物和宝贵精神出现，但始终都围绕一个重要主题，即爱国主义。中华民族有着极为光荣的爱国主义传统，这个光荣传统不仅具有自身与众不同的内涵和品格，而且在中华民族的历史上发挥了极为巨大的作用，是中华民族团结统一、自强不息、继往开来的重要力量源泉。爱国主义的具体内涵在前文中已有所阐述，这里不再详述。

（二）中华民族精神的内在构成

在漫漫历史长河中逐步发展起来的中华民族精神，内涵丰富，博大精深，我们可以从不同的角度和侧面来感悟、体会和研究，其中最基本的是以爱国主义为核心的团结统一、爱好和平、勤劳勇敢、自强不息的伟大民族精神。

1. 团结统一

团结统一是中华民族精神的必要内容。历史上，中华民族历经多次动荡、分化和迁徙，虽困难重重，但始终都能走向统一、融合。团结统一是中华民族爱国主义传统的总趋势和总基调。中华民族是一个不可分割的统一整体。自夏商周以来，中华民族就形成了牢不可破的整体观，这也是中华民族文化传统源远流长之根基。无论是孔子的“一匡天下”、孟子的“定于一”、荀子的“天下一”，还是康有为对“大同世界”的设计、孙中山对“天下为公”的执着追求，都是这种中华整体观的体现。往往在中华民族处于生死存亡的危急关头，国内各阶级、各民族都能够尽释前嫌，以民族大义为重，联合起来一致对外。即使是远在异国他乡的中华儿女，在得到中华民族受到欺凌这样的消息之后，也会义无反顾地伸出援助之手，甚至远渡重洋再回到危难的祖国。

2.爱好和平

爱好和平是中华民族精神的必然态度。中华民族的繁衍生息必须要有一个和平安定的环境。我国的对外政策，是以和平为宗旨的。我们坚持和平共处五项原则，特别是在相互尊重、平等互利、互不干涉内政的原则基础上，同世界各国建立和发展友好合作关系。爱国的目的是建设祖国，是国家中的所有人民都能共享国家繁荣发展的成果，而不是徒具匹夫之勇，逞强好胜。

在我国的传统文化中，爱好和平这一民族精神有多方面的反映。例如儒家提到“亲仁善邻”“讲信修睦”，道家主张“兵者，不祥之器，不得已而用之”，墨家主要思想“兼爱”“非攻”，等等。在新的历史条件下，中国梦的实现必须要有一个安定的社会环境。中国人民必须紧密团结在以习近平为总书记的党中央周围，坚持与邻为善、以邻为伴的外交思路，积极建设强大的祖国。

3.勤劳勇敢

勤劳勇敢是中华民族精神的必然作为。在中华民族的思想传统中，勤劳一直被认为是一切事业成功的保证，是兴家的传家宝，是兴国立政之本，也是众德之首、万善之源。建设祖国必须要积极地付出劳动，通过辛勤劳作为国家建设奠定坚实的物质基础。我们现在所享有的物质财富正是先民们辛勤劳作的结果。我们所食用的粮油正是农民辛勤劳作的结果，所穿的衣服、所住的房子、所走的道路都是无数劳动人民辛勤汗水浇灌的结果。我们要把国家建设得更加美丽，必须要辛勤劳作。中国人民向来是

“勇者不惧”的。不屈不挠、愈挫愈勇已经成为我们宝贵的民族性格。无数次民族危难，无数次挺身而出，正是勇敢的民族精神的具体体现。

4. 自强不息

自强不息也是中华民族最宝贵的民族性格。《周易》曰：“天行健，君子以自强不息；地势坤，君子以厚德载物。”[①]《礼记》中也有“苟日新，日日新，又日新”[②]的思想主张。许多的神话故事，如“精卫填海”“夸父逐日”“愚公移山”，以及张载“为天地立心，为生民立命，为往圣继绝学，为万世开太平”[③]的直抒情怀等，无不表达着自强不息的伟大民族精神。

通过上面的简单分析可知，中华民族精神虽由五个部分组成，但爱国主义是其核心，团结统一、爱好和平、勤劳勇敢、自强不息都与爱国主义紧密相连，甚至可以看作是爱国主义的基本内容和重要表现。

（三）中华民族精神的丰富和发展——红色精神

红色精神是中华民族精神在新民主主义革命战争时期、社会主义革命与社会主义建设时期、改革开放新时期的升华。近代以来，中华民族所面临的民族危难，以及中华民族在面对外来入侵时所体现的革命精神，赋予传统民族精神以新的内涵。爱国主义不断高涨，民族精神融入了国际主义的因素，革命战争与社会主义建设中锤炼出来的自力更生、艰苦奋斗、解放思想、实事求是等思想作风也融入民族精神之中，从而使民族精神在新的历史条件下升华、净化为红色精神。其主要内容有以下几个方面。

① 易经·乾卦

② 礼记·大学

③ 宋史·张载传

1. 井冈山精神

坚定的革命信念，实事求是、敢闯新路、依靠群众、勇于胜利、坚忍不拔、百折不挠、开创伟大事业的井冈山精神。为中国革命播撒了燎原火种，是中国共产党人培育出来的革命的民族精神，成为我们党的宝贵精神财富。

2. 长征精神

长征在我党的史册上是最为辉煌的篇章之一，也是中外军事史上的一大奇迹。长征的胜利除了依靠共产党的正确领导和人民群众的支持外，还依靠了精神的力量。乐于吃苦、不惧艰难的革命乐观主义精神，勇于战斗、无坚不摧的革命英雄主义，重于求实、独立自主的创新胆略，善于团结、顾全大局的集体主义，坚定信念、不怕吃苦不怕牺牲的红军长征精神。中国工农红军的长征是一部史无前例、雄伟壮丽的史诗，是人类历史上艰苦奋斗精神的楷模。长征精神是中华民族百折不挠、自强不息的民族精神的最高表现，是保证我们革命和建设事业从弱小走向强大的精神力量。

3. 延安精神

延安时期是我党历史上最为重要的时期之一。延安精神具有极其丰富的内涵。基本内容包括：坚定的革命信念和理想（这是延安精神的核心和灵魂）；全心全意为人民服务的根本宗旨；实事求是、理论联系实际的思想路线和科学态度；相信群众、依靠群众、密切联系群众、从群众中来到群众中去、向人民群众虚心学习的群众路线；自力更生、艰苦奋斗的创业精神；勇于奋斗，敢于胜利的大无畏精神；批评与自我批评相结合，军政军民团结，干群一致，民主集中的团结精神；团结、紧张、严肃、活泼的工作作风等。

4. 西柏坡精神

党中央在西柏坡指挥了震惊中外的三大战役，颁布了革命性的《中国土地法大纲》,召开了具有深远意义的七届二中全会。这一时期形成的西柏坡精神,是我党从斗争走向建设的关键转折。西柏坡精神主要包括以下几个方面:第一,敢于斗争,敢于胜利,誓将革命进行到底;第二,实事求是,独立自主,勇于创造;第三,团结统一,同舟共济,鱼水相依,民主协商;第四,谦虚谨慎,不骄不躁,保持艰苦奋斗。

5.雷锋精神

雷锋是一个响亮的名字,他的事迹和精神是中国人最可贵的精神财富。在雷锋同志牺牲后,毛泽东同志为他的精神所感动,号召全国人民向雷锋同志学习。雷锋精神是社会主义建设时期,我国社会人民群众精神的杰出代表。具体说来,雷锋精神主要包括:第一,奉献精神,实质是为人民服务的精神;第二,钉子精神,干一行,爱一行,钻一行;第三,螺丝钉精神,表现为服从国家分派,不计个人名利和得失,就像一颗螺丝钉一样,永不生锈,忠于革命,忠于党,忠于国家;第四,艰苦奋斗的精神,表现为艰苦朴素,勤俭节约,不浪费一粒粮食一分钱。

6.艰苦奋斗的创业精神

艰苦奋斗的创业精神是长征精神、延安精神以及“两弹一星”精神的内涵之一。实际上,这种优良传统一直贯穿于我们党领导全国人民进行革命斗争和建设事业中,是中国共产党和中华民族的传家宝,是走向胜利的重要法宝。

具体地说,艰苦奋斗在不同的范畴具有不同的含义:①从思想范畴看,艰苦奋斗主要指我们在改造客观世界的实践中,为达到既定的目标而不畏艰险、锐意进取的意志状态和思想品格。②从政治范畴看,艰苦奋斗体现着共产党人的奋斗志向、政治追求和崇高境界,是共产党人为实现历史使命而必须坚持的政治品质。③从行为范畴看,艰苦奋斗有着明确而特定的规范要求,如勤俭朴素,厉行节约,埋头苦干,兢兢业业,刻苦攻关,知难而进,自力更生，廉洁奉公，无私奉献；不图安逸享受，不奢侈浪费，不腐化堕落等等。④在新的历史时期，艰苦奋斗的创业精神又有新的内容。在八届人大一次会议上江泽民同志将其归纳为64个字："解放思想，实事求是，积极探索，勇于创新，艰苦奋斗，知难而进，学习外国，自强不息，谦虚谨慎，不骄不躁，同心同德，顾全大局，勤俭节约，清正廉洁，励精图治，无私奉献。"

7. 北京奥运精神

体现保护环境、保护资源、保护生态平衡的可持续发展理念的绿色奥运，结合国内外科技最新进展，站在世界科技发展创新的最前沿，充分吸收和利用当代最先进成果的科技奥运，传播现代奥林匹克思想，展示中华民族灿烂文化和中华民族精神的全新风貌的人文奥运，形成了更快、更高、更强的北京奥运精神。

8. 郭明义精神

在平凡中造就了伟大，造就了继雷锋精神之后感动中国的道德模范，大爱无声的力量，震彻人心的奉献，凛然天地的正气，自强不息的努力的郭明义精神。在改革开放的伟大时代，为他人奉献、为社会分忧、为国家尽责，转化为了新时期推进社会主义和谐社会的强大精神动力。

9. 全心全意为人民服务的精神

中国共产党是无产阶级的先锋队组织，代表着广大人民的最根本的利益。因此，全心全意为人民服务是我党一贯的宗旨，也是我党优良革命传统的最重要的构成要素之一。

为人民服务精神基本包括四个层面的内容：①一切从人民的利益出发，想人民所想，急人民所急，全心全意为人民办实事，自觉地服从人民利益的需要，甘当人民的公仆。②不管从事什么工作，只要符合人民利益的需要，就不分高低贵贱，坚持爱岗敬业。这是为人民服务的基本途径和形式。③为人民做好事而不做坏事，坚持做对人民有益的事，反对和抵制损害人民利益的事。④与人民同甘共苦、同舟共济，始终与人民站在一起，不搞特权，不凌驾于人民之上。

二、时代精神——以改革创新为核心

中国的时代精神是当代中国人民在文明创建活动中体现出来的精神风貌和优良品格，是激励中华民族奋发图强、民族振兴的强大精神动力，也是当今时代精神文明建设的重要内容。

改革创新是新时期最鲜明的特点，也是时代精神的核心。围绕改革创新这个核心，时代精神有着全面的多维表现。

（一）改革创新精神

《人民日报》刊文指出，科技创新挺起民族脊梁。国家对有突出贡献的各类科技工作者奖的奖励力度越来越大，如给予国家最高科技奖获得者 500 万元的高额奖金。当问及对此态度时，79.6％的被调查者认同很有必要重奖对国家有突出贡献的各类科技工作者（表 4-1）。

表 4-1　对科技创新奖的看法①

态度	应该重奖	不应该重奖	不好说	没想法
百分比	79.6％	4.8％	7.1％	8.5％

从中可以看出，人们对科技创新的态度是积极的，对创新持开放的态度，因为大部分人都认为科技创新是个人对社会的突出贡献，应该获得相应的奖励。

（二）科学发展精神

科学发展的精神是在社会主义建设的新时期，党推动我国经

① 赵扬，张惠红．大学生践行“以爱国主义为核心的民族精神和以改革创新为核心的时代精神”情况调研报告[J]．思想政治教育研究，2014(12)

济发展和社会进步的重要方针，也是实现中国特色社会主义共同理想、实现中华民族伟大复兴应该坚持的长期战略思想。国家的强盛和民族的振兴需要科学精神带来的新鲜元素，人民的富裕、社会的进步离不开科学精神带来的无限活力。在激烈的国际竞争中，如果没有强大的科学技术作为竞争的保障，国家就会处于十分被动的境地，甚至会面临被淘汰的危险。

改革开放以来，我国在 30 多年的时间内取得了举世瞩目的发展成果，但是也为经济的高速增长付出了巨大的代价，随着改革的不断深入，这些代价对经济发展的后续作用逐渐显露了出来，并逐渐成为阻碍经济发展的要素。一些问题逐渐暴露了出来。对此，我们一定要吸取教训，在未来的经济发展中摒弃这种粗放的经济发展模式，提高经济发展的质量，为经济的稳定、持续发展打下良好的基础。在未来的经济发展过程中，我们应该立足我国的基本国情和经济发展的现状，在科学发展观的指导和引领下，在民族精神和时代精神的激励下实现我国社会和经济的健康稳定发展。

（三）尊重包容精神

尊重差异、包容多样的主要表现有以下三点，这也是我国在全面建设小康社会的过程中需要做到的。

第一，要尊重不同国家、不同地区、不同民族的信仰和价值追求，在国际交往中平等地对待每一个交往对象，并积极吸收外国文化中的思想文化精髓为我所用。

第二，尊重每一个经济主体，并保护不同经济主体之间的差异性，允许不同观点的存在，让一切有利于社会发展的因素在碰撞中迸发出无限的能量。

第三，尊重个体的差异性，在社会主义建设中充分调动他们的积极性，让他们积极主动地参与其中。

（四）效率公平精神

效率公平是发展市场经济必不可少的一个市场要素，是建设中国特色社会主义民主政治的基本需求，同时也体现着社会主义的本质要求。与效率公平关系最为直接的就是经济发展与社会公平问题，而这两个问题又是关系我国社会主义建设成败的关键因素。

就目前的社会状况来看，公平问题已经成为我国在社会经济发展中不可忽视的一个问题，坚持效率公平的基本理念，促进社会公平，维护人民的根本利益是党在经济建设和社会发展中应该长期坚持的一个基本理念。

第四节　社会主义荣辱观

社会主义荣辱观在社会主义核心价值体系中处于基础性的地位，是对人们日常行为的直接要求。

一、荣辱观的基本内涵

荣辱观念，古今有之。我国古代的思想家历来重视对荣辱问题的阐释。战国时管仲提出了“仓廪实，则知礼节，衣食足，则知荣辱”[①]的命题；孟子首次将荣辱作为一对范畴进行定义，提出了“仁则荣，不仁则辱”[②]的命题。

荣辱观的定义，学界尚存不同意见，朱贻庭教授认为，“荣辱观是行为主体的道德信念和价值取向，属于道德人格和良心范畴，其基本界定是，‘由义为荣，背义为辱’，体现为荣义知耻的人格结构，成为为善祛恶的心理机制和内驱力。”[③]彭林教授认为，“荣辱观，就是怎样看待荣与辱，以做怎样的事为荣，以做怎样的

① 管子·牧民

② 孟子·公孙丑上

③ 朱贻庭. 在《文汇报》“树立社会主义荣辱观”理论座谈会上的发言[N]. 文汇报，2006－04－25

事为耻，有其鲜明的道德指向，实质上是价值观问题。”①《伦理学大辞典》的解释是，“荣辱观——人生观、道德观的重要内容之一，是人们对于光荣和耻辱的看法和态度。荣，指荣誉、光荣，是社会对于人们道德行为的一种褒奖和赞许。它表现为两个方面：一是个人履行一定义务后，得到社会的赞扬、公认、奖励；二是履行义务之后所产生的个人在道德感情上的满足，即个人的尊严感。辱，指耻辱，是荣誉的对立面，是指人的行为受到社会舆论的谴责和厌恶，从而在内心深处所产生的羞耻心。”②

综上，所谓荣辱观是人们对光荣和耻辱的基本观念。一方面，它体现出社会成员对荣誉的褒奖和对耻辱的贬斥。另一方面，它体现出人们内心对自身行为的一种情感体验，表现为“荣”在情感上的满足和“耻”在情感上的厌恶。荣辱观有正确、错误之分，只有正确的荣辱观才会得到社会的广泛认可。

二、社会主义荣辱观的提出

2006 年 3 月 4 日，胡锦涛在政协民盟民进联组会上发表了关于树立社会主义荣辱观的重要讲话，提出了以“八荣八耻”为主要内容的社会主义荣辱观，强调要引导广大干部群众特别是青少年树立社会主义荣辱观。他的讲话极大地丰富了社会主义荣辱观的内涵，为促进良好的社会风气指明了方向。广大党员领导干部表示，一定要遵循总书记的教导，深入开展学习贯彻社会主义荣辱观的活动，在倡导社会新风尚中起示范带头作用。

胡锦涛指出“社会主义先进文化”在全面建设小康社会、加快推进社会主义现代化进程中的重要作用，并通过“社会主义先进文化”的熏陶和影响，促进人的全面发展，培养有理想、有道德、有文化、有纪律的“四有”社会主义公民。

---

① 从传统文化看荣辱观的养成——访清华大学教授彭林[N]. 光明日报，2006－04－20

② 宋希仁. 伦理学大辞典[K]. 长春：吉林人民出版社，1989，第 749 页

三、社会主义荣辱观的内容体系

以“八荣八耻”为主要内容的社会主义荣辱观旗帜鲜明地指出了在我们的社会主义社会里，应该坚持什么、反对什么，倡导什么、抵制什么，进一步清晰地界定了是非、善恶、美丑的界限，体现了社会主义价值观的鲜明导向，为人们提供了正确处理个人与国家、个人与人民、个人与社会、个人与他人关系的价值取向和行为准则。社会主义荣辱观既体现了科学的世界观、人生观、价值观，又反映了社会主义的基本道德规范和社会风尚的本质要求，具有很强的时代性、针对性、先进性和实践性。社会主义荣辱观的倡导和发扬有利于社会主义先进文化的进步，有利于社会主义和谐社会的发展，必将为中国特色社会主义实践提供强有力的精神动力。

（一）以热爱祖国为荣、以危害祖国为耻

爱国主义精神是公民个人对自己祖国的深厚感情。它既是一项道德要求，也是一项政治原则和法律规范。爱国主义同时还是中华民族的光荣传统，中国古代的许多思想家和相关典籍都有爱国主义的阐述。《左传·昭公四年》记载“苟利社稷，死生以之”，《汉书·贾谊传》记载“国耳忘家，公耳忘私”，屈原“身既死兮神以灵，子魂魄兮为鬼雄”，陆游“位卑未敢忘忧国”，范仲淹“先天下之忧而忧，后天下之乐而乐”，王夫之“天下兴亡，匹夫有责”，林则徐“苟利国家生死以，岂因祸福避趋之”等思想均表达国民爱国的朴素感情。

“以热爱祖国为荣、以危害祖国为耻”的提出是对我国爱国主义传统与民族精神做出的本质概括，是对中华民族爱国主义传统的继承和发展，是在新的历史时期和新的时代背景下对爱国主义的深化。

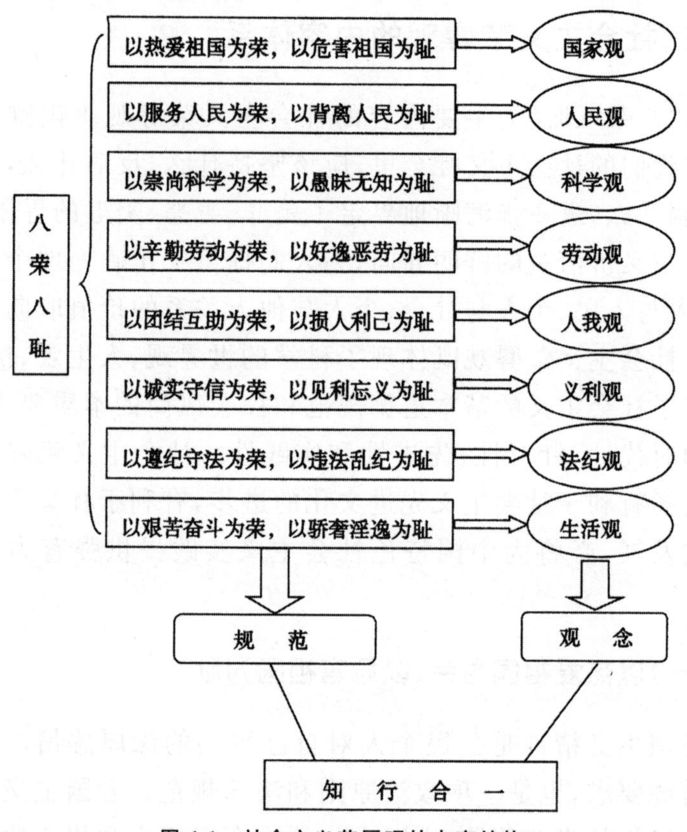

图 4-1 社会主义荣辱观的内容结构

“以热爱祖国为荣、以危害祖国为耻”的提出就是要让人们增强对国家、民族的认同感，使人们以强烈的民族自尊心和自豪感去维护国家的国格、维护国家的尊严和荣誉，真正做到“以热爱祖国、贡献全部力量建设社会主义祖国为最大光荣，以损害社会主义祖国利益、尊严和荣誉为最大耻辱。”[①]这一要求的另一重要目的则是引导人们正确处理好国家利益与个人利益的关系。当这两者关系发生冲突时能够自觉地做到维护国家利益，进而使爱国主义成为人们心目中调节个人与国家、个人与民族关系的一种政治原则、一种道德选择、一种民族精神。

① 邓小平文选(第 3 卷)[C].北京:人民出版社,1991,第 3 页

（二）以服务人民为荣、以背离人民为耻

在中国历史上，“爱民”的思想始终都是联系中国思想家著作的一条重要线索，各种著作中都或多或少体现出维护人民利益的重要性。以毛泽东为代表的中国共产党人在中国传统思想和马克思主义历史唯物论的基础上，认识到“人民，只有人民，才是创造世界历史的动力。”[①]在新中国建设时期，这一要求又逐渐演化为“三个有利于”标准、“三个代表”重要思想，科学发展观中的“以人为本”更是新时期人民观的进一步体现和深化。“以服务人民为荣、以背离人民为耻”则是把这一重要线索转化成一个重要的要求。把为人民服务当作人生最高的追求、最大的乐趣和最美的幸福，使为人民服务这一社会主义道德的优越性得以最大限度的发挥，进而在为人民服务的过程中实现好、维护好、发展好最广大人民的根本利益。

（三）以崇尚科学为荣、以愚昧无知为耻

21 世纪是知识经济时代，知识已经成为一个人参与社会活动的重要资源，社会财富及经济效益的增加将越来越依赖于知识创新。在科教兴国战略实施的今天，科学在帮助人类认识自然、改造自然的过程中，在促进人类文明的进程中所发挥的作用越来越大，这是任何力量都无法比拟的。“以崇尚科学为荣、以愚昧无知为耻”的提出就是要人们尊重科学知识，迎赶时代潮流，弘扬科学、真理大旗，灭愚昧、庸俗之风，促进全社会形成尊重科学、热爱科学、学习科学、宣传科学、应用科学、拒绝愚昧、拒绝迷信的良好氛围，使人们养成科学态度，掌握科学方法，培育科学精神，进而为追求真理、探索真理、开拓创新提供强有力的科学支撑，为国民素质的提高和国家的繁荣富强提供强有力的科技保证。

---

① 毛泽东选集(第 3 卷)[C].北京：人民出版社，1991，第 1031 页

（四）以辛勤劳动为荣、以好逸恶劳为耻

马克思主义认为，劳动是人的重要需要，是人类社会存在和发展的基础。劳动孕育着希望，创造了人们的幸福生活，是人类文明的原点。中华民族自古以来就有崇尚勤劳的传统，墨子“赖其力者生，不赖其力者不生”、《后汉书·张恒传》中的“人生在勤，不索何获”等思想均表现了对勤劳的敬畏和对懒惰的厌弃。

在全面建成小康社会的今天，中国特色社会主义伟大事业仍要建立在广大人民辛勤劳动的基础上。“以辛勤劳动为荣、以好逸恶劳为耻”的提出既是对中华民族勤劳精神的肯定、继承和弘扬，也是对新时期、新条件下好逸恶劳思想的有力鞭策。同时，这一荣一耻更准确地表达出在社会主义建设的新时期，人们应以什么样的态度来对待劳动、对待享受，从而使全社会形成尊重劳动、热爱劳动的良好风尚，进而最大限度地发挥主观能动性，为自身的幸福和小康社会的和谐、健康、有序发展提供良好的动力保障。

（五）以团结互助为荣、以损人利己为耻

千百年来，中华民族一直崇尚和为贵、团结互助的基本价值理念。《荀子·富国》中记载有“人之生，不能无群”，《关尹之·三极》中记载有“鱼欲异群鱼，舍水跃岸则死；虎欲异群虎，舍山入市即擒”等思想均体现出团结互助的重要性。

在当代，随着社会关系复杂程度的增加和科学技术的发展，团结协作已经成为人民共同克服困难、走向成功的必由之路。在知识经济时代，建立和发展平等、团结、互助的人际关系，不仅有利于推动人们的日常生活和工作，而且也影响到社会主义精神文明建设的开展。

“以团结互助为荣、以损人利己为耻”是要引导人们将团结互助贯穿于职业道德领域，贯穿于家庭美德领域；是要引导广大群众紧密团结在党中央的周围，坚定走中国特色社会主义道路的信念，继续为谱写中华民族的新篇章而群策群力，共克时艰，再创佳

绩；是要引导广大党员干部密切联系人民群众，紧密团结人民群众，使人民群众的作用得以充分的发挥，并在团结人民的过程中，以一股坚不可摧的合力来维护好、发展好和实现好最广大人民群众的根本利益。

（六）以诚实守信为荣、以见利忘义为耻

诚信是中华民族优秀文化的核心组成部分。自古以来，人们对诚信品质的赞许和追求就没有停止过。《论语·为政》“人而无信，不知其可也”，《中庸》“诚者，天之道也。诚之者，人之道也”、“君子诚之为贵”，《淮南子·人间训》“仁者不以欲伤生，知者不以利害义”，这些思想均表达了人们对诚信的赞誉。

诚实守信已经成为执政者取信于民、实现国家稳定发展的根基，经营者取信于人、实现扩大经营的准则，已经成为个人道德修养的内在诉求。“以诚实守信为荣、以见利忘义为耻”的提出就是要让人们意识到，诚信是社会活动中所必须遵守的行为准则，使人们意识到诚信对于个人是安身立命的人格风标；诚信对于社会是不可或缺的道德基石；诚信对于政府是提升政府形象，打造诚信政府的关键。

（七）以遵纪守法为荣、以违法乱纪为耻

中华民族有悠久的法治实践，法治思想众多。《管子·明法解》“法者，天下之程式也，万事之仪表也”，《韩非子·有度》“奉法者强，则国强；奉法者弱，则国弱”等思想均表现出法纪在国家治理、规范人们行为中的作用。

“以遵纪守法为荣、以违法乱纪为耻”的提出，彰显的是自律和他律的力量，倡导的是社会主义的法治观和道德观，其目的不仅是使国家的法治观念融入执法人员的内心深处，使其更好地做到有法可依、有法必依、执法必严、违法必究，使法律得以更有效地实施；还是使广大人民群众懂得遵纪守法的重要性和必要性，做到学法、知法、守法；更是使广大人民群众正确处理好自由与纪

律的关系，权利与义务的关系，使人们将自己的自由和权利限制在法律允许的范围内，进而为他人自由和权利的实现提供良好的保障。

（八）以艰苦奋斗为荣、以骄奢淫逸为耻

艰苦奋斗是中国古代先哲一贯倡导的一种人生态度。《孟子·告子下》“生于忧患，而死于安乐”、《墨子·辞过》“俭节则昌，淫佚则亡”、《淮南子·原道训》“不以奢为乐，不以廉为卑”、《新五代史·伶官传序》“忧劳可以兴国，逸豫可以亡身”等均表现出人们对艰苦奋斗的赞许和对骄奢淫逸的蔑视。

新中国成立以来，全国各族人民在中国共产党的领导下艰苦奋斗、奋力拼搏，我国的各项事业取得了长足发展，综合国力、人民生活都有了较大的改善，小康社会的目标就要实现。但同时我们要清晰地看到：我国在世界上的人均排名仍旧很低。因此，在全面建成小康社会的今天，仍然需要广大人民群众继续大力弘扬艰苦奋斗精神。“以艰苦奋斗为荣、以骄奢淫逸为耻”的提出，意在使人们在物质上克勤克俭、厉行节约、勤俭办事；在精神上不畏艰难、坚韧不拔、锐意进取、奋发有为，使艰苦奋斗成为人们的一种行为方式和生活作风，成为人们所追求的一种精神状态和意志品质，使艰苦奋斗精神成为开辟中国特色社会主义道路新征程的强大支柱。

第五章　社会主义核心价值观培育和践行的路径维度

社会主义核心价值观的落实要推广到群众中间，在群众中间产生实效，形成一种优良的社会风气。为了达到这一目的，必须要有一定的途径。从当前的社会建设来看，社会主义核心价值观建设需要通过符合当前社会发展需要的渠道贯彻下去。

第一节　加强宣传教育推动社会主义核心价值观的培育和践行

社会主义核心价值观的培育和践行需要宣传部门的大力支持。当前，随着我国经济结构、生产组织形式、分配方式的不断调整，人们的就业形式、生活方式、价值观念日益多元化，给社会主义核心价值观的宣传教育带来诸多障碍。对整个社会来说，核心价值观的培育和传承是一个长期过程，涉及方方面面，需要采取各种措施，广泛开展学习教育和实践活动，使之成为全民的价值追求。我们必须直面问题、因势利导、创新方式，确保和不断提高社会主义核心价值观宣传教育的针对性、有效性。

一、社会思潮需要以核心价值观为引领

坚持运用社会主义核心价值观引领社会思潮，必须明确引领的方向和原则，大力宣传和普及社会主义核心价值观，科学地认识社会思潮，贴近实际、贴近生活、着力解决好普及性和操作性问题。

（一）加强核心价值观理论的创新

要想建设好社会主义核心价值观，就需要把核心价值观的理论研究好，理论是一个体系的基础，但是理论也是随着社会的不断发展而发生改变的，所以需要对核心价值观的理论进行创新。

随着改革开放的深入，中国特色社会主义经济得到了较大的发展，中国特色社会主义建设在这样的大环境中不断发展，社会主义核心价值观同时也发生着变化，不断吸取更多优秀的先进文化，所以只有不断创新与改革，使得社会主义核心价值观能够更好地指引社会的发展。

任何理论体系都有一个发展和成熟的过程。在发展过程中，既存在继承性，又具备一定的创造性，如果没有以前理论的基础，对于创新来说，也只是纸上谈兵。社会主义核心价值观不仅继承了原有的理论精华，而且更好地把国外先进的理论精髓融入体系中，让社会主义核心价值观能够得到创新和提升，让更多的人认识到中华文化的精髓，让我国的国际地位得到了进一步的提高。

（二）大力开展社会主义核心价值观宣传和普及活动

1.提高理论的吸引力

首先，社会主义理论体系要能够为普通大众所理解和接受。对于人们来说不能单讲理论体系，而需要把理论体系转换成人们容易接受的精髓，提高理论的吸引力。运用通俗理论读物和电视理论专题片等形式，用群众的语言、群众身边的鲜活事例，回答理论和实践难题，在娓娓道来中把道理讲清楚、说明白，同时要更多地用历史说话、用事实说话，增强理论对民众的吸引力。

其次，转化后的社会主义理论体系要在社会发展之中具有一定的战斗力与说服力，让更多的人了解到其内涵与精髓，在实际生活中，充分发扬主旋律。对于一些错误的语言和观点，都必须坚决抵制和否定。在进行理论宣传时，必须充分发挥主导地位，不允许错误的思想观念通过有效途径进行传播。在指导工作中，应该学会具体问题具体分析，灵活地运用宣传方法，在工作中必须严格区分学术问题、思想认识问题和政治问题的界限，把握住正确的政治方向和原则。

2.营造浓厚的舆论氛围

胡锦涛强调舆论氛围要“讴歌真善美，鞭挞假恶丑”，而要做到这一点一定要坚守自己的阵地。要很好地运用现代传媒，多借助电视、互联网、手机短信、多媒体等平台，把社会主义核心价值观的内容和要求通俗化、大众化，充分运用各种手段加大宣传力度，营造浓厚的舆论氛围，为群众开辟表达诉求和感受的渠道，使群众在平等交流中受到教育和影响，使社会主义核心价值观转化为社会的群体意识。

要采取多种宣传形式，把社会主义核心价值观的理念在大众中间普及开来。通过组织宣讲团巡回宣讲社会主义核心价值观的基本内容和深刻内涵；通过学习及时将社会主义核心价值观列入干部培训、干部教育的重点内容；通过举办理论骨干培训班等形式，进一步提高全党干部的理论修养。

二、充分发挥新闻媒体的舆论导向作用

要积极拓展互联网、手机短信等思想宣传的新媒介、新途径、新阵地，切实加强对社会普遍关注的热点问题的引导，褒扬高尚品德，鞭挞不良行为，努力营造积极而且健康网络舆论环境，增强舆论传播力。随着信息技术的发展，互联网、手机等新兴媒体日益成为传播社会主义先进文化的前沿阵地，成为社会舆论的放大器。只有建设好、利用好、管理好互联网等新兴媒体，才能充分发挥新兴媒体在舆论引导中的特殊作用，形成网上正面舆论强势。

要充分发挥社会科学、文学艺术、新闻出版、广播影视、党报党刊等意识形态工作相关领域和各类博物馆、纪念馆、展览馆、烈士陵园等相关部门的舆论导向作用，宣传党的主张，弘扬社会正

气，通达民情民意，引导社会热点，疏导公众情绪，最大限度地形成社会思想共识。

此外，要积极构建以大城市为中心、中小城市相互配套、贯通城乡的文化产品流通网络，要重视村（社区）广播室、党员活动室、计生室所办的科普长廊、黑板报、学习园地、文艺栏目等登载的各项理论创新成果、“感动中国”人物事迹、全国道德模范事迹、优秀共产党员事迹等内容，在传播先进思想文化、树立和谐理念、培育和谐精神、塑造和谐心态、引导人民群众形成良好的道德风尚和共同的理想信念中的积极有益价值。

三、加强先进典型教育，突出典型示范

先进的社会典型通常是具有坚定的理想信念、高尚的思想品质和道德情操的，是践行社会主义核心价值观方面的优秀代表，是推进社会主义核心价值观建设的鲜活教材。他们来自群众，来自实践，事迹感人，可信、可亲、可敬，示范力和感召力也十分巨大。

（一）多层次、多渠道树立和培育先进典型

一个先进典型，就是一面催人奋进的旗帜。建设社会主义核心价值观，既要大力挖掘各个领域、各个层次的先进典型，重视用先进典型的事迹、精神、思想教育和引导群众，又要通过先进典型的辐射和带动作用，调动人民群众学习和践行社会主义核心价值观的积极性。

典型人物、典型经验，集中体现着广大干部群众的境界和追求，是引导推动社会和谐进步的重要力量。榜样的力量是无穷的。我党在领导社会主义革命、建设、改革的 95 年历程中，涌现出来如雷锋、焦裕禄、张思德、王进喜、孔繁森、任长霞、许振超、方永刚、吴天祥等一批又一批的先进人物以及先进集体。各条战线在日常工作和活动过程中往往会涌现出一批批杰出的先进典型，如全国道德模范、劳动模范、“中国十大女杰”“三八红旗手”等，他

们在行业文化和精神文明建设乃至社会主义先进文化建设过程中可以发挥重要的引领和示范作用。

（二）加大力度进行宣传推广，切实增强效果

典型宣传不仅是引导激励广大干部群众干事创业的重要途径，也是宣传思想工作“虚功实做”的重要方法，同时，对于大力提升单位形象、工作形象、城市形象，进一步扩大宣传思想工作的社会影响，也有着积极而深远的作用。

1.营造利于先进典型发挥作用的公共舆论

公共舆论的力量是巨大的。权威性是指舆论是群体意志的表现，它通过给予特定的人们以褒扬和贬斥的评价和判断的方式，迫使人们在行为选择上不得不依据社会舆论对自己的可能性评价而做出价值判断和行为选择，任何人都不可能离开他人和社会的评价而存在发展。因此，应积极营造利于先进典型发挥作用的公共舆论。

一方面，要依据公共舆论形成和传播的规律，加强和加快有利于先进典型发挥作用的科学舆论建设，推动形成正确、先进的社会舆论，抑制和瓦解消极的社会舆论。

另一方面，要引导公众树立正确的榜样典型观。观念决定着个体的理想追求，指导着个体的行为，也对整个社会发展有着巨大的能动作用。在当前市场经济和社会转型条件下，人们在榜样和典型的认识问题上存在着诸多错误看法，这对典型示范和榜样作用的发挥产生了不良影响。因此，需要澄清当前社会上关于榜样和典型的种种不良观念，引导人们树立正确的榜样典型观，既要反对传统的遮蔽个人利益正当性的“谈富色变”“耻于言利”“英雄流泪又流血”的“利他无我”榜样观，也要反对当前社会盛行的榜样的职业、身份相对单一、固化，一方面把榜样和典型定位于领导干部、政治人物、科学家、教师等，另一方面又把榜样和典型集中于道德的榜样和典型，而忽视各行各业都可以分门别类地评价

和选择出各式各样的模范的现实和需求。

2. 注重宣传的实效

注重实效，就是要以提高效果为主线，坚持又好又快发展。一方面，在工作指导上坚持深入群众、贴近群众。基层和群众是先进典型成长的肥沃土壤。从某种程度上说，典型宣传就是一项群众工作。提高典型宣传实效，必须贴近群众，以群众欢迎、认可作为典型宣传推进和评估的重要依据。因此，各条战线都应坚持把基层呼声、群众意愿、社会反响作为典型宣传的工作方向。另一方面，在宣传形式上充分发挥媒体优势、突出特色。在宣传内容、形式、角度、方法上，充分发挥各类媒体优势，突出特色，使典型宣传既能形成声势，又能增强影响力、渗透力。坚持典型宣传经常性，用典型的感人事迹教育提高人的思想境界，影响引导人的生活状态，起到潜移默化、润物无声的效果。

3. 注重辐射效应

各条战线涌现出来的先进集体、先进人物，都是实践社会主义核心价值观的榜样，他们的精神境界和道德情操是建设社会主义核心价值观的宝贵资源。榜样身上所具有的利他主义精神、自我牺牲精神，本着一定的贡献理念，代表着一定社会主流价值观的取向。因此，总结和发现体现社会主义核心价值观的先进典型，积极开展向先进典型学习的活动，把他们的崇高思想品德传播到广大群众中去，就会变成千百万人的自觉行动。这就要求共产党员和党的各级领导干部应首先起带头示范作用，努力做学习和践行社会主义核心价值观的典范，这是完善社会主义核心价值观示范机制的关键。

四、建设社会主义核心价值观的网上传播阵地

（一）网络的基本特点

1. 虚拟性

网络的虚拟性就是把人的实践活动转移到以网络为基础的比特空间。网络用户在比特空间彼此交流、获取信息，而这个空间是一个世界性的共有的虚拟空间。网络行为也是虚拟的，它只是通过技术使人有身临其境的感觉，而且人们往往按自己的喜好来设计自己在网络中的形象、语言，其身份通常是不真实的。但是，网络技术并不能把客观世界的万事万物，照搬到网络世界，它只是以文字、声音、色彩、图片、动画、影视等现代科技表现手法，将其再现于网络世界。

2. 平等性

平等性主要是指网络用户之间的关系是平等的，每个用户既是信息的接受者，也是信息的传递者。网络没有地域的界限，没有国界，任何信息瞬间可以畅通无阻地到达地球上任何一个联网的终端。它并不强制规定谁可以上网，什么思想可以传播，什么言论可以发表，什么话题可以讨论。与其他信息交流手段相比，它更少受到束缚和羁绊。网上一切资讯的传播与获取都是自由的。一旦各类信息进入网络，那么，所有与网络连接的人们只要拥有简单的上网设备，就都可以上网获取信息。因此，网络社会真正实现了用户人人平等，信息人人共享。

3. 交互性

网络的交互性主要有两类，一类是实时交互，一类是非实时交互。实时交互指用户每做出一次选择，马上就能得到一个回应，如网络聊天即属于实时交互。而非实时交互是对一方发出的

信息，另一方不必或不能及时回复，网络可存储该信息，以供对方回复时查阅，如电子邮件即属非实时交互。总之，网络信息匿名的特征，使网络成员在虚拟空间的平等成为可能，人们可以无所顾忌地敞开心扉交流和发布信息。而交互式沟通，则使人们能更从容地选择和吸纳信息。因此，在网络社会，网民缺乏的并不是信息资源，而是筛选信息和自我约束的能力。

4. 创新性

创新是网络的生命力所在，创新性成就了网络的现在。网络的创新性源自于网络的平等、开放与自由。网络巨大的潜力给每个国家、每个组织、每个个人提供了全新的机会。加上网络本身充满着无数不确定因素，充满着无限的可能性，因而，在竞争激烈的网络世界，每个国家、每个组织、每个个人在网络方面都可能成功，也都可能失败，关键在于有没有创新性。

（二）社会主义核心价值观教育网络建设中存在的问题

社会主义核心价值观网络平台建设是信息化发展的产物，从目前网络平台的建设、管理和发挥作用的情况看，存在着以下两个方面的问题。

1. 人们对社会主义核心价值观教育网站关注度低

目前，人们应用网络的时间、范围和程度都有了日新月异的变化，社会主义核心价值观网络平台成了重要的网上思想政治教育阵地。社会主义核心价值观教育网站以马列主义、毛泽东思想、邓小平理论、“三个代表”思想和科学发展观为指导，以积极发展、充分运用、加强管理、趋利避害为工作方针，大力传播和弘扬科学理论、先进文化及健康信息，不断健全和完善“教书育人、管理育人、服务育人”体系。

2. 缺乏能够发挥引导功能的管理人员

在网络平台发展初期，网站设置的栏目少，基本以信息资源展示为主，信息发布成为主要功能，因此，大多数高校并未配置专门的工作人员，一般由党委宣传部、团委的教师开展相关的工作。但是，随着信息技术的不断进步，社会主义核心价值观教育网络平台建设、管理和维护对管理人员的理论水平、知识技能提出了更高的要求，无论是管理人员数量还是素质都亟待提高。

（三）加强网络建设，充分发挥网络社会主义核心价值观教育的作用

1.遵循主流文化发展大方向

核心价值观网络教育基地在建设中必须以社会主义核心价值观理论为基础。社会主义核心价值观体现了社会主义的本质特征，代表了国家发展和社会进步的价值取向，具有一定的政治性和严肃性。因此，网络建设必须要契合核心价值观的思想，遵循主流文化发展大方向，大力弘扬主流文化。具体来说，一是掌握好资料来源，对搜集的资源进行严格审核，将不符合核心价值观的内容予以坚决抵制；二是要掌握好舆论，营造核心价值观教育的浓烈的氛围，使其对学生发挥潜移默化的影响，使学生在思想上接受核心价值观并且逐渐内化为自我价值取向。

2.提高以社会主义核心价值观建设为内容的红色网站的吸引力

为适应社会主义核心价值观教育的新形势，网络平台建设首先要在内容和形式上下功夫，使社会主义核心价值观教育网站的内容更贴近实际、贴近生活、贴近学生，提高教育工作的吸引力和感染力，满足成长成才的实际需求，服务全面发展。转变思想政治教育网站的建设思路，将学校深厚的校园文化与历史底蕴作为建设背景，并赋予响亮而富有内涵的主题，从社会主义核心价值观教育网络平台建设的内容、方式、途径等方面，提升网站的吸引力，充分发挥主题网站和特色网站教育学生、引导学生、服务学生

和发展学生的功能。核心价值观教育网站建设要做到:第一,要充分认识网络平台在社会主义核心价值观教育中的作用,明确教育目标。第二,网络平台的教育内容要在马克思主义指导下,充分反映中国特色社会主义理论成果,结合高校实际,体现时代精神和创新精神,弘扬社会主义荣辱观。第三,应恰当选择网络平台的教育方式,并使其具有针对性、多样性和灵活性,网络平台要设置范围更广、涉猎更深的栏目,符合学生需要,能够解疑释惑。

3.发挥社会主义核心价值观的大众化传媒作用

社会主义核心价值观教育,要充分利用网络平台互动交流的隐蔽性、深入性等特点,开展教育工作。高校要切实加强领导、加大投入、加强监督,确保网站正常运转,建立专家定期做客网络的制度,能够和学生进行互动,引导人们践行价值体系,建立基于短信、QQ、博客、微博、BBS和人人网等的互动交流平台。

4.发挥网络平台中“红色网管”的监督作用

基层网络管理员是社会主义核心价值观教育网络平台建设的引导者,起着重要的作用。网络平台要纳入社会主义核心价值观教育的整体规划,要投入专项经费,形成网络平台管理团队,立足于大众发展,建立网络教育实践基地。要发挥网络管理员对社会主义核心价值观内容上的把握,在进行网络建设与管理信息系统建设时,注意社会主义核心价值观教育的内容的网络安全、保密管理工作,预防并制止本单位人员利用网络从事不良活动的行为,发现问题及时报告网络中心;要特别注意网络建设的人才队伍建设,努力形成一支专兼结合、高效精干的网站建设队伍;要建立健全和不断完善运作机制和管理办法,制定定期考核、定期维护、定期评比、定期表彰的“四定机制”,加强制度化、规范化运作和管理。

第二节 学习雷锋精神推动社会主义核心价值观的培育和践行

雷锋,是一个人的名字,也是一种精神的象征。这种精神生动地体现出了社会主义核心价值观,体现出了一个共产党员对共产主义的坚定信仰。在培育和践行社会主义核心价值观的过程中,这种精神的发扬具有极大的激励作用。

一、雷锋精神的时代特征

雷锋精神的实质是全心全意为人民服务,为了人民的事业进行无私的奉献,雷锋是和平时代的英雄,雷锋精神具有鲜明的时代特点。

第一,雷锋精神在内在上具有先进性。这主要体现在雷锋对崇高理想的追求。这充分体现出共产主义的三观,对社会主义精神文明建设规律有一个深刻的揭示,雷锋精神体现了人们对于自由全面发展的追求和向往,符合历史发展的规律和要求。正是由于这些特点,使得雷锋精神具有超越时代的先进性。

第二,雷锋精神具有浓厚的民族性。这主要是在雷锋身上深刻地表现出中华民族具有的传统美德,雷锋在哪里,爱心就在哪里,温暖就在哪里,雷锋精神成了中华传统美德如助人为乐、爱岗敬业、无私奉献的代名词,雷锋精神已经构成了中华民族精神中不可或缺的重要组成部分。

第三,雷锋精神具有广泛的群众性。雷锋立足于生活中平凡的生活,从自我做起,全心全意为人民服务。这就使得雷锋精神能得到广大群众的认同,增强了群众向雷锋学习的可能性以及可行性。

第四,雷锋精神具有强烈的实践性。这主要体现在雷锋的言行一致上。雷锋是一个实干家,没有所谓懂得了很多道理依然过不好这一生的迷茫,他将共产主义道德体现在生活的各个方面,实现了平凡与伟大的融合。

二、雷锋精神的时代价值

（一）雷锋精神为保持党的先进性纯洁性提供精神动力

马克思主义政党只有保持先进性和纯洁性，才能保证其生命力和力量来源。共产党的先进性和纯洁性要求党要始终坚持共产主义理想和全心全意为人民服务的宗旨。虽然雷锋的一生比较短暂，但他以实际行动践行着党全心全意为人民服务的宗旨，是党的先进性的杰出代表。

（二）雷锋精神为市场经济健康发展提供道德支持

在当前社会主义市场经济条件下，人们的价值在不同程度上受到市场经济的影响而产生了利己主义、拜金主义等。学习雷锋精神有利于强化人们的服务意义、群体意识等，在一定程度上可以帮助消除市场经济带来的负面影响，有利于我国社会主义市场经济的健康发展。

（三）雷锋精神为人类文明进步提供思想资源

雷锋精神是中华民族传统美德在当代社会的重要表现，符合社会发展的潮流和趋势，具有引人向善的指引功能，对于构建和谐社会有重要的推动作用。学习雷锋精神，可以让人变得更温暖更有道德，有利于缓和人际冲突和矛盾。雷锋以短暂的一生谱写一首动人的诗篇，他为人们树起了一座思想道德上的丰碑，鼓励着人们向善，对社会有广泛而深远的影响，为人类的进步提供了重要的思想资源。

三、充分发扬和学习雷锋精神，践行社会主义核心价值观

（一）提升雷锋精神与社会主义的契合度

雷锋是共产主义、马克思主义的真诚信仰者和坚定践行者。

社会主义核心价值观同样以马克思主义为指导，两者都体现了马克思主义的立场，在本质上，雷锋精神和社会主义核心价值观是内在相通的。雷锋精神体现了社会主义核心价值观，在当代具有强大的生命力。

雷锋精神主要包含五个方面，一是忠于党、热爱社会主义的坚定信念；二是服务人民、助人为乐的奉献精神；三是忠于职守、精益求精的敬业精神；四是锐意进取、自强不息的创新精神；五是艰苦奋斗、勤俭节约的创业精神。从这五个方面可以看出，雷锋精神和社会主义核心价值观的价值取向是高度一致的，两者具有内在的契合性。

（二）注重雷锋精神对践行社会主义核心价值观的载体价值

雷锋对党的无限忠诚、对祖国的真挚热爱、对人民群众的深厚感情都是核心价值观的体现。雷锋也用自己的生命诠释了“为共产主义而奋斗”的人生誓言。他的思想、行为和人生轨迹所体现出来的高尚道德追求和精神境界与社会主义核心价值观是一脉相承的。把“向雷锋同志学习”的正能量在社会上传播开来就是在践行社会主义核心价值观，把“学雷锋活动”常态化，使人们认识一个鲜活而真实的雷锋就是在培育社会主义核心价值观。历经半个多世纪而不衰的雷锋精神为培育和践行社会主义核心价值观提供了一个有效的载体。

（三）雷锋精神为培育和践行社会主义核心价值观提供切入点与抓手

1. 研究创新雷锋精神，扩大推广

雷锋精神是社会主义核心价值观的人格化和具体化的载体，它通过一个“平凡人”对待学习、工作和生活的态度，充分展示一个高尚的公民如何做人做事，怎样对待他人、社会和自己，使抽象的价值观变得具体生动、真实可信。在全民努力践行和培育社会主义核心价值观的今天，根据当今时代的社会特征和人们需求，把弘扬雷锋精神与践行社会主义核心价值观有机地结合起来，深入研究雷锋精神的时代内涵、价值目标，把雷锋精神中的传统文化元素和社会主义红色元素结合起来，并将这一宝贵精神财富传承下去，用以引领社会思潮，增强人们的民族自信心和社会主义的自豪感。

2. 宣传社会各界“雷锋式”的先进模范人物事迹，扩大影响

开展形式多样的学雷锋、树典型活动，通过发挥党员示范的带动力、岗位示范的辐射力和典型示范的感召力强化人们的道德责任和道德情感。树模范的同时，也要注意发挥社会公众人物的示范作用。比如在网络上许多意见领袖和大V们的影响力极其重要，要努力使更多的公众人物成为雷锋精神和社会主义核心价值观的宣扬者、践行者和推广者。比如2014年10月15日由习近平主席主持的北京文艺座谈会就邀请了周小平、花千芳①两位在网络上传播正能量的网络作家参与。习主席亲切勉励两位作家：“希望你们创作更多具有正能量的作品”。

3. 强化制度保障

建章立制是保证学雷锋活动广泛深入和持久有效的有力保证。建立学雷锋活动长效关怀机制，而不是“雷锋叔叔3月5号后就走了”。完善对善行义举的保护激励机制，不要使“英雄流血又流泪”。强化政策制度的激励与约束作用，使先进人物和道德模范的生活有保障、有依靠、有尊严，让体现社会主义核心价值观要求的行为得到全社会的认同、鼓励和支持。

---

① 花千芳曾在文章中写道：“我是光荣的中国自干五——没有任何形式的补贴，甚至还要自己搭钱，也自愿维护祖国和人民的利益……人是要有信仰的。我也有信仰。我的信仰就是我们的祖国，就是有一个率领13亿中国人坚定向前的执政党。我庆幸，我生在这伟大的时代，可以亲眼目睹祖国登上巅峰的每一个脚印！我祝愿中国，愿我有生之年，得见您君临天下！如果可以，我愿下辈子还做一个中国人！”

第三节 立足传统文化推动社会主义核心价值观的培育和践行

社会主义核心价值观作为一种社会意识形态，来源于诸多方面，其中，中国传统文化是社会主义核心价值观建构中不可或缺的思想源泉。中国优秀传统文化凝聚着中华民族自强不息的精神追求和历久弥新的精神财富，是发展社会主义先进文化的深厚基础，是建设中华民族共有精神家园的重要支撑。

一、传统文化与传统精神

(一)传统文化

中华传统文化是中华民族在古老的华夏大地上所创造出来的具有恒久生命力的文化。中华传统文化历史悠久，内涵博大精深，是中华民族几千年文明的结晶，包括充满智慧的哲学宗教、完备深刻的道德伦理、独具特色的语言文字、异彩纷呈的文学艺术、经世致用的传统史学，等等。中华民族生息的地理环境十分独特，正是这独特的中华大地，孕育了悠久的历史和灿烂的文化。

1. 中国传统文化是建立在农业基础上的农业文化

我国国土大部分处于中纬度，尤其是东半部，气候、土壤、水利等适宜农业生产，因此，自古以来，古代人就把“农”视为最基本最重要的“本业”。农业生产与大自然息息相关，对于“天”怀有特别亲切而敬畏的感情，与此相关的哲学、宗教观念由此而生；农业生产周期长，必须有稳定的政治环境，河流、灌溉等还需要政府的组织与协调，在政治上希望统一，反对分裂；重视伦常、安土重迁、自给自足、勤劳节俭等观念的形成也都与此有关。

2.中华传统文化具有独立发展的格局

中国四周都有天然限隔,东和东南临海洋,西和西南有高山、沙漠,北部荒寒,在很长的历史时间里,由于交通不便,与世界上其他文明缺乏接触,中华文化基本上是独立发展的。中国古代文明发展既早,水平又高,从夏、商、周、秦、汉,到隋、唐、两宋,长期处于周边国家的中心地位,并给予朝鲜半岛、日本列岛、印度支那半岛和东南亚各地以巨大影响,形成了东亚文化圈。北方游牧民族虽然常形成较强的军事实力,但毕竟低于并认同中华文化,即使入主中原,最终也总是被中华文化所同化。

3.中华传统文化在统一基础上的多样性

中国文化的主流形态无疑是中原文化——农业文化,但由于地域不同、民族不同、物质生活条件各异,也存在多样性,如高原区的牧畜文化,林区的狩猎文化,沿海及水乡的渔业文化,城市及交通要道的商业文化等。它们既相对独立,又与农业文化形成相互交融、相互渗透和相互补充的关系。统一性和多样性并存,使中华文化多彩多姿。即使同是中原文化,不同地区也往往各具特色,如齐鲁、荆楚、燕赵、三晋等。

(二)传统精神

1.和为贵

古代社会的“和”,在表面意义上是指世间万事万物虽特点各异,但能始终保持一种平静相融的状态。将其引申到人世间,就成为协调人际关系、民族关系、国家关系的价值取向,要求世人像世间万事万物一样,虽有诸多不同和分歧,但应该以道法自然的理念,保持友好相处、不争不斗的和谐状态。

从内涵上看,“和”包含三个方面:一是人与自然的“和”。主张天人合一,强调要以崇尚自然效法天地衡量人的行为,如《老子》中“人法地，地法天，天法道，道法自然。”《中庸》中“致中和，天地位焉，万物育焉”，讲的也是天人合一，强调人与自然万事万物间的和谐。二是人与人的“和”。是指社会中人与人相处要以“和”为贵。孟子说：“天时不如地利，地利不如人和”便强调了“人和”的首要地位和重要性。三是不同民族、国家之间的“和”。是指不同国家、不同民族虽然在政治、经济、文化等方面有许多不同，但也应该做到以和为贵，所谓“四海之内皆兄弟”，这样既有利于国家稳定，也有利于人们生活幸福。

从历史上看，汉族政权与少数民族政权纷争始终存在，而采取“以和为贵”理念来消解双方矛盾一直是汉族政权的主流策略。总的说来，在中国古代社会治国理念中，“以和为贵”是国家处理民族关系的核心策略，有力地保障了封建政权的稳定，对于现实国家关系、民族关系的处理有借鉴意义。

2.施仁政

“仁政”是儒家思想的内核，也是对国家统治理念的价值规定。在含义方面，“仁”意指爱人，是儒家伦理道德的最高价值标准，将其与“政”相连，即为爱人的政治，也就是德治。

“仁政”思想的倡导者是孟子，他提出：“人皆有不忍人之心者，今人乍见孺子将人于井，皆有怵惕恻隐之心。”[1]即认为人都有不忍人之心，将其用于政治方面，就是不忍人之政，即仁政，也可称为“王政”或“王道”。

在人治倾向的专制社会中，国家权力由君王独揽，制度约束弱性明显，统治理念与君王自身修养显得特别重要。儒家倡导“仁政”的初衷，也是要从君王个体修养方面予以打造，强调君王之道在于仁，在于德，作为国家君王，应该近君子、远小人，要仁慈爱民、以德治国，而不是专制无道、残害百姓。在古代社会，“仁政”治国为许多君王所推崇。历史充分证明，实施“仁政”，会带来

① 孟子·公孙丑上

国家繁荣、百姓安居;实施“暴政”,其结局是国家衰亡、民不聊生。

3.民为本

民为本就是以民为本,以社会百姓的生息富足作为国家统治的根基,这是中国传统价值观中重要的思想资源。古代社会是专制剥削的社会,但在传统价值观的理念中,特别强调百姓对于国家统治的重要性,倡导要“爱民”“恤民”“与民生息”。

民本思想发端于商周时代,当时统治者就提出了“敬德保民”的统治思想,所谓的“民惟邦本,本固邦宁”,就是对这一时期民本理念的最好写照。儒家思想代表人物孟子特别强调百姓在国家中的至高地位,提出“民为贵,社稷次之,君为轻”,认为在重要性方面,老百姓应该是最重要的,其次是国家,最后才是君王。在中国历史上,西汉初年的“休养生息”、唐代的“贞观之治”都体现了统治者重民爱民的民本理念,在调和社会矛盾、稳定社会秩序和促进社会发展等方面都具有积极意义。

4.爱国如家

在漫长的古代社会中,爱国如家是中华民族忠贞不渝的优良传统,也是传统精神中的重要价值理念。历史上,既有屈原汨罗江自尽的可歌可泣的爱国故事,也有岳飞“以身许国,何事不敢为”、范仲淹“先天下之忧而忧,后天下之乐而乐”、文天祥“人生自古谁无死,留取丹心照汗青”、顾炎武“天下兴亡,匹夫有责”的爱国壮语。

在古代社会的价值理念中,爱国与爱家紧密相连。在宗法制度与家国同构作用下,社会个体不仅家庭和家族观念浓厚,同时国家作为大家更是尊敬和维护的对象。所谓“天下之本在国,国之本在家,家之本在身”[①],深刻阐释了天下、国家、家庭、个人密不可分的道理。《忠经》中还说:“忠者,中也,致公无私。”认为忠就

① 孟子·离娄上

是“致公无私”，即在个人利益、家族利益和国家利益面前，要以国家利益至上，做到大公无私，如此才会真正实现修身、齐家、治国、平天下。

总之，爱国如家是中华民族优良传统中的一大亮点。虽然传统社会的爱国如家思想是专制社会背景下的产物，不可避免会有封建社会的烙印，如爱国与忠君往往被画上等号。但爱国作为一种社会伦理，一种国家责任，有着毋庸置疑的借鉴意义，不管是过去、当下还是未来，爱国的价值光芒不会褪色。

5. 义大于利

“义”，原意为“宜”，即行为应适合于“礼”，是评判人们思想和行为的道德原则；而“利”则是指物质层面的获得。义与利关系在古代社会一直为思想家们所争论，但在以儒家思想为主导的专制社会中，儒家学说的重义轻利观成为传统价值观中的重要组成部分。

在儒家思想中，一是倡导“义”是君子最重要的品质，孔子说：“君子义以为质，礼以行之，逊以出之，信以成之。”①二是在“义”与“利”的关系上，认为“义”大于“利”，并将其作为区别君子和小人的标准，“君子喻于义，小人喻于利”②，认为君子与小人的区别就是君子重义而小人重利。三是强调追求“利”不能走歪门邪道，而应该通过正常渠道来实现，“富与贵，是人之所欲也，不以道得之，不处也。贫与贱，是人之所恶也，不以道得之，不去也”③。四是认为“义”与“仁”密切相连，仁是做人的根本，而义则是实现仁的途径，“仁，人心也；义，人路也”④。

从对后世的影响看，这种“义大于利”的观念对于提升社会人们的道德情操有较大的激励作用。但如果过度强调“义大于利”，

---

① 论语·卫灵公
② 论语·里仁
③ 论语·里仁
④ 孟子·告子上

忽视人们对物质利益的正当追求，在当今特别是市场经济背景下，就显得有些不合时宜。

6. 厚德载物

与自强不息不同，厚德载物则是我国自古以来对做人做事的德性要求。厚德载物意指做人做事都需要有高尚的品德，需要有海纳百川的包容之心。作为传统精神的重要内容，厚德载物一直以来都是中华民族的优秀传统之一。

厚德载物思想在我国先秦时期就已经出现。《周易》有云："地势坤，君子以厚德载物。"说的是君子应该像大地一样，有宽广的胸怀和高尚的品德，要以厚德来对待他人，无论是聪明还是愚笨，都应该多包容、多容忍。道家思想代表人物老子将品德与水相比较，提出"上善若水，水利万物而不争"，认为水有着至高的品性，恩泽万物而从不张扬和争名夺利，故做人应该要有水一样的品德，要不吝啬任何一滴水去帮助人；同时，被帮助的人也应该饮水思源，时刻想到回报社会。

与自强不息精神一样，厚德载物自古以来就成为鞭策人们修炼美德的重要规范。历史发展到今天，中华民族厚德载物的优秀传统并没有丝毫褪色，必将在构建社会主义和谐社会和实现中华民族伟大复兴梦的进程中发挥更积极的作用。

7. 忠恕之心

"忠恕之心"是中国传统价值观中对社会个体在待人接物方面的价值要求。"忠"与"恕"是同一问题的两方面，"忠"为中人之心，即尽力为人谋；而"恕"为如人之心，推己及人，即自己不想做的事，不强加给别人。两者总起来就是要求以对待自己的态度来对待别人。

"忠恕之心"的提出最早来自孔子，他认为这是达至"仁爱"的基本途径。孔子说:“其恕乎。己所不欲,勿施于人。”[①]他认为恕就是人应该做到将心比心,自己不想做的,千万别强加给别人。“忠”与“恕”两者相互补充、相互规定,“忠恕之心”的价值观念,不仅为古代社会人与人之间如何相处提供了规范要求,而且也为后世社会人与人之间的和谐相处提供了重要启示。在现今全球化时代,这种忠恕观在处理个体纠纷、组织纠纷、民族纠纷以及国际纠纷等方面都有积极作用。

8. 自强不息

自强不息是我国古代激发中华儿女奋勇向上、奋斗不止的优秀传统,是传统精神的重要组成部分。其含义是无论社会个体、民族还是国家,必须通过自身努力让自己变得强大,才不会受到外来欺辱;同时需要有自强不息的奋斗精神,不断地给自己压力与动力,使自己一直处于自我强大的过程之中。

自强不息的价值精神在我国古代很早就已经出现。《周易》中有云,“天行健,君子以自强不息”,说的就是哪怕再困难,都必须有自强不息的精神。对于社会个体而言,就是要通过自身的不懈努力,来改变自己的命运和生活;对于国家而言,就必须千方百计使国家变得强大,为百姓谋幸福,才会带来永久的太平与稳定。

几千年的中国文明历程,自强不息作为一种上进精神一直激励着中华民族勇于奋斗和拼搏。孟子更是将自强不息精神与人的生死紧密联系,提出“生于忧患而死于安乐”,认为不论是个人还是国家,只有时刻怀有忧虑感和危机感,不断地去拼搏,才会更好地生存与发展;否则,一味贪图享受和满足现状,则会使人很快死亡,国家很快走向灭亡。时至今日,中华民族伟大复兴梦的实现,更需要祖国各族儿女发扬自强不息的精神,去拼搏,去努力。

9. 尚荣知耻

尚荣知耻是我国古代社会判断社会和个体行为是非曲直的

① 论语·卫灵公

价值要素，强调人们在做任何事情的时候，都应该有光荣和耻辱的“尺子”，什么事该做，什么事不该做，都要由此来给予裁定。

“尚荣知耻”的提出来自儒家。孟子从人性本善的立场出发，把人的荣辱观作为判断人之为人的价值标准，他说：“人不可以无耻。无耻之耻，无耻矣。”[①]他认为知耻对于任何人来说都是大事，不知道羞恶和耻辱的人，才是最大的无耻。另外，在孔子看来，人不能过分追求物质利益，过分注重衣食的人，不值得与之志同道合。“道之以政，齐之以刑，民免而无耻；道之以德，齐之以礼，有耻且格。”[②]《论语·里仁》中也说：“士志于道，而耻恶衣恶食者，为与议也。”这些都特别强调人不能过分贪图物质的享受。

“尚荣知耻”，对于提升人们的文明修养有极大促进作用。人是高级的社会动物，人的行为对于社会和国家的影响无处不在，尚荣知耻价值观的倡导，将在净化社会风气、引领文明新风尚等方面发挥积极作用。

10. 诚实守信

诚实守信是我国古代社会维系人与人之间良好关系的纽带，也是传统精神中重要的价值理念。在内涵方面，诚实和守信分属于不同的层次，“诚实”是指真诚不伪、诚信不欺、真实不妄、精诚不懈，指的是天人合一的关系，是一种高的道德境界。“守信”是指人与人之间要做到诚实无欺、说话算数、严守信用、兑现诺言。此外，诚实和守信两者又相互依存。

诚实守信价值理念在我国春秋战国时期就较为普及。《吕氏春秋·贵信》中有云：“天地之大，四时之化，而犹不能以不信成物，又况乎人事？”就是说，诚信既然是天地之道，具有无上的神圣性和普遍性，天地四时都不能违背，那么，它也应当成为人们行事的基本原则和规范。孟子也说，诚信是健康人格的体现，只有做到以诚待人、言而有信，才会赢得别人的尊重和认可。“诚者，天

① 孟子·尽心上
② 论语·为政

之道；思诚者，人之道。”[①]

古代社会对诚实守信价值理念的倡导，对传统时代政治统治的稳定、社会秩序的维系等方面发挥了重要作用，并对我国社会主义和谐社会的构建有极大的启示意义。

二、传统文化与社会价值观的价值契合

中华传统文化散发着独特的时代价值，它与社会主义核心价值观有着价值观念上的契合之处，即它为社会主义核心价值观的建设提供来自传统的价值力量。

（一）中华传统文化为人们精神慰藉

一个民族如果没有共同的价值期待和精神归依的处所，它的人民就会陷于精神流浪的窘境。它或者被其他民族所同化，或者很快就淹没在历史的长河中，变成一堆瓦砾、一片荒冢。民族文化正像人的家园一样，是生于斯、长于斯的人共同的守护，为他们提供安宁、温暖和慰藉。

精神文明建设最主要的任务就是为社会公民营造一个可以信赖的精神家园，在其中，人们可以相互托付。中华传统文化非常重视这个精神的守护，它有着所有人都可以追求的精神境界和道德理想。同时，精神文明建设的本意中就有要求，要“继承发扬优良传统而又充分体现时代精神、立足本国而又面向世界的精神文明建设。”中华文化血脉中那种高远、精妙的精神内容，那种从理性自觉做起而达至人生最高处的精神追求，都是我们建设精神家园的丰富滋养。

（二）中华传统文化有助于推动软实力建设

文化软实力，是一个国家综合国力的重要内容。国家的富强、民族的兴盛，不是仅仅在经济数字上占优势，最为重要的是，

① 孟子·离娄上

这个国家和民族的基本文化素养是否符合现代文明的要求,是否具有独特的文化优势。优秀传统文化的继承和弘扬是建设社会主义先进文化的一项重要任务。中华传统文化是推进先进文化建设所依靠的最丰富的思想宝库。在人类文明发展史上,它的伦理精神、思想方法、社会制度和生活方式都曾有深远的影响。现在,仍然有很大一部分人从这个思想宝库中撷取智慧,创造出先进的文化成果。

(三)中华传统文化引领社会风尚,拯救价值迷失

传统的真、善、美的理想追求对公民品格的启发有着独特的优势。中华传统文化的价值引导是深入日常生活领域的,从生命价值教育、信仰信念教育到道德品格教育都体现出深厚的影响力。儒家“重义轻利”的价值取向也可以发挥它的特殊作用。当今,功利主义、过度的竞争意识导致一些人对民族之义、国家之义、社会集体的整体利益的漠视。干部队伍中某些人腐化堕落,社会上“黄、赌、毒”现象沉渣泛起,这些都危害社会公共生活,并且其危害大有扩散之势。普通民众在经济发展中有了一定的福利,积累了一定的财富。对于大多数家庭来说,温饱已经不是问题,关键是提升消费层次、提高生活品位,他们还没有形成有益的财富观、成功观。因此,传统适度消费的观念仍然具有警示作用,对消费主义、享乐主义的流行有遏制作用。传统价值理想中要人谨记人生不朽的三大标准,即“立德、立功、立言”,它不是要人贪图蝇头小利、个人之私,而要有关乎生死、永恒的大我精神。针对时弊,传统文化的理性价值是值得人们认真借鉴的。

(四)中华传统文化为社会主义核心价值观提供道义支持

所谓道义支持,就是要对社会秩序和制度的普遍原则和核心价值进行规范研究、理论论证与合法性论证,对这些规则的可行性和效力进行证明。社会主义核心价值观不仅为中国道路和中国力量指明了社会主义的方向,它要成为中国特色的社会主义实

践，那就必须从中国的具体实践场域中汲取独具特点的道义支持和有效论证。

中华传统文化正是论证社会主义核心价值观得以成立和走向完善的民族给养。只有这样，我们所倡导的核心价值观才会获得认同、形成社会普遍价值，进而社会主义核心价值观念成为这个时代的普遍精神代表，成为维护社会秩序、实现社会和谐，给人们以自由和希望的基础和根据。

三、传统文化的现代传承

在时代背景下，在我国大力倡导社会主义核心价值观之际，以一种“扬弃”和“创生”的精神理念对传统价值观进行现代传承与升华，显得极为必要。在传承与升华的思路上，既要以辩证的思维一分为二，取其精华去其糟粕；同时要以发展的眼光，结合现代社会平等、民主、法治等特质，对传统文明精神进行重新阐释，从而发展出与现代社会相契合的新的价值观。

（一）以理性思维剔除传统价值观中的糟粕

传统精神和价值观形成于传统社会，是当时的政治、经济、社会文化条件下的产物。政治方面，属于典型的专制体制，普天之下莫非王土，君王独揽政治、行政、司法大权，而广大社会百姓毫无任何政治权利可言；经济方面，生产力水平低下，以自给自足的小农经济为主；社会文化方面，专制统治服务倾向明显，以注重社会等级秩序的儒家思想为主导。价值观是一定时空情境下的产物，此种背景下所生成的传统价值观，不可避免会带有诸多与封建专制社会相契合的价值观趋向，然而，随着人类社会的演进，社会性质、结构发生很大的变化，传统价值观中的一些与封建专制统治相契合的价值观元素变得越来越不合时宜，必然会有阻碍新社会前进步伐的境况发生。

新中国建立以来，我国在政治体制方面彻底改变了传统的专制统治，取而代之的是人民当家做主的民主政治。客观上，传统价值观并不会因为传统专制时代结束而顷刻消失，仍然会以各种不同形式存在于社会各个层面。同时，存留下来的传统价值观也并不会带有任何选择性，不管是合时宜的还是不合时宜的，都会一概存在于社会之中。为此，客观上一概不分的缺陷需要依靠主观的自觉来予以弥补，即对于传统价值观，不能不分是非、全盘吸收，而应该结合我国现时代的社会特质，以一种理性的科学的态度，明辨传统价值观中那些与现时代格格不入或对社会发展起阻碍作用的糟粕，如封建裙带关系、等级观念、安天命与去人欲等都是与现实民主时代相背离的价值观，需要坚决予以剔除。

（二）以积极理念汲取传统价值观中的精华

从文化角度而言，传统精神和价值观是我国传统时代所遗留的宝贵精神财富。历史上，传统价值观在稳定国家政治统治和维持良好社会秩序方面功不可没。在我国大力倡导社会主义核心价值观的今天，绝不能以全盘否定的思维来对待传统精神和价值观，而要以一种积极向上和宽容谨慎的态度，去发掘传统价值观中的精华资源，以此为社会主义核心价值观建设注入正能量。

首先，要延续传统价值观中的精神命脉。价值观属于文化范畴，有着传承性的典型特征。就社会主义核心价值观而言，其中的爱国、诚信、和谐等价值倡导都是延续了传统价值观的精髓，代表着中华民族的精神命脉。从趋势上看，这种民族的精神命脉不会随着时代的变化而消退，而会焕发出强大的生命力，永远铸造着一代一代中华儿女的精神理念。如习近平所言："牢固的核心价值观，都有其固有的根本。抛弃传统、丢掉根本，就等于割断了自己的精神命脉。博大精深的中华优秀传统文化是我们在世界文化激荡中站稳脚跟的根基。"切不可以有色眼镜看待传统价值观，而应该以正视的眼光，去继承和延续其中的精髓，为社会主义核心价值观夯实根基。如古人所倡导的"先天下之忧而忧，后天下之乐而乐""人生自古谁无死，留取丹心照汗青"等都是值得提倡的思想精华，对于社会主义核心价值观仍有极大的现实意义。

其次，要深挖传统价值观中的优秀传统。传统价值观是中国传统文化中的重要内容，代表着中华儿女在古代社会历程中的价值理念，也是中华儿女生活态度和生活方式的典型写照，体现着中华民族的民族特性和优秀传统。传统价值观中包含的中华优秀传统是一笔永不褪色的宝贵财富，对于社会主义核心价值观仍有积极意义。按照古为今用的原则，深挖传统价值观中的优秀传统极为必要。要依照历史唯物主义的原则，从中国历史发展进程中去探索。

（三）以现代视域创新传统价值观

以上对传统价值观的辩证分析，阐释了取其精华、弃其糟粕的道理。此外，价值观又是反映客观世界的一种主观化、系统化的理论体系，既有体现特定时空情境的特殊性，又有体现人类社会发展规律的一般性。就此而言，价值观并不是一成不变的，而是具有伴随社会形势变化而不断发展和完善的品质，这成为延续价值观生命力的重要法宝。在社会性质由传统社会过渡到现代社会之后，传统价值观所依赖和服务的社会背景一去不复返。由此，面临现代社会的到来，如何以一种现代性的思维对传统价值观给予新的时代阐释，是发展传统价值观和维系传统价值观生命力的关键所在。

以现代视域去阐释和发展传统价值观，需要将平等、自由、民主、法治、竞争等现代性资源植入传统价值观之中，通过与传统价值观资源的冲突与融合，最终发展成与现代相契合的新的价值观。习近平强调："要继承和弘扬我国人民在长期实践中培育和形成的传统美德，坚持马克思主义道德观、坚持社会主义道德观，在去粗取精、去伪存真的基础上，坚持古为今用、推陈出新，努力实现中华传统美德的创造性转化、创新性发展。"应该说，被现代性思维所转化的传统价值观，在性质上已不属于传统价值观，而更倾向于现代性。如"以和为贵"的价值理念，无论人类社会在何种发展阶段，都不会抛弃这一维系社会良好秩序的价值趋向。然而,在传统价值观理念中,无论是人际关系的“和”还是民族关系的“和”,都是强调一种静态层面的不偏不倚、故步自封、不为天下先的“和”;进入现代社会,特别是全球化和市场经济快速发展的今天,这种机械的静态的“和”的理念已经过时,现时代倡导的“和”,更需要在竞争与发展基础上的动态的“和”。换句话说,只有自我不断发展与强大,才会有“和”的可能和希望,否则就会沦落到“落后就会挨打”的境地。再比如“民本”理念倡导要爱戴百姓,要为百姓谋幸福。但传统价值观中的“民本”理念,是将百姓置于毫无政治权利的被动服从境地,广大百姓是“子民”“臣民”,封建官僚则是“父母官”;而在现代民主政治体制下,人民是权力的主人,享有宪法规定的政治、经济、文化、社会等诸多权利,国家官员是公仆,在“民本”的实现途径上广大人民不是被动地接受,而是积极主动地参与其中。

第四节　借鉴国外经验推动社会主义核心价值观的培育和践行

西方资本主义国家在核心价值观的培育问题上历来主题鲜明,一以贯之,不遗余力,具有明确的倾向性和导向性,积累了丰富的经验,对我们推进社会主义核心价值观的培育有着一定的借鉴价值和启示作用。在此以美国为例进行研究。由世界上不同民族、不同种族的人组成的美国,却具有很强的民族凝聚力和国家认同感。其中一个重要原因是它非常重视核心价值观建设,并综合运用各种手段,将核心价值观成功渗透到政治、经济、文化等社会生活的各个方面。

一、以政府为主导加强社会核心价值观

教育是兴国之本。美国政府注重在教育中充分植入核心价值观内容,这也是其核心价值观建设取得成效的关键一环。

美国独立后，托马斯·杰斐逊于1778年提出《关于进一步普及知识的法案》。他认为，发展教育能够帮助公民意识到自己的责任，这对于建立国家的正常秩序非常必要。美国的公立学校免费或低费用地向所有适龄儿童开放，向他们灌输共同的文化知识和普遍的行为规范。1937年，在《对学生特征的看法》的报告中，美国的教育委员会明确指出：教育机构的指导思想是，教育机构有责任考虑学生作为一个完整的人，包括学生的智力和成就、感情组成、身体状况、社会关系、职业态度和技能、道德和宗教价值观、经济能力、美学欣赏。也就是说，教育机构应使学生作为一个人去进行全面的发展而不只是对学生进行智力知识方面的训练。美国政府对于通过教育加强核心价值观建设提供的政策支持主要体现在以下几个方面。

（一）双语教育

在“二战”后，美国教育委员会提出了教育要面向民主、面向国际、面向解决社会问题。在1968年，美国国会通过了《双语教育法》，其教育的核心是使不会说英语的学生能“享受到平等教育权利”。《双语教育法》以及后来对该法案的相关司法解释明确表明：“学校不能对于不说英语的学生像说英语的学生一样对待，必须采取一些措施弥补他们学习上的缺陷。”这里的“一些措施”指的是给孩子提供其母语和原有文化的教学。但是，《双语教育法》的初衷并不是让少数族裔的学生只学习自己的母语，而是使少数民族的孩子尽快掌握英语，为尽早融入美国社会做充分的准备。而且，近年来，少数民族语言的发展已触及主流社会的底线，美国的主流社会开始对语言问题有了高度的警惕，部分人主张“唯英语教育”(English Only Education)和“英语官方化运动”(English Officialization)，他们反对进行双语教育。布什总统在2001年签署了《不让一个孩子落后法案》(No Child Left Behind Act)，其中规定，所有小学生和中学生都必须定期参加英语、数学和科学学科考试，并逐渐达到“精通”水平，少数族裔学生移居美国达5年者也必须全部用英语参加考试。[①] 这种以“考试是教学的目的”为宗旨的“一视同仁”的做法让少数族裔学生不得不将有限的时间也用于学习英语，这在实际上使得学生运用母语的能力不断被弱化，从而进一步巩固了英语的支配地位。

（二）品格教育

约翰·昆西·亚当斯任总统时认为，宗教、道德和知识对于政府来说是必需的，它们能为人类的福利服务。品格教育在20世纪八九十年代兴起热潮，超过30个州得到了教育部品格教育的国家认可资格，16个州通过了品格教育相关的法律条文，教育部还为12个州进行相关的专项拨款。1995年，印第安纳州众议院通过了一项有关培养合格公民的教育法令，并规定了作为印第安纳州公民应该具有的13种品质。在目前，在人的全面发展思想的指导下，德育类的课程普遍开来，其中显性课程和隐性课程相结合，从多方面起到核心价值观教育的作用。

（三）历史教育

美国政府还特别重视美国历史教育。20世纪90年代初，由于在历史教学方面美国地方分权式教育管理体制使得其有较大差异，削弱了学生同为“美国公民”的身份认同。与此同时，冷战后美国面临国家认同危机和共同文化价值观的缺失等主要问题，这就需要通过历史教育来重铸美国精神。同时，由于历史教育存在的滞后性和无序性以及美国中小学教育整体质量的下降等原因使得美国公众强烈呼吁教育改革，因此，美国于1994年颁布了《国家历史课程标准》，受到全国很多学校领导和教师的重视。1996年，《国家历史课程标准》修订，把历史教育划分为两个主要阶段。幼儿园至4年级学生学习为第一阶段，名为《拓展儿童对世界时空的认识》。5～12年级学生学习则为第二阶段，包括《历

---

① 罗锦生.略论美国语言发展的多元化与统一性问题[J].赤峰学院学报，2008(6)

史学科美国史国家课程标准:探讨美国的经历》和《历史学科世界史国家课程标准:探寻通往现代之路》两个部分。整个标准主强调了公民教育,尤其是多元文化和爱国主义教育,同时,还对历史技能的培养进行了强调,尤其是对学生的历史理解能力和历史思维能力的培养。

(四)家庭学校

美国有些家庭不愿意把孩子送到正式的学校里接受教育,而是选择自己在家教育孩子,家庭学校就此兴起。美国各州政府对家庭学校持包容、扶持的态度,各种私人组织、企业、网站、杂志、网络教育、远程教育等机构也都从师资配备到课程开发为家庭学校提供最大限度的服务。有些州的法规允许家庭学校学生参加常规学校的体育、音乐及其他课外活动,佛罗里达与爱荷华两州还允许家庭学校的孩子选修各类个性化的课程。可见,美国政府对于家庭学校尽可能给予多方面的影响,尤其是在学生的品格和价值观方面给予影响。

(五)影视节目

用美国国旗、自由女神像等美国的象征来宣扬美国的理念;通过塑造个人英雄的光辉形象来宣传美国是世界的救世主;通过讲述伦理道德故事宣扬美国的价值观。这些影视节目娱乐性很强,似乎与意识形态毫不相干,但事实上充满了强烈的意识形态色彩,对人们的生活方式、消费方式、价值取向起着潜移默化的影响作用。例如《拯救大兵瑞恩》《泰坦尼克号》《蜘蛛侠》《2012》等好莱坞影片巧妙地安排故事情节,无不落透着美国的道德标准和价值观念,实际上充当着意识形态国家机器的功能。

二、以家庭为重要资源

(一)建立民主平等的家庭关系

美国人的家庭价值观集中体现为独立、自由、平等、开放、民主。美国家长往往把孩子当作独立个体平等地看待,给孩子以应有的尊重和理解。在和孩子交流时,他们会认真倾听孩子的想法,尊重孩子的意见,不会觉得孩子的话幼稚可笑,也不会随便打断孩子的讲话,而是耐心听完孩子的讲述,并把自己的意见说给孩子听。家长可以与孩子进行平等交流,而不是把自己的意见强加给孩子。在和小孩子谈话时,家长总喜欢蹲下来甚至跪下来,使自己与孩子保持差不多的高度,以免孩子有压迫感。家长一般会用“请你做……”或“你可以帮我吗”、“谢谢”这样的话表示与孩子之间的平等地位。孩子在父母面前一般可以畅所欲言地发表自己的见解,无论孩子长大后想做什么样的职业,只要遵纪守法,父母总是抱以欣赏的眼光和肯定的语气。家长认为,孩子是否快乐、是否找到他的真正兴趣和属于自己的价值,才是最重要的。美国家长打骂孩子会受到法律的惩处,因为这被认为是侵犯人权的一种体现。在这种民主与尊重的氛围中长大的孩子一般也会尊重别人。

美国家长往往引导、启发孩子在独立思考的基础上做判断,并给予理解和支持。他们会鼓励孩子做各种尝试,培养孩子的能力和兴趣,树立孩子的自信心。“我觉得……会好些”“我的建议是……”“你愿意听听我的看法吗”等是家长对孩子说话的常用方式,他们一般不会直接给孩子一些结论性的东西。美国家庭成员间的控制或约束比较少,孩子从小就接受独立自主、自我负责等意识,长大后在选择大学、专业、交友,恋爱,结婚,生育,选择安家地点,个人发展等问题上一般由自己做出决定。家长往往扮演提供建议的朋友角色,而不是必须服从的权威。

美国家长还培养孩子的责任意识和自理能力。在美国,父母很少溺爱孩子,他们一般会让孩子根据自己的年龄阶段承担一些家务,如摆餐桌、洗自己的衣服、剪草坪等。即使父母支付大学学费,孩子也明白,这不是父母必须和应该提供的。美国父母希望孩子懂得自身的价值,对自己负责,并尊重他人、遵纪守法。绝大多数的美国人都希望自己的孩子能自食其力,不希望自己的孩子不劳而获。美国家长还注重培养孩子勇敢、创造的精神。当孩子有一些新奇想法时，家长不会因孩子的异想天开而给以否定或纠正，他们一般会鼓励孩子这种潜在的创造性。美国人的体育运动比较强，这与家长放手让孩子去锻炼有很大关系。当孩子小的时候，家长一般不会由于担心把衣服弄脏或者跌倒受伤而阻止孩子运动，相反，只要孩子喜欢，家长就尽可能地鼓励他们去做。美国人喜欢冒险，在孩子做一些有危险性的运动时，父母不是消极阻止，而是积极引导，并鼓励孩子做出大胆尝试，同时努力将这些危险降到最低。这也是不少美国年轻人喜欢爬山、攀岩、冲浪等危险性运动的原因之一。在运动过程中，人们不仅增强了体质，而且磨炼了意志，培养了个性与合作意识。

美国的夫妻之间也往往建立起一种平等关系。在殖民地时期，美国人在家庭中就有很强的平等、自由、独立等意识。新教徒认为婚姻只是一种契约，并对已婚妇女的财产权问题做出明确规定，即只有取得妻子的同意和认可，丈夫才可动用妻子的财产，妻子有权保护自己不受丈夫欺辱。美国人普遍认为，爱情是婚姻家庭的基础，家庭背景、金钱、遗产、地位等因素并非如此重要，独立、自由、平等的家庭价值观才是重要的。

（二）通过家庭学校对孩子进行核心价值观教育

美国的家庭学校从兴起到发展，经历了一个艰辛的过程，并最终得到美国法律的认可。美国家庭学校普遍重视对孩子进行核心价值观教育，并取得一定成效。

1. 家庭学校的兴起

家庭学校（Home Schooling）指学生不进入现行学校体制，而是改由父母或其他人在家对其进行教育的一种教育方式。美国的家庭学校可追溯到殖民地时期，当时经济不发达，社会对教育也无急迫需求，各类教育都处于较低的发展水平。在这种情况下，家庭教育是大众的主要教育形式。华盛顿总统就是在父亲的农场里接受初级教育的。19 世纪中叶,公立学校普及,家庭学校渐退。

由于受到政策的保护,公立学校长期在美国中小学教育中处于垄断地位。由于没有压力,有些公立学校管理僵化,责任感不强。20 世纪 60 年代,很多家长质疑公立学校孩子的竞争力。当时,公立学校班级人数多,倾向于对学生提供平均化、“一刀切”的教育,统一的课程、进度和要求使学生的个性不能得到充分发展,单调乏味的作业使学生没时间和机会进行真正的思考,有些学生失去了学习的积极性、主动性,还有些孩子被贴上注意力缺乏、多动症、弱智等标签。而且,很多家长担心自己的孩子在学校会受到不良社会风气的侵染,因此,希望孩子在家接受良好的价值观教育,于是,他们发起了争取自由选择教育权的运动。家长和学校甚至为争夺教育权而走向法庭。20 世纪 80 年代,很多法院都做了有利于家长的判决。家庭学校逐渐得到社会、政府和学校的支持,成为合法的教育形式。1993 年,家庭学校在美国 50 多个州均获法律通过,在家上学得到了法律支持。

美国家庭学校的兴起受到自由、民主、平等思想的影响,它是家长争取对孩子的自由教育权的一种体现。同时,美国是实行宗教信仰自由的国家,有些宗教教派成员希望通过家庭学校使子女继承自己的生活方式、宗教信仰和价值观。为美国的家庭学校提供理论基础的主要有杜威的实用主义教育哲学和古德曼的自由学校教育思想以及伊里奇的非学校化社会思想。杜威认为教育即生活,学校即社会,教育可以发生在任何时间和地点,包括家庭、教堂、社区购物中心等。古德曼在《强制的错误教育》中认为,孩子可以在生活中获得比学校那些抽象学科更真实的知识。伊里奇认为,理想的教育形式是公立学校的反面,是在非学校化社会中完成的。

2. 家庭学校的特点

家庭学校主要是针对当时公立学校统一、刻板、僵化的教学模式而兴起，具有灵活、自由和个性化特征。尽管孩子在家接受教育，但家庭学校也有一套系统完整的课程设置。同时，家庭学校与社会和常规学校紧密联系，共同促进学生的成长。

首先，更加灵活、自由和个性化的教学。家庭学校有利于个性化、创新型人才的培养。不同于常规学校统一的课程、大纲、教材、进度、教授方式和评价模式，家庭学校主张按照学生的学习能力、兴趣、特长和文化水平等，自由灵活地确定教学时间和课程，采用多样化的教学手段和方法，激发学生的求知欲和学习的积极性、主动性。

其次，与常规学校及社会力量合作。美国各州政府一般都对家庭学校持包容态度，各公立学校也乐于为家庭学校提供帮助，许多父母也主动寻求与公立学校的合作。有些学校为在家上学的孩子提供一些课程参与机会和附加课程活动，为他们提供教材和实验室，在家上学的孩子定期到学校参加考试，由老师检查学习进度和质量。对于体育课等不适于在家学习的课程，家长可以在常规学校为孩子注册部分时间，与常规学校共同对孩子进行教育。

第六章　社会主义核心价值观培育和践行的主体维度

社会主义核心价值观是我们党在中国特色社会主义道路上展现的一面精神旗帜，重视党员干部、教师群体以及公共人物等特殊群体的核心价值观是进行社会主义核心价值观培育和践行的生动示范，有利于促进中国社会主义核心价值观的建设和发展。

第一节　重视党员干部核心价值观建设

一个社会的“官风”状况，对整个社会的道德面貌、对公民道德生活有着决定性影响。官员作为权力的掌控者，既承担国家政治职能，又首先是社会的建设者和公共伦理规范的践行者。官员如何处理自身与他人、社会的利益关系，不仅直接地为整个社会提供样板，而且会影响到整个社会对公平正义的追求。纵观历史，官德的示范作用明显，官员为官清正，大公无私这种风尚就能传递到百姓，促使社会大众明理有德。反之，社会风气就会堕落。培育和践行社会主义核心价值观要求体现到经济建设、政治建设、文化建设、社会建设、生态文明建设和党的建设各领域。要重视组织领导，凝聚社会主义核心价值观的践行力。在推动社会主义核心价值观培育和践行方面，发挥党员干部的政治核心作用和战斗堡垒作用，筑牢社会和谐的精神纽带，打牢党执政的思想基础。

一、党员干部践行核心价值观的基本要求

树正气必须先要正官风。践行社会主义核心价值观，党员干部带头是关键。党员干部要切实做到为民、务实、清廉，始终保持和发扬党的先进性和纯洁性。

（一）为民

为民，就要对人民群众有真挚的感情。“大道之行，天下为公”历来都是国人追求的最高价值准则。党员干部无论职位高低，权力大小，都是人民的公仆，党员干部要对人民群众怀有深刻真挚的感情，真心为老百姓办好事、办实事，要真心关心广大群众疾苦，倾听广大群众心声。要维护好广大人民群众的根本利益。为民，要树立正确的权力观。党员干部要牢记：权为民所赋，权为民所用。权力是用来为人民服务的，而不是用来谋私利的。各级党员干部要有以科学的态度，负责任的精神正确对待手中的权力，而不是抱着权力在手，过期不用作废的心态，要自觉为人民谋福利，接受人民监督，严以利己。为民，还要把人民对美好生活的向往，作为我们的奋斗目标。

（二）务实

务实是我国自古以来的传统美德。“大人不华，君子务实。”“名与实对，务实之心重一分，则务名之心轻一分。”这些思想充分体现了我国注重现实、崇尚实干的精神。同样，务实也是马克思主义重要的理论品质之一。实事求是，就是强调要求真务实。

务实要求党员干部要做到以下几点：一是讲实情。要本着“言者无罪、闻者足戒”的原则，要讲真话，愿意并乐于讲真话，道实情，不能欺上瞒下。二是出实招。就是要从实际出发，按照工作中的实际情况想办法，不提言不符实的口号，不做不切实际的事情。三是办实事。主要是指要从当前具体的事务做起，不搞形式主义，不做空谈。四是要讲实效。就是做事情以实际效果来

看，做出真真实实的业绩，不搞表面文章。同时务实还要勇于知难而上，要有“功成不必在我”的精神，发扬“钉钉子”的精神，一锤一锤接着敲，直到把钉子一颗一颗钉牢。

（三）清廉

“清廉”是领导干部基本的行为准则和重要的评断标准，也是实现社会公正的基本保障，因而它是党员干部核心价值观的道德基础。领导干部身居重要岗位，肩负着党的重托、人民的期望，是党的各项事业的中坚。领导干部是否清正廉洁，直接影响人民对领导干部的信任，直接影响着社会公平正义的实现。

二、党员干部要加强党的作风建设

作风建设，是一项系统工程，其中包括学风、思想作风、工作作风、领导作风和生活作风。因此，社会主义核心价值观培育和践行得好不好，要通过党的作风体现出来。这就要求广大党员干部要切实加强作风建设，以良好的作风保证社会主义核心价值观的培育和践行，为一般群众做出表率。一般来说，党的作风建设必须从学风、思想作风、工作作风、领导作风和生活作风五大领域全面展开，不能顾此失彼。

（一）坚持理论联系实际的马克思主义学风

学风，是指人们在学习过程中一贯表现出来的态度和行为。我们党所倡导的正确学风是理论联系实际的马克思主义学风。当前，党员干部队伍的学风总体上是好的。广大党员干部进一步强化终身学习的观念，勤奋学习、勇于钻研，创建学习型组织、学习型社会的氛围比较浓厚；广大干部进一步发扬理论联系实际的马克思主义学风，运用理论解决实际问题的能力不断提高。但是，也必须看到，在某些干部甚至是领导干部身上，学风不正的现象还较为突出。其具体表现在：一是轻视理论，事务主义；二是僵化保守，教条主义；三是哗众取宠，形式主义；四是断章取义，实用主义。这些问题虽然发生在少数干部身上，但害人害己，误党误国，危害极大。因此，领导干部党性修养和作风建设，必须努力在勤奋学习、善于学习上狠下工夫，在学以致用、用有所成上狠下工夫，在开拓创新、与时俱进上狠下工夫。

（二）坚持解放思想、实事求是、与时俱进、求真务实的思想作风

思想是行动的先导，理论是实践的指导。全党同志既要坚持把马克思主义作为立党立国的根本指导思想，又要紧密结合我国国情和时代特征，解放思想、实事求是、与时俱进、求真务实，大力推进理论创新，在实践中检验真理、发展真理，用发展着的马克思主义指导新的实践，这是党和国家事业取得胜利的思想保证。过去我们搞革命，要解放思想、实事求是、与时俱进、求真务实；今天我们全面建成小康社会、建设富强民主文明和谐的社会主义现代化国家，实现中华民族的伟大复兴的中国梦，也要解放思想、实事求是、与时俱进、求真务实。解放思想、实事求是、与时俱进、求真务实，是我们党的各项事业取得胜利的思想基础。

（三）坚持立党为公、执政为民的领导作风

坚持立党为公、执政为民，密切党与人民群众的联系，始终是贯穿党的执政能力建设和先进性建设全过程的根本性问题。立党为公，就是党的建立、存在和发展都是为了实现社会的公平和公正，为了人民群众的公共利益。执政为民，就是执政的中国共产党必须利用手中的权力全心全意地为人民服务，诚心诚意为人民谋利益。我们党之所以要提高执政能力，保持和发展先进性，就是要使党始终保持立党为公的本质。要提高领导干部立党为公、执政为民的公仆意识，使人民群众成为共产党执政的最大受益者。我们党最大的政治优势是密切联系群众，执政党最大的危险就是脱离群众。今天，我们党领导改革开放，建立社会主义市场经济体制，如果领导干部不能摆正自己同群众的关系，不能正

确地运用权力，不能自觉地抵制资产阶级和其他剥削阶级腐朽思想的侵蚀，就会滋长脱离群众的危险，就会丧失党的执政地位，丧失党的先进性。因此，领导干部在实践中，要真正做到把立党为公、执政为民落实到党和国家制定和实施路线方针政策的工作中去，落实到领导干部的实际工作中去，落实到竭尽全力解决涉及群众利益的问题和实际困难的具体工作中去，模范地坚持“一切为了群众，一切依靠群众，从群众中来，到群众中去”的根本工作路线和领导方法，在任何时候、任何情况下都要以是否符合最广大人民群众的利益为判断各项工作得失成败的最高衡量标准，把人民拥护不拥护、赞成不赞成、高兴不高兴、答应不答应作为想问题、办事情的出发点和落脚点。

三、创造反腐倡廉良好环境

“干部清正、政府清廉、政治清明”是党的十八大提出的政治建设新目标，三者相辅相成。干部清正是反对腐败的基础，政府清廉是反对腐败的关键，政治清明是反对腐败的目的。

（一）干部清正

腐败是与权力密切相关的，权力是由干部具体掌握和行使的。因为腐败的最基本特点就是以权谋私，廉洁的最基本表现就是清廉用权。而权力虽然从一般意义上讲是属于人民的，但是具体掌握权力、行使权力的人是各级领导干部。因此，反腐倡廉建设是全党的任务，领导干部则承担着更加重大的责任。干部清正就会少有腐败发生，干部不清正腐败就必然蔓延，这不仅因为他们是反腐倡廉建设的领导者，还因为他们是权力的直接掌握者和具体行使人，可见领导干部的廉洁自律就成了反腐倡廉的根本所在。正是出于这种原因和考虑，我们党一贯要求领导干部要加强党性修养和优良作风的养成，不断出台一些制度规范来约束领导干部的行为。特别是在《中国共产党党员领导干部廉洁从政若干准则》中，不仅要求党员领导干部廉洁从政应当做到“五个必须”，即必须具有共产主义远大理想和中国特色社会主义坚定信念，践行社会主义核心价值观；必须坚持全心全意为人民服务的宗旨，立党为公、执政为民；必须在党员和人民群众中发挥表率作用，自重、自省、自警、自励；必须模范遵守党纪国法，清正廉洁，忠于职守，正确行使权力，始终保持职务行为的廉洁性；必须弘扬党的优良作风，求真务实，艰苦奋斗，密切联系群众。同时，在“五个必须”的总要求之下，还具体规定了“八个禁止”“52 个不准”。这就为领导干部在从政行为中做到清正廉洁，架起了一条“高压线”，筑就了一道“防火墙”，树立了一根“新标杆”。

党员干部做到清正廉洁，需要在以下几个方面下工夫。一是坚定理想信念。崇高的理想信念，始终是共产党人保持先进性和纯洁性的精神动力。二是自觉廉洁从政。党员领导干部与一般党员相比，掌握和支配着更多的执政资源，其是否廉洁从政，不仅直接关系党和国家事业的发展，而且关系其自身的政治前途。因此，党员领导干部要常修为政之德、常思贪欲之害、常怀律己之心；要自觉加强理论修养，保持政治上清醒坚定；自觉加强道德修养，形成高尚的思想情操；自觉加强作风修养，树立牢固的宗旨意识；自觉恪守廉洁从政准则，树立正确的廉政观。要珍惜来之不易的为党和人民奉献的机会，在反对和防治腐败问题上始终保持清醒头脑。领导干部以身作则，严格自律，确信“公生明，廉生威”，自觉遵守廉洁从政的各项规定，不仅要严格要求自己，还要管好配偶、子女和身边工作人员，防止他们利用自己的职权和影响谋取非法利益，做清正廉洁的表率，勇敢地同各种不正之风和腐败现象做斗争，弘扬正气，以正祛邪。三是主动接受监督。腐败总是与权力相关联的，失去监督的权力必然导致腐败。只有加强监督，把掌权者的所作所为放在群众的视线之内，使领导干部在“阳光”下行动，才能创造一种“不能”“不易”腐败的环境和氛围。从我们党的实际来看，领导干部是权力的实际把握者，控制着权力的运行过程和运行方向，特别是党政主要负责人，对权力的运行具有更大的影响力。因此，近些年来，“一把手”犯罪已不是个别现象，已具有普遍性；不是一时现象，是较长时间多种因素积累爆发所致，显然有深刻的社会历史原因。《中国共产党党内监督条例（试行）》之所以强调要切实加强对领导干部特别是主要领导干部的监督，是具有很强的现实针对性的，也是具有十分重要的意义的。

（二）政府清廉

政府清廉，就是要建立廉洁、透明、服务、廉价的政府，这是保证公共权力廉洁规范运行的根本。政府履行职能必须拥有权力，这就使政府职能与政府权力密切结合在一起。事实上，在我国，国家和社会生活中的大量事务都是由政府来直接管理的，因而政府权力是渗透于国家和社会生活的方方面面的。从大的方面讲，政府职能主要有政治职能、经济职能、文化职能和社会职能。政府职能的内容，特别是政府职能的基本属性，决定了政府机关及其工作人员在履行政府职能的实践中，必须突出其公共性和法定性，即要做到行政为民、以人为本，要做到依法行政、依法办事。这就能为远离腐败、拒绝腐败奠定基础。但是，如果政府机关及其工作人员在履行职责的过程中，不能出以公心，行政为公，而是为部门、为个人谋取私利，那么在政府职能的强制性和扩张性的催化下，就必然导致腐败的发生。现实生活中有些政府部门为了自身的部门利益，有些政府工作人员为了个人的私利，违背党纪国法，或贪污受贿、或腐败堕落、或吃拿卡要的并不在少数，这些都影响了政府的清廉形象，对此我们必须引起高度重视，并采取有效措施加以解决。特别是在当前世情、国情、党情发生深刻变化的新形势下，执政、改革开放、市场经济、外部环境四种考验是长期的、复杂的、严峻的，精神懈怠、能力不足、脱离群众、消极腐败四种危险更加尖锐地摆在面前，因此，必须保持党的先进性和纯洁性，建设打造为民务实清廉的政府，显得尤为重要。政府机关及其工作人员特别是其中的党员领导干部必须做到：坚持以人为本，做到执政为民；完善决策机制，提高行政效能；围绕改革中心和发展大局，深入推进以完善惩治和预防腐败体系为重点的反腐倡廉建设；建设学习型、服务型、创新型政府，增强自我净化、自我完善、自我革新、自我提高能力。总之，政府清廉是人民政府的本质属性，要把清廉要求与公共权力行使相结合，实现政府服务的公正性。

（三）政治清明

坚决反对腐败、实现政治清明，是党一贯坚持的鲜明政治立场，是人民关注的重大政治问题。政治清明，说到底就是执掌国家权力的执政党及其广大党员特别是党员领导干部、行使行政权力的政府机关及其工作人员特别是各级领导干部，不和百姓争利，只为百姓谋利。因此，政治清明不仅是一个反对腐败的问题，而且是在更高层面、更大范围的政治文明建设的大问题，是事关党的执政地位和国家前途命运的大问题。因此，政治清明命题的提出，不仅进一步拓展了中国特色反腐倡廉道路，拓展了党的建设的目标，而且把反腐倡廉建设从党的建设的一个重要组成部分扩展到了国家政治建设的新高度，目标更加明确、思路更加清晰、内容更加丰富。要实现政治清明就必须反对腐败，只有反对腐败才能建设清明政治。我们必须充分认识反腐败斗争的长期性、复杂性、艰巨性，坚持反腐倡廉常抓不懈、拒腐防变警钟长鸣。为此，特别要做到以下两点：一是坚持标本兼治，从严惩治腐败，始终保持惩治腐败的强劲势头，增强反腐败的震慑力，不管涉及什么人，不论权力大小、职位高低，只要触犯党纪国法，都要严惩不贷。二是严明党的纪律，维护党的统一。党的集中统一是党的力量所在，是实现经济社会发展、民族团结进步、国家长治久安的根本保证。党的纪律特别是党的政治纪律则是实现和维护党的团结统一的保证。各级党组织和广大党员干部特别是主要领导干部一定要自觉遵守党章，自觉按照党的组织原则和党内政治生活准则办事，任何人都不能凌驾于组织之上。要坚决维护中央权威，在思想上、政治上、行动上同党中央保持高度一致，坚决贯彻党的理论和路线方针政策，形成全党上下步调一致、奋发进取的强大力量。

总之，干部清正、政府清廉、政治清明是人民群众对政治生活的现实期待，要把“三清”要求作为每一个党员干部的基本规范，特别要以反腐倡廉新成效促进“三清”，取信于民。

第二节　重视高校教师群体的核心价值观建设

教育是育人的事业，教师是特殊的职业，根据教师的职业特点和社会主义核心价值观的要求，重视教师群体的核心价值观建设，对于学习贯彻党的十八大精神，建设高素质专业化的教师队伍，促进教育事业的改革发展具有重要的意义。

一、教师群体践行社会主义核心价值观的要求

（一）爱国守法

1. 热爱祖国，全面贯彻教育方针

教师是肩负特殊使命的一个职业群体。这个特殊的职业使命，要求每一位教师必须深切地理解爱国主义的深刻内涵，培养自己高尚的爱国主义情操。教育方针是党和国家在一定时期内根据当前的教育环境以及特点制定的针对教育活动的总方向，详细阐述了教育的根本性质和发展目的，以及实现这一目的的根本路径。新时代背景下我国教育工作的目标是培养德、智、体等方面全面发展的社会主义事业的建设者和接班人。个体的德、智、体等方面是针对人的基本素质论述的，这几个方面相互联系，是个体成为完整的人的必备素质。在新的时代背景下，社会主义教育的基本任务就是使受教育者具备全面发展的人的基本素质，包括德、智、体等方面。也就是说：“要使受教育者在政治方向、思想

观点、道德品质、行为习惯等方面达到基本的要求，掌握现代科学文化的基本知识和技能，具有良好的身心素质和健康的体魄。这样，所培养的人才能肩负起社会主义事业建设者和接班人的历史重任，我们的教育也才能真正为社会主义现代化建设服务。

2.遵章守纪，依法履行教师职责

国有国法，家有家规；无以规矩，不成方圆。法是国家制定和社会形成的人们必须遵守的行为规范，是国家和社会正常、有序运转极其重要的保障。守法是指任何组织和个人都必须按照我国现行法律的规定和要求依法办事。教师在模范遵守国家法律法规的同时，还要认真遵守教育法律法规。教育法律法规不仅规范和保护着教育事业的发展，对于维护教师、学生的权益，制约教师的教育教学行为也有直接的作用。教师不仅要能用法律维护学生和自身的利益，还要依照这些法律来规范自己的行为，履行教师义务，使自己的教育教学活动完全符合法制化的要求，即做到依法执教。

（二）乐教敬业

倡导乐教敬业，就要求教师在教学工作中必须具备强烈的责任心。在工作中，时刻牢记自己所担负的使命和责任，要从更高层次上把个人的成长进步同社会主义伟大事业、同祖国的繁荣富强紧密联系在一起，以浓厚的职业感情和强烈的责任感切实履行自己的职责，出色地完成本职工作。

1.教书育人，尽职尽责

教师的本职工作或基本职责就是教书育人。教师在实际教学活动中能否自觉完成教书育人的职责，培养出合格人才，是衡量教师师德修养高低、优劣的重要标准。教师的乐教敬业，实际上是对教书育人职责的肯定和认可，因此，只有从教书育人的要求出发，教师在教育实践活动中做到科学教授学生，培养学生的思想品德，促进学生全面、健康发展，才能充分体现教师的乐教敬业的精神。

2.精业勤业，努力探索教育规律

教育工作是一件极费心血的工作，没有教育者全身心的投入，没有高度责任感和工作韧性，是难以取得成效的。从这个意义上说，教师需要一种对工作高度负责的事业心和成就事业的进取心，需要有一种特别能吃苦、特别能战斗的勤勉精神。不仅要兢兢业业地耕耘，更要潜心探求教育规律和教育对象的身心发展规律，力争使自己所从事的教育工作成为顺应时代、符合教育规律的活动。

3.淡泊名利，育人为乐

由于教育工作清贫却又艰苦，从业者奉献多而获取少，所以在公私义利关系方面最能检验和体现教师的敬业精神。在现代社会中，倡导乐教敬业的师德规范并没有否认教师获取正当、合法的利益，而是要求在遵循国家法律法规的前提下，遵循教师职业操守，通过自己的辛勤劳动获取合法利益。此外，教育事业的成败从根本上来说关系着整个民族的发展，关系着整个国家的切实利益。所以当教师在面对个人利于与国家利益、集体利益发生冲突的时候，要发扬“淡泊名利”思想，以国家利益和集体利益为重。

（三）关爱学生

教师从事教育活动的主要目标就是培养符合社会要求的建设人才。相应地，教师与学生的关系问题就成为这一实践过程中不得不关注的问题。

1.关爱学生的意义

关爱学生是党的教育方针对教师的根本要求，具有重要的意义:第一,关爱学生体现了社会主义人道主义精神。作为社会主义的伦理原则和处理人际关系的一种道德规范,社会主义人道主义精神主要表现在尊重人、关心人、爱护人等方面。因此,教师关爱学生一方面体现了对学生尊严、人格的尊重,更表现出了教师对学生身心的关爱。第二,关爱学生体现了社会主义的教育本质。社会主义教育的方针是培养具有德、智、体等方面全面发展的社会主义现代化的建设者,为振兴民族、强大国家提供强大的人才力量。教师在教育教学实践中,只有真正发自内心地去关爱学生,才能做到尊重学生,和学生之间建立亲密的师生关系,也才能以最深厚的职业情感从事自己的教育事业,为培养在品德、智力、体质等方面全面发展的社会主义建设者尽职尽责。可见,从根本上来说国家和人民对教师的根本要求就体现在关爱学生方面。

2.关爱学生的要求

第一,明确学生学习的主体地位,要学会学习。在人类的不断发展的过程中,学习在其中发挥了重要的作用。对于学生来说,享有着丰富的学习资源,学习是他们最重要的目的。学生要端正自身的学习态度,明确学习目的,培养积极主动的学习精神。学会掌握学习的理论、知识、技能,遵守学习规律,选择恰当的学习方法,这样才能达到事半功倍的效果。

第二,培养学生的学习兴趣,提高创新能力。在学生学习的过程中,兴趣在其中充当了一个重要的因素,可以激发学生的学习兴趣,教师和家长应该正视并培养学生的兴趣,因材施教,提供学生的学习质量。在经济高速发展的今天,创新已经成了经济乃至国家的发展动力,因此应培养学生的创新意识,提高创新能力,树立以创新为荣的观念。对于学校和教师来说,就要为学生创新能力的培养提供良好的外部条件,鼓励学生进行创新,为学生塑造出良好的创新学习氛围。

第三,增加师生交流,培养师生感情。对于师生关系来说,教师不仅是学生学业上的指引者，更是学生学习和生活上的朋友或亲人。自古以来就有“一日为师，终身为父”的说法，这就足以说明师生关系的重要性。良好的师生关系，可以提高学生的学习积极性，激发学生的学习欲望。因此，教师在教学的过程中，还要注重加强与学生之前的交流，同学生之间建立起一种亦师亦友的感情，为学生在学习或是生活中遇到的问题进行解答或提供帮助。

（四）教书育人

教书育人是教师最核心的职责与任务。教师在实际教育实践中，必须把育人作为教师工作的根本任务，要在遵行教育规律的基础上，采取各种科学有效的教育方式和方法，提高学生的综合素质。

1.以教师的表率作用熏陶感染学生

教师在教书育人过程中，发挥着示范模范的作用，教师的言行举止都对学生发挥着潜移默化的熏陶作用。因此，教师必须不断加强职业道德修养，从自身做起，严以律已，才能担当起教育学生的重任。以科学的治学精神、严谨的治学态度，努力培养优良的学风。

2.寓思想教育于各个教学环节之中

教书育人的实施，不仅表现在课堂教学活动中，也体现在课堂教育以外的诸环节中，例如辅导答疑、考试考查、批改作业等环节。教师如果能够把这些环节利用好，充分渗透思想教育，也能发挥出育人的重要作用。

（五）为人师表

教师是人类灵魂的工程师，担负着教书育人、培养社会主义现代化事业的建设者和接班人的重任。在育人过程中，教师自身的品德和言行对学生的健康成长具有重要影响。

第一，教师的为人师表发挥着模范表率作用，对学生成长有着重要意义。一方面，教师为人师表对学生智能具有促进作用。作为教师，注重为人师表，就会在业务方面不断勤奋钻研，不断改进教学方法，端正教学思想，而彻底放弃苟且情绪，这样就会进一步启发和指导学生智慧能力，促进学生有效学习。同样，在教学实践中，对于那些知识渊博、治学严谨的教师，学生由衷地感到敬佩和尊重，也就更容易接受这些教师的教诲，从而促进学生智力的发展。另一方面，教师为人师表能够引导学生品德的发展。在教育教学实践活动中，教师具备高尚道德能切实提高学生的道德认识，从而升华学生的道德意识；教师践行高尚的道德行为，能够发挥表率作用，引导学生践行良好的道德行为；教师具备坚毅的道德意志，能够促进学生锻炼自己的道德意志，发挥出巨大的鼓舞作用。可以说，教师是学生道德的启蒙者和设计者。

第二，为人师表对教师具有激励功能。一方面，教师做到为人师表，能够有效地树立在学生中的威信，进一步促进教师的教育教学工作。教师教育效果的好坏和教师的威信有着直接的联系，教师威信越高，其教育效果越好。教师的德和才决定着教师在学生心目中是否有威信。爱因斯坦说过："学生对教师的尊敬的唯一源泉是教师的德和才。无德无才的教师是绝对不可能受到爱戴和尊重的。"①因此，要树立教师的威信，教师必然要为人师表。另一方面，为人师表使得教师在教育教学工作中必须具备诚实正直、公正廉洁、谦虚严谨的高尚品德，从而帮助教师正确协调各方面的利益关系，保证教育教学工作的顺利进行，从而为高质量地完成教育任务创造的良好的条件，这进一步激励教师努力提高自身思想道德素质。

第三，为人师表对社会风气具有改善功能。教师表率示范，可以间接通过学生而影响到学生家长、亲戚及其好友，也可直接影响到社会上与之发生联系的各行各业人员，从而影响到社会环

① 纪念爱因斯坦文集[C].上海：上海科学技术出版社，1979，第68页

境,净化社会风气。

二、当前教师道德现状分析

近些年来随着社会的发展和变革,教师队伍结构发生了很大变化,教师道德出现了许多新情况。这种新情况表现为,改革开放和市场经济的深入发展,现代社会和现代教育的国际化进程,一方面给教师职业道德注入了新鲜活力,促进了教师职业道德的科学化、民主化、现代化发展;另一方面,也使教师职业道德面临着巨大的冲击和挑战,从而影响了教师职业素质的全面发展和提高。

(一)教师职业道德主流状况及原因

1.高校教师道德主流状况

我国高等学校教师道德的主流和整体状况是比较好的。这主要可以从以下三个方面入手进行分析。

第一,高校教师的政治思想素质和师德水平从整体来看是比较好的,教师队伍的精神状态佳。虽然现在高校教师的队伍结构在年龄和学历上都有了很大的调整和变化,但这些年轻的教师表现出来的热爱职业、思想觉悟等方面都有显著的进步,师德状况良好。随着国家对高校教育事业的重视和投入,高校成为当前高级知识分子热衷的职业,高校教师绝大多数人热爱并安心自己的工作。

第二,高校教师重视教学工作,态度认真,工作努力。高校教师对教学工作还是很重视的,大部分教师把教学作为教师的第一要务,教学态度端正,教学认真负责。

第三,在科研水平方面,高校教师的科研意识和水平都日益增强和提高。当前,多数教师都能够重视科研工作,有刻苦钻研的精神,一些人的研究成果突出,逐渐成为高校学科建设的生力军。

2. 原因分析

第一，改革开放以来，我国取得了举世瞩目的伟大成就，生产力得到了解放和发展，综合国力日益增强，人民生活水平得到了较大改善，国际地位越来越高。高校的中青年教师是随着国家的改革发展成长起来的新一代教师，他们亲眼目睹并亲身体验了党的基本路线、改革开放政策的正确和英明，从内心深处拥护党的领导，拥护三中全会以来党的路线方针政策。因此高校教师绝大多数政治立场、政治方向是坚定正确的，自由化思潮并无市场。

第二，科教兴国战略的出台，高等教育经费的加大投入，教师住房、工资等生活条件的改善，使得教师的社会地位不断提高，高校教师成为一种受人尊敬和令人羡慕的职业。随着高等教育与国际接轨，高校教师出国、留学、进入高层次科研领域的机会增多，高校教师的发展空间越来越大。许多博硕士研究生把高校作为首选职业，一些“海归派”也纷纷到高校谋职。各类高学历、高层次、高素质人才给高校教师道德带来了许多好作风和新气象，高校教师队伍充满了生机与活力，从来没像现在这样稳定。

第三，近些年来高校不断深化内部管理体制、人事制度、分配制度的改革，引进了竞争机制，出台了吸引优秀人才提高教师素质的种种政策。此外，还制定和实施了对教师的教学、科研、社会工作等各项工作的检查、考评以及奖惩制度，同时，注意加强对教师的政治思想教育和师德教育。通过筛选、教育和监督考评机制，通过奖励惩罚和优胜劣汰机制，教师队伍得到了优化，教师的职业素质日益提高，道德也随之得到了提高。

（二）当前高校教师道德存在的问题及原因

1. 当前高校教师道德存在的问题

虽然从整体上来说高校教师的道德状况比较好，但是当前高校教师道德中存在着许多问题，主要表现为以下几个方面。

第一，教师的政治思想觉悟与职业道德水平还有所欠缺，虽然多数高校教师能够履行教学职责，忠诚于人民的教育事业，但是也有小部分教师受到“一切向钱看”的拜金主义和个人主义思潮的影响，在理想和信念方面产生了动摇，缺乏敬业精神，不能把主要精力放在教学上，而是放在“捞外快”或者其他方面，对教学任务敷衍，产生了一些不良影响。

第二，有些教师教育思想和理念落后，教学内容陈旧，教学方法呆板僵化，教学质量亟待提高。部分教师缺乏现代教育思想和理念，在授课时照本宣科，缺乏独立见解，知识更新慢，缺乏时代精神。有的老师知识结构不太合理，比如理工科教师对社会科学、人文科学知识了解很少，而文科教师对自然科学知识极其贫乏。高校一部分教师的教育思想和理念、知识结构、教学内容和方法已经不能适应现代高等教育发展的需要。

第三，有些教师科研意识不强，科研能力较差，科研质量不高。近些年来随着高等教育改革的不断深化，大多数教师对科研工作越来越重视，科研比较主动自觉，但是也有一部分教师科研意识不强，认为教好书上好课就行了，科研工作比较被动消极；有人虽然有科研意识和紧迫感，但由于长期不搞科研，缺乏积累，科研能力差，科研不能上路；还有少数人承认自己搞科研是迫于学校考评和评职称的压力，完全是出于无奈，认为这样的科研是制造文化垃圾，浪费时间和精力，对学校强调科研和以科研为标准的考评有抵触情绪。

2. 原因分析

第一，经济全球化的影响。经济全球化目前已经成为世界经济发展的必然趋势，也是各国经济发展的外部环境。经济全球化对我国高等教育的影响是十分深刻的，它给我国的高等教育带来了发展的大好时机，同时又提出了尖锐的挑战。经济全球化所带来的高等教育国际化发展，强烈冲击着传统的高校教师职业道德，要求高校教师从职业理念、职业目标、职业技能等各方面改革原有的职业道德，树立与高等教育国际化发展相适应的道德体系。

第二，职业道德教育与训练不落实、不到位。许多教师认为学校只是口头上重视教师职业道德，但没有切实有效的方法和行动，这方面的工作仅限于开会讲讲，会后谈谈，对教师没有实质性的触动。高等学校领导对职业道德教育与训练不重视、不落实、不到位，是教师职业道德产生问题的一个重要原因。另外师德教育理念落后，内容陈旧，方法老套，缺乏针对性和时代气息，也是影响高校教师职业道德提高的一个重要原因。

三、培育教师核心价值观的路径

（一）完善选拔和任用机制

高校教师的选任机制是指通过一定的方式，发现和挑选优秀人才，择优任用的机制。选拔和任用的相关制度按照一定的原则、规则进行。完善高校教师的选拔和任用机制，是推进高校教师队伍优化组合、优胜劣汰、提升素质的关键。具体做法主要体现在以下几个方面。

第一，确立高校教师选拔的标准。选任高校教师必须认真贯彻“四化”方针和德才兼备标准，亦即思想政治素质标准和文化知识水平标准。此外，还要明确学历、职称等标准。

第二，完善高校教师的选拔程序。完善高校教师队伍的选拔程序，就是要坚持公开、平等、竞争、择优的原则，将民主推荐和民主测评环节与笔试面试相结合，防止选任的随意性；在公开选拔、竞争上岗过程中，引入人力资源管理专家，建立高水平的考官队伍，分门别类、科学合理地确定拟选拔职务的报考资格、选拔程序、笔试、面试内容、测评方法；对拟任高校教师者要进行综合测评，力求选拔合适的人做合适的事，做到人与事的完美结合。

第三，完善选任的方式、方法。完善公开选拔的方式方法对于提升高校教师队伍选任的科学性和效率具有重要作用。公开选任的方式方法多种多样，如考任制、聘任制、选任制、“三荐两考”等。

（二）加强高校教师自身建设，提高综合素质

1.解决高校教师自身的思想问题

加强思想道德教育，有助于端正高校教师的教学态度，提高他们的政治素质，使他们意识到自己作为一个马克思主义信仰者和宣传者所担负的神圣职责和使命，解决他们思想上的问题，清除高校教师队伍不稳定的主观因素。

2.提高高校教师的科学文化素质

教学包含语言表达、教学设计、课堂管理、教育机制等多种因素，它需要教师具备多方面的科学文化素质。具体来说，高校教师的科学文化素质应包括：

其一，知识素质。高校教师的知识素质包括两个方面：本体性知识和条件性知识。本体性知识主要指作为教育者所具备的相关专业知识；条件性知识主要是指有关教育教学等的理论知识和专业文化知识，如教育学基本理论以及社会学、政治学、教学设计、学科教材设计、学科教学方法和艺术等。

其二，科学素质。科学素质主要包括科学精神、科学知识、科学方法和科学态度等。科学知识是科学素质的基础，主要指人们对自然现象和过程本质、规律的认识；科学方法是人们认识世界总结出来的正确思维方法，它提供了认识世界的独特视角、域界、层次和思维方法；科学态度是指坚持实事求是的原则探索真理和捍卫真理；科学精神包括创造精神、求实精神、理性精神、批判精神和发展精神等。

其三，审美素质。高等教育是追求真、善、美的实践活动，因此高校教师要具有高尚的审美素质，要学会运用美学尺度指导教学活动，让学生在学习知识、获得能力的同时，欣赏美、体验美，从

而具有轻松愉快、积极向上的良好心态。高校教师的审美素质要从审美观、审美感受力、审美鉴赏力以及审美创造力等方面入手。

(三)强化规范教师的道德行为

所谓教师道德行为是教师在正确的道德认识指导下，选择有利于学生、他人和社会的行为。在当今经济全球化、观念国际化的条件下，高校教师职业道德行为尤为重要，它关系到教师、学校的道德形象，关系到大学生的成长。因此，高校教师道德行为必须从“责任感”和“规范性”两方面加以强化。

第一，责任感。在教育实践中，教师理解、体验和把握着社会赋予的责任，形成了教师责任感。就大学教师而言，责任感来自于他们对职业道德规范的认同，并表现在教育教学、学术研究和社会服务等实践中：责任感促使他们尽心地上好每一堂课以点燃学生理想的火炬，责任感推动他们在学术研究的漫长道路中不违背良心以造福人类，责任感鞭策他们在工作中高标准、严要求以完成社会授予的使命。职业道德规范虽与规章制度有相似之处，但一个人若违反了一定的规章制度可能会受到惩罚，而教师隐匿的工作特征却决定无法对他们的道德水平进行考究。如“关心学生，尊重学生人格，平等对待”，但做到什么程度才算是关心、尊重？“求实创新，致力科学研究，坚持教学与科研的统一”，那如何做才算达到“教学与科研”的统一？教师在制度化的道德教育下应该明晰职业道德中的“应然”，但因教师本人缺乏为师者的责任感，未对所处的群体产生一种责任意识和认同感，从而导致他们在实践中出现行为上的失范。

第二，规范性。作为一名合格的高校教师必须严于律己，警惕其一言一行、一举一动对学生造成的消极影响，处理好言行和身教的关系。身处崇尚自由环境的大学教师应意识到“教育无小事、教师无小节”，教师职业决定着他们的一言一行都是在为塑造灵魂而奔忙。因而，他们必须时时、处处注意自己的举止是否文明端庄，说话是否文雅和气，衣着是否整洁大方，待人是否谦虚礼貌,忌衣衫不整,举止粗俗,出言不逊。教师只有从点滴中规范行为,以身作则,才能成为学生学习的榜样,亦能促使整个学校师德面貌的改善。

第三节　重视公共人物的核心价值观建设

清代著名思想家龚自珍说:“士皆知耻,则国家永无耻矣;士不知耻,为国之大耻。”着力培育公共人物的核心价值观,不仅关系到良好社会风气的确立,而且关系到民族、国家未来的发展和兴衰。

一、公共人物的特点和分类

公共人物亦称公众人物,是指一定范围内具有重要影响,为人们所广泛知晓和关注,并与社会公共利益密切相关的人物。包括各行各业因各种不同原因而成名的社会人物,如党政官员、公职候选人、企业精英、著名社会活动家、科学家、文化名人、明星,甚至战犯和社会公敌等。由于前文已经对党员干部的核心价值观问题进行了讨论,本节主要讨论除了党员干部之外的公共人物。

(一)公共人物的特点

现实生活中,对于公共人物的认定多以一般人通常的认知来判断。

1.有一定的知名度

它是公共人物发生影响的基础。至于在多大范围内为公众所知,则应依时间、环境等综合因素,结合具体情况而定。通常情况下,认定知名度时,并不专指是否为全国人民广泛知晓,在某一地域内享有一定知名度的人,也可以成为公共人物。而且,知名度也不限于好名声,坏名声也不妨碍一个人成为公共人物。

2.有一定的公共利益相关性

它是界定公共人物的核心要素。这一标准的提出与前文提及的美国联邦最高法院 1967 年的足球教练和退伍将军案例有关。其中,大法官沃伦认为:“公共人物是指其在关系到公共问题和公共事件的观点与行为上涉及公民的程度,常常与政府官员对于相同问题及事件的态度和行为上涉及公民的程度相当。”另一位大法官哈兰认为:“公共人物是卷入被证明为正当和重要的公共利益问题的人。”两位大法官对“公共人物”的表述虽不尽相同,但都强调公共人物与公共利益密切相关这一重要标准。

3.有一定的社会影响力

公共人物多为社会广泛关注的焦点人物,其言行会对社会产生比一般民众大得多的、或积极或消极的影响。从这个意义上说,对社会成员的言行、社会意见、社会风尚等具有重大影响力是界定公共人物的重要因素。

一方面,任何社会的发展运行都是一个庞大的系统。每个成员都关注这个系统是否正常运行并影响着该系统,而公共人物因为对其他社会成员及对公共事务有强大的影响力,比普通人更能影响社会系统的运行和发展方向,这导致公共人物不得不时刻处在大众传媒和公众的监督之下。

另一方面,作为社会群体成员的受众,如果有兴趣,他们有权知晓正在发生的系统及环境变化,且大众传媒有责任向社会群体成员准确、及时地报告系统及环境的发展变化。其中,公共人物及其言行作为社会环境的重要组成部分,正是大众传媒向社会群体成员报告的重要内容。从这一角度出发,社会对公共人物的认定多采用客观标准,而不考虑“是否自愿”等主观因素。

(二)公共人物的分类

公共人物从理论上可以有多种分类,按不同的标准可作如下区分。

1. 以与政治的关联强度为标准——政治性公共人物和非政治性公共人物

政治性公共人物主要包括各级党政官员和公职候选人;非政治性公共人物主要指演艺和体育界的明星、科技与文艺界的精英、工商业界的知名人士、大亨和其他为社会做了卓越贡献而一举成名的英雄、模范,或者因给社会带来严重危害而恶名远扬的罪犯,以及因各种偶然事件而出名的公共人物和附属性公共人物。

2. 以行为人主观意愿为标准——自愿性公共人物和非自愿性公共人物

自愿性公共人物是指那些主观上直接追求或放任自己成为公共人物并在客观上具有一定名声而被大众看作公共人物的人,如政府高级官员、体育影视明星、歌星、艺术家等等。这些人有的可能做过希望成为社会关注对象的意思表示,并明确、直接追求成名成星。非自愿性公共人物,其出名或成为社会公众关注的对象往往不是其主观追求或放任的结果,而是由于其偶然性介入某些重大事件引起社会公众注意而成为公共人物的,如政治运动领袖、一夜暴富的彩票中奖者等。由于这些重大事件有新闻价值,与之有联系或受牵连的人也因媒体的传播而成为公共人物。他们在成为公共人物之前或成为公共人物时,并没有直接或间接地做过希望成为公共人物的表示。

3. 以当事人对社会资源的占有情况为标准——主要有四类

分为如下四类:一是权力资源型公共人物,主要指政府官员;二是财富资源型公共人物,主要指企业家、实业家或企业、实业大亨;三是注意力资源型公共人物,其主体是演艺圈和体育界的精英与明星;四是智力资源型公共人物,其主体是科教、文化界的知识精英、名人名士等。

二、重视公共人物的核心价值观建设的意义

公共人物以其社会知名度和影响力为构成要件，其价值观现状具有极强的蝴蝶效应和榜样示范作用。

（一）公共人物的价值观对社会大众尤其是青年一代产生极强的形塑作用和影响

公共人物，尤其是影视明星、体育明星等往往是时尚和时代的代言人，他们的服饰、话语、行为选择等不仅会成为社会大众尤其是青年一代模仿的范本，也会对青年一代文化与文明素质产生极强的“晕轮效应”，并影响他们的价值判断和行为选择。这是因为，公共人物作为社会文化作品或产品的创作者和传播者，其自身的价值取向和价值情感往往蕴含于其社会文化作品或产品中，反过来，社会文化作品或产品也集中体现着创作者本人的价值取向和价值观念。也就是说，公共人物的价值取向和审美品位在一定程度上决定着社会文化的内容，而社会文化所表达的人生态度和价值取向又影响着社会大众的价值取向、价值判断和价值选择。以 20 世纪 80 年代以来一些社会现象为例，社会大众特别是青年一代对传统榜样人物的认同越来越淡漠，而对歌星、影星、体育明星等则越来越崇拜。他们对明星的认同，尤其是崇拜情感，使他们在不知不觉中认同以至模仿着偶像身上所具有的行为特征和价值取向。这就要求公共人物时刻要以身作则，严以律己，坚守最起码的社会责任信念，积极主动地弘扬主旋律，摒弃错误的价值判断和选择，做当荣之事，拒为耻之行，努力营造正气昂扬、健康向上的社会氛围，切实用自己的人格魅力和实际行动对社会大众起到示范、激励和引导作用。

（二）培育公共人物的核心价值观有助于推动形成良好的社会风尚

由于在占有社会公共资源方面具有得天独厚的名人效应，公共人物不仅会对社会大众尤其是青年一代产生极强的形塑作用和影响，也往往能凭借其独特的比较优势成为推动形成良好社会风尚、传播良好社会风尚的重要力量。公共人物的价值判断、行为方式等，不仅牵动着社会的神经，也牵动着公众的目光。比如，邓亚萍、高敏等奥运明星义务为奥运会拍摄了以“清洁能源”“垃圾分类”“绿色出行”“绿色办公”“文明观赛”以及“节约用水”、“节约能源”为主题的奥运环保公益片。这组宣传片在奥运场馆及中央电视台、北京电视台等地方电视台，公交车、地铁等移动电视网播出后，得到了社会公众的普遍响应，在全民中掀起了一股全民环保的浪潮，这对于展示社会大众的精神风貌、培育良好的社会风尚起到了积极的推动和引领作用。实践表明，充分挖掘或扩散公共人物作为社会精英、名人的辐射效应，释放其内蕴的巨大而丰富的价值影响力，是充分发挥公共人物这一特殊群体的榜样示范和引领社会风尚作用的现实需要。

三、公共人物践行核心价值观的基本要素

公共人物核心价值观应当高度概括公共人物的行业特色和职业内涵，集中展现公共人物的精神风貌和职业愿景。

（一）品牌定位

相对于普通人来说，公共人物占有公共资源的特权性决定了其必须把强化品牌定位意识和努力塑造品牌、发挥品牌效应等放在极其重要的地位。把品牌定位作为公共人物核心价值观中的重要元素，既是培育公共人物核心价值观的首要任务，也是培育公共人物核心价值观的基础和前提。公共人物的品牌定位理念，

一方面蕴含着各类公共人物应正确认识和评价自我，明确公众期待的“镜中我”的价值诉求，找准自己在社会中的位置，突出自己的优势，准确定位自己的核心价值，尤其是为社会带来正向效应和影响带动作用；另一方面则传递着公共人物应始终坚持把个人想要成为什么、究竟擅长什么与社会绝大多数人认可什么、支持什么的主流价值诉求紧密结合，同时进行深入的开发、广泛的传播，使之真正成为自己的核心价值和优势，努力使个人的特质跟自己的愿望、公众期待的形象相吻合，为最大限度地发挥自己的价值找到机遇和舞台。由此可见，品牌定位的价值理念是连接公共人物与社会大众的桥梁，公共人物只有始终坚持品牌定位理念，把品牌定位理念深入内心，使之成为自己核心价值观的自觉成分，才有利于建立与社会大众之间的密切联系，获得并不断提升社会大众的认可和支持度，培养稳定的受众群体。反之，失去了或不注重“品牌定位”的价值指引，公共人物不仅无法在激烈的市场竞争中脱颖而出，更无法成为注意力经济的最大受益者。

（二）德艺双馨

公共人物是大众文化传播或导向的重要主体，其思想道德水平、审美情趣和技艺水平在一定程度上影响着大众文化的发展方向。因此，公共人物要始终注意培养高尚的伦理情感和道德情操，培育积极健康的道德人格，提升审美品位。新时期公共人物群体价值判断和价值选择中存在的缺弱问题决定了我们必须把德艺双馨作为培育公共人物核心价值观的根本价值诉求。“德艺双馨”形容一个在社会上有一定的知名度和影响力的人的德行和技艺都具有良好的声誉，甚至有口皆碑。公共人物德艺双馨的价值观一方面表明各类具有一定知名度和影响力的公共人物经过若干年的思想道德修养和品质升华，再加之不懈的刻苦钻研、进取努力以精进业绩，使自身的技术技能水平达到了出类拔萃的高度；另一方面则强调各类具有一定知名度和影响力的公共人物的成名成星过程不是沽名钓誉所能获得的，更不是经过炒作就能被推上光荣榜、带上耀眼的光环并能保持长久的生命力的。这一方面要求各类公共人物要自觉修身立德，始终注重保持自身良好的公众形象，尤其是社会公德形象。注重保持自身良好的公众形象的前提是人品当先，正德厚生，诚信为本。所谓“人品当先”，是指对公共人物来说，1%的人品污点，会带来100%的个人品牌失败；所谓“正德”，强调个体责任和对自我的约束；“厚生”，强调社会责任和对社会的奉献；所谓“诚信为本”，强调个体内诚于心、外信于人的言行一致、信守承诺的价值诉求。正如古人云：民无信不足以立身，商无信不足以经营，国无信不足以为政。培育“德艺双馨”核心价值观最重要的核心价值诉求就是诚信。个人品牌在某种意义上说就是一种信赖标记，就像一些百年老店之所以能始终展示出一派繁荣景象一样。另一方面则要求公共人物坚持把有利于他人，有利于社会作为个人修德进业、为人处世的根本出发点和归宿。一句话，公共人物只有始终以“德艺双馨”为统领，在“人品当先、正德厚生、诚信为本”这样一些正向的价值理念指引下，加强核心价值观建设，才有利于使自身成为公众心目中健康向上的美好精神偶像而甘愿成为其粉丝。反之，失去了或不注重“德艺双馨”理念的价值指引和行为养成，公共人物便可能失去公众的认可和支持，成为无根之木、无源之水。

（三）榜样意识

公共人物主体的特定性、影响的公共性和行为活动的公开性或趋无隐私性特点决定了公共人物的一言一行、一举一动都应该具有意料之中的榜样示范和社会带动作用，即不仅会引发公众的关注、效仿等，同时会对社会产生或正面或负面的辐射效应和影响作用。公共人物的榜样意识一方面蕴涵着各类公共人物应自觉合理合法运用公共权力、舆论关注、社会信任等公共资源的社会要求；另一方面则传递着公共人物应始终坚持“德艺双馨、诚信为本、观（听）众（用户）至上、不断创新”的职业精神与职业荣誉。公共人物只有始终在“榜样意识”这样一种正向的价值观念指引下培育核心价值观，才能最大限度地满足公众的心理期待，提高社会认可度，进而成为推动社会道德进步、养成良好社会风尚的重要组成部分和推动力量。反之，失去或不注重“榜样意识”的价值指引，公共人物便可能忽略对自身的严格要求，这时，公共人物的影响力非但不能对社会产生积极的促进作用，反而可能会造成严重的负面影响，甚至会导致社会大众公共道德和正确价值观的普遍缺失。正如古人云：“求其上，得其中；求其中，得其下；求其下，则必败。”因此，着力培育公共人物的“榜样意识”不仅是社会对他们的期待，更应该成为公共人物对自身作为有影响的社会人的道德理想和价值诉求。只有当头顶的星空和心中的道德律令成为每位公共人物永恒的追求时，人们才会有理由相信，这份由榜样示范力量带来的感动将会润泽整个世界。

（四）内功为根

公共人物品牌定位、榜样示范和德艺双馨的价值观诉求决定了公共人物必须把练好内功、技艺精湛、技艺超群作为承载个人品牌传播和发挥示范引领作用的平台。练好内功、技能精湛、技艺超群、极强的工作能力等不仅是塑造个人品牌的重要前提，也是塑造个人品牌的核心内容和关键因素。公共人物“内功为根”的核心价值观一方面蕴涵着各类公共人物必须注重“内秀”，练好扎实的“内功”。内秀之人乐观向上、刻苦勤奋，崇尚知识和技术技能，追求文明，摒弃庸俗，热爱自然，恪守规范，以内在的品格、能力、思想、意志令人折服，让众人受益；另一方面则要求公共人物必须居安思危，树立危机公关意识和与时俱进的视野，以创新求“转机”。公共人物是注意力经济的最大受益者，但是公共人物的形象也受到媒体恶意炒作、政策冲突、同盟中的隐患、竞争对手、心怀叵测之人等的威胁。因此，“苦练内功”的价值诉求必然要求居安思危，树立危机公关意识和与时俱进视野。当发生对个人品牌和个人形象不利的危机事件时，只有认真做好舆情的收集和分析，坦诚相对，及时向媒体公布事实真相，表明个人态度和立场，运用合理的传播手段化解危机，主动完成危机公关活动，才能在困境中证明个体存在的价值，改善受损的形象，获得公众的理解、同情甚至支持，从而获得更大的知名度和美誉度，变危机为转机。

四、培育公共人物核心价值观的路径

公共人物，尤其是各类明星，与普通公民有所不同，他们有可能会经常出现在公众面前，他们不仅需要长期保持光鲜亮丽、潇洒英俊的身体形象，自身也更希望能始终成为公众心目中健康向上的美好精神偶像。这就要求公共人物要自觉养成靠道德操守和人格魅力、靠才艺而不是靠关系做人做事、保持自身良好公众形象的行为品格和长效机制。

（一）公共人物要加强自身的道德操守和综合能力

内因是决定事物存在和发展的根本原因。充分发挥公共人物思想道德影响的积极作用，以实现其对核心价值观的积极引领作用。

1. 公共人物要注意加强自身的职业道德和操守建设

公共人物要坚持以社会公德为尺度，不断衡量、反思和严格要求自己，规范和约束自己，努力树立良好的公众道德形象。同时，要借助社会各界的力量，包括各级教育和媒体的监督力量，敦促自己坚守社会道德底线，切实坚持做到以热爱祖国、服务人民、崇尚科学、辛勤劳动、团结互助、诚实守信、遵纪守法、艰苦奋斗为荣，以危害祖国、背离人民、愚昧无知、好逸恶劳、损人利己、见利忘义、违法乱纪、骄奢淫逸为耻，爱祖国、爱人民、爱社会主义。密切关注普通大众的生活，坚持为普通大众服务，努力为国家、民族争光。举例来说，影视明星要用一种平和的心态对待艺术，应尽力摒弃急功近利和投机取巧的做法，避免损害公众和民族利益，切实以“见利忘义”为耻；知名企业家、社会活动家等尤其要不断强化社会责任感和感恩意识，要不断加强企业文化建设，引导员工摆正个人、集体、国家的关系，正确处理个人与社会、竞争与协作、先富与共富、经济效益与社会效益之间的关系等，引导员工学会做一名优秀的企业公民，切实以“好逸恶劳”“损人利己”为耻。

2. 公共人物要不断提升专业技能，努力做到德艺双馨

“学无止境”，专业技能是公共人物成为德艺双馨、知行合一典范的关键和基础。要通过考核、选拔等手段，引导、支持和鼓励公共人物提高专业技能，努力做德艺双馨的各界明星。公共人物应努力做社会公益事业的先锋。公共人物的成功离不开社会大众的支持和认可。公共人物要具有社会责任感和感恩意识，要回报社会，要利用自己的影响力去带动更多的人关注和参与公益慈善事业，扩大公益事业，提升公益精神。这既是公共人物对中华民族“穷则独善其身、达则兼济天下”的传统文化精神的继承和发扬，也是公共人物用符合本职要求的躬行实践对社会感恩与回馈的现实表现。公共人物对自身言行不仅要严格自律，而且要时时刻刻注重强化公德意识和公益精神，这样才能保持良好的公众形象。

（二）加强监督文化建设，充分发挥大众传媒的正确伦理导向和舆论监督功能

公共人物是媒体监督和报道的焦点，也是与媒体发生诉讼纠纷最多的人群之一。作为当代中国公众获取信息的最主要方式和途径，大众传媒承担着重要的伦理导向功能和社会舆论监督责任。发挥伦理导向功能，履行社会监督责任，需要有先进的监督文化体系作为支撑。但是，现代社会中，一些大众传媒依靠强大的经济实力，借助日新月异的现代信息技术，在获取巨大经济利益的同时，也制造了不少时尚的“神话”“假话”、青春偶像、“造星”理念与模式，对社会尤其是青年一代正确价值观的形成带来了极坏的影响。因此，亟须加强大众传媒尤其是新闻媒体和互联网的

核心价值观建设。

1.要端正媒体的价值观

媒体价值观,就是媒体自身的价值导向,即喜欢什么、偏爱什么、以什么为荣、以什么为耻等,是媒体自身的兴趣、爱好、嗜好、基本功能和运作理念的集中体现和反映。媒体价值观,尤其是新闻媒体的价值观,决定了新闻题材的选取、新闻制作的手段、新闻效果的释放,乃至对新闻受众的塑造。端正媒体的价值观,不仅有助于使各级媒体切实承担起开启大众心灵、培育大众良知、引导公共人物充分发挥榜样示范作用的责任,而且有助于各级媒体自觉抵制低俗、庸俗和媚俗,营造积极健康的社会舆论环境,同时也是各级媒体减少社会谴责,增强自身公信力,提高自身影响力的重要举措。

2.要强化新闻媒体正面宣传、正确宣传的意识和能力

社会需要正义和良知,把没有素质、有才无德的人推到前台、捧上舞台,只能扰乱社会的是非、荣辱观念,混淆社会的正确价值取向,败坏社会风气,阻滞社会发展。强化正面宣传、正确宣传的意识和能力,一要坚持以新闻纪律为原则,以新闻事实为前提,以新闻职业道德为准绳,把社会主义核心价值观贯穿于新闻工作的每个环节中,体现到具体的新闻实践中;二要坚持实事求是原则,反对和制止虚假新闻、有偿新闻、眼球新闻,反对各种形式的混淆社会价值判断和有违新闻规律的错误价值取向,体现正确的新闻价值取向和舆论导向,恪守职业道德和操守,维护新闻事业的崇高声誉和新闻工作者的良好形象;三要坚持"三贴近"原则,密切关注普通人的生活状态和真情实感,帮助并引导更多受众树立正确的人生观和价值观,传播先进文化,弘扬社会正气等。

3.要实事求是地树典型,利用身边典型影响和带动公共人物树立正确的价值观

树典型是当今社会一种相当普遍且极具中国特色的社会管理模式和工作方法。树立了典型，就学有榜样，赶有目标。但是，典型是处在不断的发展变化之中的。要实事求是地树典型、学典型，而不能为了树典型而树典型，更不能滥树典型。要重视对典型进行经常性的督促、检查和指导，不断发现新情况、解决新问题，使典型不断巩固、发展和升华。要为典型提供发挥作用的机会和场所，在人力、物力上给予支持，为典型的成长创造良好的外部氛围。要坚持树、用一致原则，把树典型与用典型相结合，使典型看到前途和光明，充分发挥其主动性和能动性，始终保持其旺盛的生命力、感召力，使其切实影响和带动公共人物树立正确的价值观。

4.要充分发挥群众监督和舆论监督的功能与作用

探索建立由具有公益精神而持身严谨的律师、学者及市民等组成的民间广告或媒体监督机构。其主要的职责是：一方面，对那些制作、发布误导性、欺骗性广告或新闻的公共人物、广告商和媒体提出劝诫；另一方面，通过恰当的方式向消费者提出警示，并可对不尊重、抵制劝诫者发起抵制活动。这样的民间组织可以将社会无形的道德力量转化为对公共人物、媒体的有形约束。

5.要努力加强网络道德建设，尤其要引导公共人物在网络虚拟世界中自觉践行社会主义核心价值观

对公共人物而言，在网络虚拟世界中自觉践行社会主义核心价值观，一个重要环节就是要正确理解互联网中的自由、平等、开放精神的内涵及其相互关系。具体就是，要让公共人物明白，在互联网上发表网络日志或其他言论，是有别于传统意义上的个人日记或内心感受的。前者是面向公众的外在表达，后者是带有隐私性质的内在表达或思维。前者的自由性要比后者受到更多的约束，包括法律和道德的约束等。守法是一个公民最起码的责任，也是公共人物在网络虚拟世界中自觉践行社会主义核心价值

观，文明上网、依法上网所设定的规范与标准。同时，公共人物还要不断强化公民意识，自觉遵守公民道德，懂得洁身自好，做到最起码的善良和诚信，以身作则，慎独慎微，不干损人利己的事，不做见利忘义、异化甚至损害社会风尚之事。

（三）抓紧制定出台新闻传播法，健全完善培育公共人物核心价值观的体制机制

公共人物的核心价值观建设是一个管理学、伦理学、社会学、政治学问题，更是一个系统而复杂的新闻法律问题。充分发挥公共人物的价值影响和示范作用，既要靠打造公共人物的公共道德等柔性自律机制，也要靠制定出台新闻传播法，健全完善公共人物核心价值观建设的刚性他律机制。

1. 要引导公共人物自觉学法懂法守法

遵纪守法、诚信纳税、优质服务是每个公民也是每个公共人物应尽的义务。要不断强化公共人物学法懂法守法的意识和能力，使公共人物成为自觉奉公守法的楷模。

2. 要抓紧制定出台新闻传播法

道德理性和社会法制建设之间的密切关系，要求我们必须积极调整新闻传播立法和建立新闻传播制度的思路，尽快从外在硬性约束上对公共人物的不良价值取向、价值选择甚至违法行为进行处罚，将公共人物不良价值行为甚至违法行为的负效应降到最小。我国《宪法》《刑法》《保守国家秘密法》《国家安全法》等法律以及有关的法规、规章中，有不少对新闻传播加以限制的内容。在此基础上抓紧制定出台新闻传播法，这是培育公共人物核心价值观的重要依据和保障。

3. 要健全完善激励约束机制

对公共人物、大众传媒的约束，除了取决于各级政府、群众的

监督能否奏效外，也取决于社会内部是否有一个比较完善的自我矫正机制，包括道德的激励约束机制。

一方面，要真正树立以人为本的观念，大力培育激励约束文化。激励约束机制是通过一套理性化的制度来反映激励约束主体与激励约束客体相互作用的方式。大力培育激励约束文化，首先要真正树立以人为本的观念，积极搭建公共人物充分发挥主观能动性的舞台。在激励约束机制中，公共人物不仅是“对象”，更是“目的”，良性运行的激励约束机制能够更加充分地调动公共人物从事正当的、善良的、正直的活动。

另一方面，要创新和完善奖励和激励机制，提高执行力。健全完善激励约束机制，关键在落实，在执行。要把激励约束机制与竞争淘汰机制相结合，把公共人物的专业考核和社会大众对公共人物的监督评价等动态机制相结合，不断提高公共人物的综合素质，不断激发公共人物干事创业的积极性，最终为促进社会主义核心价值体系建设、推动社会又好又快发展做出积极贡献。

第七章　社会主义核心价值观培育和践行的高校维度

在高校落实社会主义核心价值观是全社会落实社会主义核心价值观的一个重要方面。对此，党和国家领导人也有过要求。2016年4月30日，习近平总书记《在知识分子、劳动模范、青年代表座谈会上的讲话》中指出，"广大青年要自觉践行社会主义核心价值观，不断养成高尚品格"①。这就要求高校要为青年践行社会主义核心价值观奠定思想基础，全面提升在校大学生社会主义核心价值观教育的实效性。

第一节　改进理论课教学提高高校核心价值观教育的实效

理论课是承担我国高校各专业大学生思想政治教育的主要渠道，其中包含了马克思主义基本原理教育、中国特色社会主义理论教育、中国近现代史教育、思想道德修养与法律基础教育和形势与政策教育的任务。落实社会主义核心价值观需要借助这些教育渠道。对其进行加强和改进是进行核心价值观教育的当务之急。

一、社会主义核心价值观与思想政治理论课的关系定位

思想政治教育理论课程是当前开展大学生社会主义核心价

① 习近平.在知识分子、劳动模范、青年代表座谈会上的讲话[EB/OL]. http://www.gov.cn/xinwen/2016－04/30/content_5069413.htm

值观教育的一个重要渠道,在大学生掌握中国特色社会主义理论的基本观点和科学体系,形成正确的世界观、人生观与价值观方面发挥着重要的积极的作用。

(一)理论课教育的性质反映了社会主义核心价值观教育的内容

理论课决定了大学生思想政治教育的方向。在本质上,理论课是一种政治课。它旨在培养无产阶级和社会主义事业的建设者和接班人,思想政治理论教育是政治教育。胡锦涛指出:培养什么人、如何培养人,是我国社会主义教育事业必须要解决好的根本问题。大学生思想政治素质如何,直接关系到党和国家的前途命运。要使大学生成长为中国特色社会主义事业的合格建设者和可靠接班人,高校要在科学文化素质和思想政治素质培养上下功夫。通过对大学生进行思想政治理论教育,使大学生树立马克思主义的立场、观点、态度,树立坚定的社会主义信念,自觉投身于建设社会主义的伟大事业中。而这正与社会主义核心价值观教育中的马克思主义的指导思想和社会主义的共同理想不谋而合。

理论课的内容说明了我国社会主义建设的方向。它以马克思主义作为课程设置的核心内容。马克思主义是一个完整的科学体系,同时又是一个不断变化发展的开放的体系,具有时代性。我国理论课教育坚持以马克思主义为指导,理论联系实际,实事求是,反对教条主义、主观主义和经验主义,是科学的教育。通过对大学生进行思想政治理论课教育,使大学生树立科学的学习态度,掌握科学的学习方法,崇尚科学,这与“八荣八耻”荣辱观教育中的“以崇尚科学为荣”是一致的。

理论课在思想教育方面具有专门性。他是为了使大学生树立科学的世界观、人生观和价值观,旨在使大学生认同、接受社会主义的意识形态,成为真正的马克思主义者。大学生在思想政治理论课教育的过程中,树立了马克思主义的信仰,培养了辩证的科学思维方式，在认识世界和改造世界中能够用马克思主义的立场处理问题，而社会主义核心价值观教育在本质上就是一种思想意识形态的教育，所以说，理论课是大学生社会主义核心价值观教育的有效途径。

理论课是高等学校的一项主干课程，除了承担思想教育和政治教育的任务之外，还承担着大学生道德教育的任务。道德品质是一个人具有坚定正确的政治方向和政治立场的前提。一个人如果没有良好的道德品质，只是以自我为中心，是不会有正确的政治方向的。胡锦涛指出：大学时期是人生形成自觉道德意识的重要阶段，在这个时期形成的思想道德观念对他们一生影响很大。高校应该把帮助和促进大学生形成良好的道德情操和道德修养摆在重要位置。社会主义核心价值观教育中的“八荣八耻”荣辱观教育正是一种品德教育，体现了核心价值观教育中的“价值性”，所以，“八荣八耻”荣辱观教育的品德教育可以通过理论课教育来实施。

（二）理论课教育的功能有助于完善大学生的核心价值观

思想政治理论课是对无产阶级政党的利益和意志的集中体现，包含了党和国家对人才目标、内容、模式等方面的要求，对大学生个体具有良好的导向功能。

思想政治理论教育集中地体现了无产阶级及其政党的利益和意志，以及党和国家对人才目标、内容、模式等方面的具体要求，对大学生个体有良好的导向功能。思想政治理论教育实质上就是把社会主导的价值观念转化为学生个体思想政治观念的过程，从而大学生将社会观念内化为自己的观念，大学生学生按照社会所期望的方向发展。

理论课教育是使个体思想道德观念得到提升的最本质的力量。个体思想道德素质发展是一个个体接受和选择社会价值并且把文化上得到公认的思想、情感和行为内化的过程。理论课能够促进学生个体思想道德的社会化，以形成社会化的思想道德素质。在这个过程中，学生个体得到充分发展。

美育是理论课教育的一部分功能，同时也是实现思想政治教育的工具、途径和辅助方法。关注美育，正是由于美育功能的充分发挥能帮助人们分辨美与丑、善与恶，净化人的心灵，培养人们高尚的情操，完善和提高人的品格，使人们面对充满诱惑的物质世界的时候，能自主地做出选择，这正是思想政治教育工作所追求的理想。理论课教育通过完善“真善美”内容的传播，培育大学生正确的审美意识、审美情趣和审美观点，通过对大学生进行审美情趣的教育，提高他们的审美格调和鉴别力。

理论课教育中蕴含了一部分隐性的经济功能。随着现代社会的不断发展，理论课的经济功能表现得越来越突出，也越来越受到社会的普遍重视。理论课的经济功能是由思想政治理论课程的教育对象、作用对象和教育目的所决定的。大学生是理论课的教育对象，思想政治教育就是要提高大学生的思想政治素质。而人是生产力中最积极、最活跃的因素，人是经济活动的主体。如果高校培养的学生在学校学习中、在走上工作岗位后具有爱岗敬业、甘于奉献的精神，就能够直接推动经济工作、业务工作的发展，从而使经济、业务不仅有质的保证，而且有量的增长。所以说，理论课的经济功能有助于大学生提高其学习、工作的效率。

二、思想政治理论课教学在培育和践行社会主义核心价值观方面的现状

在时代不断发展变化的推动下，思想政治理论课建设只有不断做出调整才能适应时代的发展变化，在新时期，思想政治理论课建设中又面临着一些新情况和新问题，主要表现如下。

（一）教学实效性仍需提高

思想政治理论课教学实效性的标准衡量主要是学生“真听”“真懂”“真信”。这三个环节是紧密相连的，而且是逐一发展，缺一不可的。胡锦涛在了解大学生思想政治素质和思想政治教育

的相关情况后，曾于2004年3月在《关于高校公共理论课教学情况的调研报告》上做了重要批示，要求中宣部、教育部深入研究高校公共理论课的教学问题，本着与时俱进的精神，从培养师资队伍、加强教材建设、改革教学方法、改进宏观指导等方面下工夫，力争在几年内使公共课教学情况明显改善。经过从中央到地方、从教育行政部门到高校的共同努力，思想政治理论课的教学状况得到了较大改善，学生上课的到课率、抬头率、参与积极性等都有了提高，大部分大学生做到了“真听”。受多种因素影响，学生“真懂”的问题并未根本解决。社会大环境中腐败现象的负面影响、各种社会思潮的侵袭、学校重智育轻德育的状况并没彻底改变、学生的专业学习压力和就业压力大等问题，使大学生对马克思主义理论的“真信”，仍然不容乐观。“批判的武器”不等于“武器的批判”，真正要实现大学生掌握马克思主义理论并转化为建设社会主义的“物质力量”，必须要有从“听”到“懂”再到“信”的过程。在这个过程中，思想政治理论课教学发挥着基础性的作用。在思想政治理论课中，怎样将马克思主义理论讲透，怎样利用马克思主义理论的最新成果对现实问题做出有说服力的分析和回答，既考验任课教师的思想政治素质、职业道德水平，也对任课教师的专业知识素质和教育教学水平提出了要求。

（二）教材建设有待深化

教材是做好思想政治理论课教育工作的主要载体，思想政治理论课的三次改革都比较重视教材建设，教材随时代发展进行几次修订，紧跟国家形势发展的需要，显示了教材的政治性和时代性。但全国统一用一本教材也带来一些问题，有教师认为“一本教材包打天下”的做法值得商榷。思想政治理论课教学环境在各高校有很大差异，高校的类型和层次、教师的专业素质和教学态度、学生的知识文化水平和专业背景等方面都会影响到对教材的使用。在当前的情况下，如何根据科学性与思想性、整体性与差异性、原则性与灵活性相结合的原则，依据高校、教师和学生的不同情况，深化教科书、教学大纲和教学要点建设，将教材体系转化为教学体系，对内容做出详略取舍，确立好重点难点，讲授的深浅程度，以及编辑实用的教学参考资料和辅导材料，是新世纪新阶段面临的新课题。

（三）教学方法有待创新

在传统思想政治理论课堂上，教师单纯地借助口头语言，进行“填鸭式”的教学。现代的思想政治理论课课堂上，虽然出现采用了多媒体课件等现代的教学方式，但内容也只是把教材上的文字放到课件中，课件制作质量不高，难以全方位激发学生的兴趣。同时现有的思想政治理论课课堂忽视了实践教学的运用，缺乏说服力。事实上，现在大学生对当前社会的一些理论争议热点、社会现实感到困惑，渴望得到相应的理论解答。但是，照本宣科的方式方法，不能做到有的放矢，不能很好地满足大学生的需求。

（四）教学管理合理性有待提高

教学管理中，理论课也存在一些不合理因素。首先是教学安排不合理。高校把绝大多数专业课安排到了上午，而将思想政治理论课安排到了下午或是晚上，这样学生在经过了一上午或者一天的学习后，极易感到疲劳，而教师在半天或一天的教学后，也不堪重负，有时候教师在下午或晚上还要连上好几班的思想政治理论课。这样的教学安排虽然节约了教学成本，但影响了教学效果。其次是教学规模庞大。近几年，随着各高校的普遍扩招，各个专业的在校生人数明显增多。思想政治理论课的班容量也明显扩大，但思想政治理论课教师却没有进行同步的补充。再者，思想政治理论课一般属于公共必修课，往往是不同专业的学生同时上课，这样的大班授课人数上百，甚至是多达数百。这样庞大的教学规模影响了讨论式教学方式开展，也影响了师生的互动。最后是管理制度缺失。管理体制的问题，实质上是大学生思想政治理论课的地位问题。中宣部、教育部将思想政治理论课的教学机构作为独立的单位而存在,但在多数高校中它却被归入了二级甚至是三级机构,机构级别较低,很难决定课程的开设或是课程的设置。同时,思想政治理论课教师只讲公共课,不参与学生的学习与生活,对学生了解不够,很容易把思想政治理论课当做是单纯的知识传授,无法全面发挥思想政治教育的功能。

(五)教师的教学水平和能力亟待增强

首先,一部分教师在内容选择上舍本逐末。"本"即指思想政治理论课的主要内容,也可以是指思想政治理论课所采用的教材。"末"是指教材中没有而又必不可少的内容。在思想政治理论课的教学过程中,教师往往增加一些教材中没有的东西来调动学生的积极性。但有的老师过于侧重"末",而逐渐忽视了"本",或是任由"本"被"末"掩盖。

其次,一部分教师课堂上存在自导自演的现象。思想政治理论课的教学需要师生互动完成。虽然近几年来,高校开始注重采用互动式教学,发挥学生在课堂上的积极作用。但课堂教学还是属于教师的"独角戏"。很多时候都是教师在讲台上讲得天花乱坠,学生在下面却无动于衷,没有丝毫反应。另外,有些教师对师生互动的理解局限于"提出问题—回答问题",单纯地提出问题让学生回答,并不考虑学生的知识基础和关注焦点,最终陷于自导自演的境地,即平时所谓的"冷场"。

最后,还有一部分教师教学方式上重言传轻身教。在思想政治理论课中,人们往往认为教师只需要口头宣传党的理论、方针和政策。其实,教师的"身教",以道德楷模的方式来对学生进行引导,比口头宣传更具有说服力,也更容易让学生接受,但有些教师却言行不一,这使得学生对理论课不再有兴趣。

三、以社会主义核心价值观为引领提升高校思想政治理论课建设的实效性

在社会主义核心价值观落实的角度看,高校思想政治教育课

程的实效性体现在大学生群体积极运用社会主义核心价值观反思自己的生活。

（一）坚持社会主义核心价值观，树立以人为本的思想政治理论课教学观念

思想决定了人的行动，观念则是思想转化成为行动的中介。要提升社会主义核心价值观教学的实效性需要高校各级领导以及思想政治理论课教师转变自己的教学观念。当前，最重要的是要按照科学发展观的要求，树立以人为本的思想政治理论课教学观念。

一方面，高校各级领导要树立以人为本的观念，转变部分高校领导把思想政治理论课看作是可有可无的课程的思想。高校要培养全面发展的优秀人才，必须德才兼备。有德无才，或者有才无德，都不符合社会发展的要求。从社会主义核心价值观的角度看，高校教师要提升社会主义核心价值观教育的实效性，培养道德上合格的人才。而做到这一点，必须转变过去部分高校领导的观念，充分重视高校思想政治教育理论课，提升教学质量。

另一方面，高校思想政治理论课教师要在高校各级领导的倡议下，真正实现教学之中的以人为本。高校教师要在教学之中思考，大学生在思想政治教育课堂上希望获得什么，现在能够获得什么，差距在哪里。将这些问题思考清楚，就能够真正关心、尊重每一个大学生。我国高校思想政治教育理论课目前实行的是大班教学。这种课堂上，教师要照顾到每一个学生的情绪，实在优点强人所难。这时落实以人为本的唯一方法就是从整个大学生的角度思考大学生的定位、需要、现状和差距。待教学条件有所改善之后，再将一些问题细微化。

（二）培养学生良好的学习兴趣和心理状态

在高校思想政治理论课教育教学的过程中，学生是高校思想政治教育理论课教学的中心，同时也是其重要的客体。学界关于

学生在思想政治理论课教学之中的地位的讨论到现在还没有结束。但是本人认为,不论怎么定位高校思想政治理论课教育之中的学生,培养学生的学习兴趣将始终是高校思想政治教育工作的一个重要方面。兴趣是最好的老师,这一点中外学界已经公认。然而作为一种高等级的精神需要,兴趣应该怎样培养始终都是一个问题。西方教育心理学学者认为,想让学生培养自己学习兴趣首先要促进学生进行正确归因和获得成就,使学生放弃原有的厌学因子。在这一心理状态下,学生至少不会对高校思想政治教育理论课的内容进行排斥。进一步而言,要使学生产生理论课学习的兴趣,就要求教师能够为大学生搭建一个完整的理论框架,并使学生发现这一理论框架在生活中的实际用处,使学生认识到学习理论以后生活能够更有意义。

(三)提升高校思想政治理论课教师的素质

教师是高校思想政治理论课教学的执行者,同时也思想政治理论课教学持续开展的一个重要主导者。思想政治理论课教师思想政治品德素质的高低、教学态度的好坏、教学方法是否科学得当,直接影响到思想政治理论课教学的实效性。

对于不断发展的教学来说,教师仅有好的教学态度和素质水准是不够的,还要有科学有效的教学方法。这就要求我们的思想政治理论课教师在教学中一定要坚持理论联系实际的原则,积极改进教学方法。理论联系实际是人类认识事物、科学学习的普遍要求。坚持这一原则,能较好地解决感性认识和理性认识、直接经验与间接经验、学习与应用等问题;能开阔人们的视野,了解实际,提高观察问题、分析问题、判断问题、解决问题的能力。

教师在高校思想政治理论课教学中要坚持理论联系实际的原则,要在深入调查研究的基础上,对当代中国大学生的思想状况进行科学的分析,正确把握他们的思想特点和心理发展的特点,运用中国特色社会主义现代化建设中丰富生动的实践回答当代中国大学生普遍关心的理论问题和现实问题;只有这样,才能增强高校思想政治理论课教学的主动性、针对性和实效性，避免空洞抽象的理论说教，取得良好的教学效果。高校思想政治理论课教师在教学过程中要勇于创新，大胆实践，强化实践性教学环节。要通过参观、社会调查、社会服务、讨论、撰写论文等多种多样的实践性教学形式，将理论运用于实践，使当代中国大学生在理解、运用、探索中掌握马克思主义立场、观点和方法。

(四)进一步提高思想政治理论课教材质量

教材是思想政治理论课教学的基础，教材质量的高低直接影响到思想政治理论课教学质量的好坏。教材质量仍然满足不了教学的需要。这就要求教育部和各省(市)思想政治理论课管理部门，要以与时俱进的精神进一步更新高校思想政治理论课教材编写思路。高校思想政治理论课教材的编写应引入科学的竞争机制，充分调动高校思想政治理论课第一线从事教学科研的专家学者们的积极性。

从当前高校思想政治理论课教学的发展来看，高校教材的现状总体来说还是相对薄弱。这种状况严重影响了高校思想政治理论课教材的质量，也严重影响了高校思想政治理论课教学的质量。高校思想政治理论课教材建设既要体现系统性、理论性，更要体现针对性和实效性；既要体现马克思主义的立场、观点、方法和理论联系实际的基本原则，更要反映马克思主义与时俱进的品质。

四、围绕社会主义核心价值观创新教学模式的思考

(一)改进思想政治理论课教学方法

在教学方法的问题上，只有充分把握学生特点，采取“贴近实际、贴近生活、贴近学生”的教学方式，才能提高大学生社会主义核心价值观教育的实效性。

1.启发教学法

所谓启发式教学法，是教师根据课程教学目的、内容、学生的思维状况，综合运用各种教学手段，以充分调动学生课堂参与积极性为目的的一种方法。启发教学法是引发学生思维的重要手段。通过教师的启发，学生能够从对材料的感性认识上升到理性认识，在学生接受知识的同时提高学生的思维能力。

运用启发教学法，教师需要把握以下这些关键点。

第一，了解学生。了解学生是运用启发教学法的基础。教师要重点了解学生的知识基础和思维水平。知识基础是学生听懂教师讲授内容的一个重要元素。按照心理学的理论，教师讲授的内容要稍高于学生现有的知识水平，通过知识传授，扩展其认知范围。学生的思维水平是另一个制约因素。理论课的教学对象是具有一定思维水平的大学生，然而其专业的限制则使得这些学生的思维方式具有很大的差异性。教师在进行理论课教学的过程中，应该顺应学生的思维方式。

第二，安排教学内容，注意教学艺术。教学内容和教学艺术是启发教学的重要载体。在教学内容安排的过程中，教师宜根据受教育者的思维方式和知识基础对教学内容的顺序进行重新安排，在适当的时机添加教学案例。教学艺术是启发教学法成功实施的关节点。优秀教师能够运用提问的艺术、举例的艺术、板书的艺术、激励的艺术等方式顺利地使学生积极思考并获得相应的个性化知识。

第三，安排作业，善用学习反思。课外学习是课内教学的拓展。课外反思则是课堂教学的延续。理论课教学的目的是要将理论内容嵌入到学生的认识之中，而学生认识的深化还要通过课外学习完成。教师应该善于利用作业作为学生参与课外学习的线索，通过学生在课外查找相应资料的方式完成学生对学习内容的反思。

2. 互动教学法

互动式教学法是多种教学方法的综合，其目的在于推动教师与学生之间的交往，最终实现教学效果的提高。大学生思想政治理论课的互动教学法主要有以下几种互动形式。

第一，师生互动。师生互动是思想政治理论课互动式教学的主要内容，也是互动式教学在教学实践活动中的难点与重点。在实际教学活动中，教师应设法在课堂上营造平等宽松的民主氛围，给学生展示自己的机会。在课堂讨论中，教师应采取开放的态度，对不同的观点或者角度各异的问题，不宜随便质疑或者肯定，应引导学生自主的思考问题、解决问题。在师生互动中，知识在学生学习的过程中自发的“生长”，而非教师强制的向学生灌输。

第二，生生互动。生生互动是在教师的主导下，在学生之间展开的知识交流过程。学生通过相互提问、对答、讨论的互动方式，相互借鉴彼此知识体系中有价值的内容，达到共同学习、共同提高的目的。生生互动的具体形式主要有：第一，讨论。这种讨论可以是全班性的，也可以是小组内的。讨论的目的一方面是要培养学生的合作意识和创新精神，另一方面则是发展学生的思维能力、交际能力和语言表达能力等。第二，辩论。理越辩越明，辩论一方面可以活跃课堂气氛，加深学生对知识的认识，另一方面则能够调节课堂组织形式，实现全班的共同参与。第三，竞赛。竞赛的形式是多样的。教师在组织竞赛的时候，可以采用个体参与的形式，也可以以小组作为竞赛单位的形式。知识竞赛的目的也是综合的，一方面调动学生参与学习的积极性，另一方则可加深学生对理论课知识的印象。

第三，社会互动。加强学生与社会互动的主要形式有参观访问、社会调查、专家讲座和社会实践。社会互动的目的一方面是要学生了解社会发展的方向，了解社会的需要；另一方面则是促进学生反思，培养学生适应社会发展的能力。

第四，媒体互动。媒体是承载最大量信息的社会交流载体。随着现代媒体的日益发达，我们要充分运用现代媒体在思想政治教育教学方面的作用，使现代媒体充分为思想政治教育教学服务。因此，大学生思想政治理论课教师一方面要充分挖掘现代媒体的有效信息，在课堂上引入媒体上的最新信息资源；另一方面则要鼓励学生关注现代媒体，关注国际国内最新形势政策，还要鼓励学生运用所学知识分析当前时事问题，增强理论课的吸引力和感染力。

3. 开放式教学法

开放式教学要求调动大学生主动参与教学过程的积极性和主动性，加强师生之间、学生之间的立体化多向交流，激发学生的个体能动性，扩大思想活动的开放度。比如开展设计一定的情景，在教学中将抽象的原理融入生动的情景中，让学生通过体验角色来领悟知识，从而达到良好的教学效果。教师最大限度地减少一个人说话的时间，最大限度地满足学生课堂表现的需要。

（二）将现代教学手段融入思想政治理论课教学中

随着科学技术革命的发展，尤其是以信息技术、生物技术为特征的高新技术的迅猛发展，人类社会正在进入信息社会，走进“网络时代”。

信息技术的广泛应用，国际互联网的迅速普及，使得信息成了极为重要的社会资源、经济资源。信息的传递、开发和创造，在很大程度上影响着一个国家经济社会的发展。而教育在本质上说，也是一种信息（知识）的传递、开发和创造。教育过程，就是教育者把信息（知识）传递给受教育者的过程，也是对信息（知识）进行开发创造的过程。信息传递开发的效率，决定着教育的效率和水平。在不同的文明时代，信息传递的方式手段是不同的，每一个时代都有着与该时代相适应的物质技术条件。思想政治理论课教学作为高校教学的一个重要组成部分，毫无例外也应该跟上时代发展的要求，积极主动地改革教学方法，大胆利用现代化教学手段，进行多媒体教学、网络教学，利用丰富的音像文字资料拓展思想政治理论课教学内容，利用生动直观的多媒体教学手段，开展形式多样的教学活动。信息技术的发展，已经为我们改革思想政治理论课教学，提高教学质量，提供了良好的条件。利用现代化教学手段进行思想政治理论课教学，既是信息时代对思想政治理论课教学提出的要求，也是思想政治理论课教师跟上时代发展步伐的历史责任。因此，思想政治理论课教学手段必须向现代教育技术发展，多媒体技术的使用势在必行。

第二节 建设和谐校园文化优化高校核心价值观教育的环境

校园是大学生活的主要场所，而校园文化则是在教师和学生学习生活过程中自发形成的一个体系。将社会主义核心价值观寓于校园文化建设之中，既是利用校园文化这一种渠道教育大学生，又是使这一先进文化同社会主义先进文化更加贴近的举措。

一、校园文化的界定

（一）校园文化的含义

校园文化，实际上就是除了课堂以外的所有的与教师和学生相关的教育活动。校园文化是一个内容复杂、形式多变的综合体：思维活动、文化环境、道德关系以及人际关系都有可能成为校园文化的一部分，从而直接或间接地对教师以及学生产生影响。

校园文化是高校不可或缺的一部分，它是在长期教学与实践过程中逐渐形成的具有自身鲜明特色的标签，更是彰显该校学生思想观念区别性的重要标志，是学校最生动、最鲜明的名片。

从形态上看，高校校园文化可分为物质文化、制度文化、精神文化。校园物质文化也被称为“实体文化”，是指学校师生员工所创造与创新的各种物质设施所构成的实体文化，包括校园的整体布局、建筑风格，师生员工工作、学习、生活、休息、娱乐的环境，以及景点标志等。

校园制度文化是校园文化形态中的标志，是一所学校为了保障整个教学及工作体系正常运转所制定的一系列管理制度和管理方法，包括管理体制、组织机构、行为规范、规章制度、传统习惯、领导风格、师生关系等。

校园精神文化是校园文化的核心和灵魂，它是在特定的历史背景下，学校为了达到既定的教育目标，从长期的教学和实践活动中逐渐积淀、整合并提炼出来的，它不仅是学校教育思想的集中体现，更是师生价值追求的外在反映，包括道德观念、价值观念、审美观念、心理情感、思维方式、学术风气、治学风格、学校传统和作风等。

（二）校园文化的价值

1. 促使教育者反思教育生活，形成文化自觉

校园文化的研究源于实践，更是为教育实践服务的，是为那些在教育实践第一线的教师、校长和教育行政人员等服务的。不过校园文化的研究并不是给他们一个模板，告诉他们怎么去做，而是要促使教育者来反思自己的教育生活，反思自己的教育理念，使他们自觉思考教育的文化意蕴。

从最广泛的意义上来说，教育就是促使人的思想发生转变，特别是向善的方向转变。而文化也可以被看做是动词，也具有转变的意思。教育和文化具有同质性。学校，是学生接受教育的地方，也是传递和创造文化的地方。然而现实是，学校既不具有教育意义，也没有文化的味道，充斥校园的是学生为了升学和工作（金钱）而学，教师为了工资而教。再也没有“为中华之崛起而读书”的学习愿望，也没有“千教万教教人学真，千学万学学做真人”

的教育理想。今天的学校，似乎已经忘记了自己的使命，缺乏明确的价值观念，没有明确的办学理念，可以说，学校这个最有“文化”的地方反而没有“文化”了。

把校园文化作为一门学科来看待，让身处学校中的学校成员睁开眼睛去寻找隐藏的文化，去思考“什么是学校”“什么是教育”“我在学校中的地位”“我能给学生带去什么”“我想培养什么样的人”……在反思中去感悟教育的真谛。

2.维护学校成员的成就感和归属感

校园文化致力于学校文化的文化，使学校文化成为一个具有理论地位的专业术语，使学校文化从实践中的自发状态上升为具有理论高度的应然状态，并进一步促成其在实践中的自觉状态。校园文化让学校成员意识到文化建设的必要性。学校文化实际上表达的是学校的追求和理想，代表着全体人员的根本意愿。当这个位于学校成员内心深处的意愿被他们自觉认识到时，就会成为强大的精神力量，让他们感到是在为自己的理想而工作，自己的工作将会实现自我的价值，而且，在学校这个组织中，还有很多跟自己有着一样的追求，像自己一样为之奋斗的同事们，这就有效地调动了他们工作、学习的积极性，形成强烈的成就感和归属感。同时，学校也凭借学校文化形成强有力的学校凝聚力。这正是顾明远先生所总结的：“优秀的学校文化总是有愿景、有期望、环境舒畅、人际关系融合、生活朝气蓬勃。会激励师生开拓进取，不怕困难，追求卓越，努力把学校的各项任务完成得出色。在这种优秀文化氛围中，全校师生有一种责任感、荣誉感，驱使他们努力教和学，不断创造新的经验和成绩。”

3.引导教育改革的方向

素质教育、新课程改革推行了很多年，也取得了一些成效。但是当深入学校跟高校思想政治教育工作者谈素质教育，听到真实的回答仍然会让我们感叹思想政治教育工作还要进一步提高。

造成这种结果的原因很多，本文主要从学校文化的角度来谈一下看法。

我们都知道，教育评价是教育改革的关键，评价标准和方式不改变，怎么改革也仍是原地打转。所以教育评价多元化的提法一直都很有号召力。然而问题在于，评价多元化只是一个原则，具体怎样多元化，除了考试成绩这一元之外其他多元体现在哪里？对于这些问题的解释，我们可以说，学校文化建设毫无疑问要在多元中占据一席之地。

教育评价，评价的对象是学生，但学生是学校中的学生，所以，以分数为衡量标准的教育评价的对象也包括了学校。有评价就有比较和竞争，在分数为标准的前提下，学校在竞争中获胜的唯一砝码就是学生的分数，分数越高，升学率就可能越高，学校才会获胜。分数这个原本只是衡量学生的标准，通过评价这个中介，也成了衡量学校的标准，逐渐又演变为唯一标准。虽然教育政策和教育舆论都在谴责这种分数至上的教育评价，然而其他多元的缺失却使得谴责无力。

而校园文化的出现，使学校文化这个学校与生俱来的固有特征也成为衡量学校的一个标准，学校文化本身就具有强烈的教育意义，无疑有利于纠正当前人们对分数的过度执着。把学校文化建设明确作为评价学校的标准，是未来教育改革的可行、必行之路。

二、校园文化引领大学生社会主义核心价值观的构建

（一）校园文化的价值导向引领大学生坚定信仰社会主义核心价值观

高校历来是各种文化思潮汇聚的阵地。在全球化的语境下，各种新事物、新思想、新潮流对大学生的思想观念带来了很大的冲击。校园文化中各种亚文化掺杂其中，以马克思主义为指导思

想的一元化正遭遇危机，主流校园文化受到不良文化侵蚀。针对此情况，校园文化建设必须坚持马克思主义的一元指导地位，用马克思主义立场、观点、态度教育引导大学生。在价值观多元的社会和校园中，高校要用马克思主义的主流文化占领校园文化主阵地，抵消各种不良文化对大学生思想观念的负面影响。在课堂之外，高校要重视校园文化对大学生的隐性作用，做到校园文化贴近学生、贴近生活、贴近实际，侧重用疏导的方法解决大学生的思想认识问题，使大学生成为社会主义核心价值观的坚定信仰者。

（二）校园文化的环境氛围引领大学生自觉追随社会主义核心价值观

任何价值观只有内化成为人指导社会行为活动的标准，才算真正的树立起这种价值观。高校要积极引进多媒体教学载体，在物质文化环境、学术文化环境、社团文化环境、管理文化环境、舆论媒体环境方面下功夫，构建人文校园，在环境上形成一种运用社会主义核心价值观指导学习和生活活动的趋势，从而利用大学生的从众心理，潜移默化地使其自觉追随社会主义核心价值观。社会主义核心价值观应不仅仅是一种理论文化，还应是一种流行文化，流行于大学生群体之中的文化。在这种情况下，大学生社会主义核心价值观教育才能够真正做到大众化、社会化。

（三）校园文化的活动话语引领大学生自觉示范社会主义核心价值观

原团中央书记处书记陆昊在共青团宣传工作会议上指出："要善于用青年喜欢的话语体系来创新教育内容的表达方式，要善于运用青年喜欢的语言风格和逻辑与青年交流，善于用真理的力量去影响青年。……引导青年和尊重青年有机结合起来，才能真正走进青年，在本质意义上实现对青年的引导、吸引和凝聚。”① 社会主义核心价值观是具有中国特色的，使全社会达成共识的文化价值理念，是维系整个社会和谐、稳定、发展的精神纽带。社会主义核心价值观要与人们的生活相贴近，高校理论工作者要避免居高临下地说教和机械地论述，要以当今大学生的特点为依据，充分运用适合大学生的话语体系。用社会主义核心价值观来掌控校园文化话语权，在校园文化氛围中形成社会瞻望核心价值观的舆论强势，统领校园文化。

三、当前校园文化建设中存在的问题

（一）大学校园文化内容思想性不足

当今的大学普遍重视大学校园文化的载体建设，而不看重其内容建设。在新一轮的大学发展中，我们看到，美丽的大学校园，恢宏的建筑群体，庞大的组织系统和丰富的文化活动，发展迅速，成效显著，但同时，部分高校校园文化活动内容偏窄，形式单一，娱乐型内容多，思想启迪性活动少。一方面，这与大学生课业有直接关系。由于学习内容较多，在课余时间，他们希望有更多的时间来娱乐和放松；另一方面，与校园文化活动的形式、内容有直接关系。浮于表面的活动多，而真正满足大学生需要、精心策划组织的活动少。大学生中出现了“道德危机”“精神危机”“信仰危机”“价值真空”等市场行为和人格的扭曲、道德的堕落、理想的泯灭等消极状态；大学教师中出现了学术观的实用化、功利化倾向，自由、批判、开拓、创造的学术风气失落，代之而起的是学术不端、学风浮躁、急功近利、学术投机、学术贿赂、学术腐败等背离了大学精神的功利化、平庸化陈腐气息。

① 陆昊.在共青团宣传工作会议上的讲话[N].中国共青团报，2009－04－09

(二)大学生对关于社会主义核心价值观教育类校园文化活动参与性不高

校园中组织的各种有关社会主义核心价值观教育类的校园文化活动学生参与面不大。经常参加和策划组织校园文化活动的学生往往是学生干部，而涉及马克思主义理论、中国特色社会主义共同理想、时代精神和民族精神、社会主义荣辱观等主题的文化活动，往往以统一组织，甚至是行政安排的形式开展，才能保证参与率，即使组织学生参加了活动，也会出现“人在心不在”的现象，导致效果不佳。究其原因，我们发现，此类活动常常是只有管理没有研究与策划，大多是为了迎合重大的有历史意义的节日组织开展的，活动形式经常趋同。虽然这样可以增强活动的仪式感，强化大学生对社会主义核心价值观的认知，但是这些活动往往缺乏吸引力，学生也是敷衍了事的参与，参与性不高。

(三)校园文化活动对社会主义核心价值观教育的宣传度不大

校园广播、校报、橱窗、网络等宣传载体对于社会主义核心价值观教育的校园文化活动进行宣传的力度不足。舆论宣传中应加强校园中典型事件、典型人物的宣传报道，增强宣传的现实感，发挥传播社会主义核心价值观内容、形成主流价值文化的积极作用。

四、做好校园服务，构建和谐校园文化

(一)坚持以社会主义核心价值观引领高校校园思潮，坚定社会主义方向

在新形势下，高校面对着外来文化的巨大冲击，大学生又是渗透的重点对象。高校要在积极吸收外来文化中的优秀成分的

同时，通过各种生动活泼的形式宣传爱国主义、优秀道德传统和优秀文化传统，教育、引导大学生自觉抵制腐朽文化、腐朽思想和拜金主义、极端个人主义、享乐主义等思想的侵蚀，培养热爱中华民族文化的大学生。

在当前，高校要坚持以社会主义核心价值观引领高校校园思潮，坚定社会主义方向。社会主义核心价值观，是社会主义意识形态的本质体现。胡锦涛指出："建设社会主义核心价值观，增强社会主义意识形态的吸引力和凝聚力。"①社会主义核心价值观进校园，在校园中构建，已经成为社会主义核心价值观二十四字方针转入校园文化一个组成部分的必然要求。在校园的各个地方，引入社会主义核心价值观的内容，向学生宣传社会主义核心价值观，成为他们做人做事的重要准则，实现社会主义核心价值观切实进头脑、入行动。

（二）在坚持社会主义主流价值观的基础上，也要允许非社会主义思潮的存在

众所周知，蔡元培最初的办学方针便是"兼容并包""思想自由"八个字，所以不论是一般大学还是高职院校，都应该是各种思想相互交流的场所，不能因为我国是社会主义国家，就只对学生进行社会主义意识形态的教育，而对其他与之相冲突的思想都严加排斥。相反，我们应该允许校园里可以存在不同思想的声音，"海纳百川，有容乃大"，要有宽广的胸襟、开明的气度，对非主流思想不是一笔抹杀，而是让主流与非主流在碰撞中对话交流，但注意要由教师积极主动去引导学生，让学生在比较、分析中接受宣传，使学生在思想的交流碰撞中真正体会到社会主义主流思想的优越性。

① 胡锦涛.高举中国特色社会主义伟大旗帜 为夺取全面建设小康社会新胜利而奋斗——在中国共产党第十七次代表大会上的讲话[M].北京：人民出版社，2007，第158页

（三）培育个性突出、特色鲜明的大学精神文化

大学精神是一所大学的灵魂，是一所大学体现出来的生命力、创造力和凝聚力的整体精神面貌。它是一所大学经过长期办学历史的文化积淀所形成的独特的精神特征；是一所大学的办学理念和价值追求，表现为大学的群体意识；是激励大学发展，提升大学办学水平的精神动力。一所大学精神的形成，同这所大学产生、发展的时代，独特的历史、地理环境、文化特色和师生的共同心理状态密切关联，是民族精神、国家意志、社会发展趋势与学术精神相互融合的结晶。大学精神是校园文化建设的提炼和升华，它贯穿于校园文化建设的整个过程。没有大学精神的指导和支撑，校园文化建设是散乱和低层次的，缺乏系统性、继承性，只能流于形式。学校环境是与教育对象直接联系的环境，对其思想道德的形成和发展起着至关重要的作用，并相应地影响着大学生核心价值观教育的实施效果。高校作为培养高素质人才的摇篮、传播先进科学文化知识的基地，校园环境是重要的育人条件之一。良好的校园环境，对于陶冶学生的情操、规范学生的行为、培养学生高尚的道德品质，具有其他教育形式所不能替代的作用。

第一，促进和谐校园文化的形成。校园文化是大学生核心价值观教育环境优化与构建过程中的重要载体。只有校园文化实现和谐发展，大学生核心价值观教育的环境才会稳定有序。高校必须动员全体师生积极参与到校园文化建设活动中，从规范自己的行为做起，遵守社会公德，团结起来抵制网络上的违法犯罪行为。不断丰富学生的课余文化生活，大力宣传社会主义思想道德，强化师生之间的互助、同学之间的互助、同事之间的互助、上下级之间的互助。以科学发展观为指导，坚持以学生为本，以教师为主导，通过促进和谐校园文化的形成实现大学生核心价值观教育的可持续发展。

第二，把学校的精神文化渗透到学校的制度规范和文化活动之中。制度规范和文化活动是文化的结构要素之一，对精神文化

的培育和渗透具有潜移默化的影响。学校精神文化只有广泛地渗透到制度规范和日常的各项活动中,才能与教育对象有机地联系起来,从而实现其教育价值。因而,学校精神文化向制度规范和日常活动的渗透是开发教育环境的有效措施之一。

第三,把开发富有特色的学校精神文化环境与提升教育对象的主体意识结合起来。教育环境的开发是为了提高教育对象的自我素质,而环境的建设又离不开教育对象的积极参与。因而两者是相互依赖,辩证统一的。提升教育对象的主体素质主要包括两个方面,一是提高教育对象面对复杂社会环境时的辨别能力和自我控制能力,抵制不良环境因素的诱惑;二是增强教育对象主动参与环境建设的自觉意识,形成重视环境建设,从我做起的主人翁意识。

(四)高校要营造和谐的校园网络文化氛围

第一,高校校园网络文化要代表中国先进文化的前进方向。高校要积极构建具有中国特色的代表先进文化前进方向的校园网络文化,优化社会宏观环境。高校既要弘扬中国优秀传统文化,又要借鉴外来文化精华,要坚持正确舆论导向、正面宣传和弘扬主旋律的社会主义文化。

第二,营造高校校园网络文化良好氛围。高校要营造良好的育人氛围,不断更新思想政治工作载体,要紧跟时代潮流,充分利用现代网络信息技术,以网络为阵地,开展大学生核心价值观教育,要在校园文化建设上下大功夫,使大学生能够在轻松愉悦的氛围中得以升华的同时,影响和改善大学生核心价值观教育的社会宏观环境。

第三,营造高校网络学习氛围。高校要切实利用网络的优势,将校园文化的优秀内容带入到校园网络之中,实现虚拟网络与现实社会的有效沟通。校园网络是学生学习和生活的一个重要组成部分,对社会主义核心价值观的养成具有重要的影响。高校优秀的校园文化进入校园能够切实推进校园网络优秀学风和作风的养成,影响到经常在网络上浏览的学生。

第三节　加强社会实践促进高校核心价值观教育的知行合一

大学生社会实践活动作为一种教育形式,涵盖于大学生社会主义核心价值观接受中介的重要教育活动中,是高校加强与改进大学生思想政治教育的重要途径,是全面提高大学生综合素质、促进大学生健康成长的必要手段,同时也是构建大学生社会主义核心价值观教育接受机制的有效载体。

一、依托社会实践,对于开展大学生核心价值观教育的意义阐释

社会主义核心价值观内化是大学生社会实践的重要目标。社会实践在实现社会主义核心价值由课程体系转化为信仰体系过程中具有重要作用。在构建大学生社会主义核心价值观中开展广泛的社会实践,以马克思主义为指导,全面贯彻党的教育方针,遵循大学生成长规律和教育规律,以了解社会、服务社会为主要内容,以形式多样的活动为载体,以稳定的实践基地为依托,以建立长效机制为保障,引导大学生走出校门、深入基层、深入群众、深入实际,开展教学实践、专业实习、军政训练、社会调查、生产劳动、志愿服务、公益活动、科技发明和勤工助学等,在实践中受教育、长才干、做贡献,树立正确的世界观、人生观和价值观,努力成长为中国特色社会主义事业的合格建设者和可靠接班人。

(一)社会实践的开展充分发挥出大学生的主体地位

在构建大学生社会主义核心价值观过程中,重在大学生的内心体验,注重大学生主体意识的发展变化,从内心对社会主义核心价值观进行逻辑推理,分析论证,做出判断,然后做出选择。除

主体性之外，大学生的主动性也是社会主义核心价值观教育过程中所必需的特质。主动性是大学生心理需求动机外化的表现。大学生能否主动地应答、主动选择、主动思考是社会主义核心价值观构建成功的关键。

社会实践的内容和形式是丰富多样的，大学生在社会实践中，自由、平等、民主地参与，激发他们的主体性和主动性，促进社会主义核心价值观的有效构建。大学生在广泛地参与丰富的社会生活之中，亲自接触各种人和事，增加对社会的生活积累，并获得对社会物质文化、精神文化和制度文化的认知、理解、体验和感悟。大学生在社会实践的过程中积极发挥自己的主观能动性，结合自己掌握的理论知识去理解现实，通过自己的双眼去认识社会、了解社会，在感性的实践中去证实理性的认识，从而接受、认同社会主义核心价值观。

（二）社会实践的开展使大学生充分认识到社会主义核心价值观构建的反复性与长期性

任何一种价值观和价值体系的真正认同，都要经过反复、长期的实践才能最终确立，不是一蹴而就的。大学生本身易受到外界环境的影响，在树立核心价值观的过程中需要经过多次反复，是一个长期的过程。从心理学角度讲，主体从接触到内心真正接受一种理论、观念是一个从低到高、从部分到整体、从外表到内心的长期过程。大学生在接受社会主义核心价值观教育时，既需要根据自身的需要层次和接受能力逐渐认知和内化社会主义核心价值观，也需要跟随社会主义核心价值观的发展而不断更新接受内容。

大学生的社会实践活动本身具有成长性的内涵。大学生在一次实践活动中有可能只接触到事物的一个方面，只有经过多次的实践认识才能了解到事物的全貌。大学生在社会实践中要培养的爱国情怀、集体主义精神、劳动光荣的意识，都是需要经过多次实践才能养成。在一次一次的实践基础上，大学生不断积累经验，获得对社会更全面的认识。

（三）社会实践的开展与大学生社会主义核心价值观教育的主要特征互相契合

首先，从社会实践活动的角度出发，社会实践教育活动主要目的在于通过实践使得大学生对社会有深层次的认识。大学生在社会实践中，能够体会到自身价值实现所带来的成就感，使自我和社会得到有效沟通，对培养大学生的自立精神、创新意识、求真务实精神具有积极的促进作用。社会实践活动要求大学生亲身参与，使其切身体会到社会主义制度的优越性，促使其在深层次的观念上坚定社会主义的理想信念，激发其历史使命感和社会责任感。其次，从社会主义核心价值观教育的角度出发，社会主义核心价值观所蕴含的思想观念、政治原则和道德要求都要通过实践活动才能体现出来。无论是马克思主义指导思想、中国特色社会主义共同理想、民族精神和时代精神，还是社会主义荣辱观这些都要落实到大学生的行为活动中。只有这样才能说明，大学生对于社会主义核心价值观真懂、真信，大学生社会主义核心价值观教育才能算是取得成功。

（四）社会实践的开展能够夯实大学生社会主义核心价值观的行动转化

根据心理学中的发现学习理论，社会实践能够夯实核心价值体系的行动转化。发现学习是大学生根据自己特有的认识程序亲自获取知识的一切方式。社会实践正是一种发现学习的方法，根据学生感兴趣的问题设定实践内容，大学生在实践的过程中，使学生体验到对问题的某种程度的不确定性，提供解决问题的多种可能的假设，通过收集资料，得出应有的结论，用分析思维去证实结论，从而发现社会实践可以使理论学习、知识的掌握更牢固，更加容易激发大学生的智慧潜能，有效提升学习者发现问题、解决问题的能力。在实践的过程中，教师与学生处于合作状态，此时的学生就不再是静坐的听众或观众了，而是在不断的探究中获得新的信息，从而提高学生学习的主动性。

二、大学生社会实践中存在的问题

大学生社会实践活动立足现实，结合实际，根据大学生自身特点把社会主义核心价值观教育转化为指引大学生社会实践的动能，使大学生受到了实际锻炼，丰富了社会阅历和工作经验，提高了创新能力和就业竞争力，在我国高等教育中有着其他课程和活动不可替代的作用，尤其是在爱国主义教育、创新精神培养等方面起着特殊的教育功能。但是，大学生社会实践在大学生社会主义核心价值观教育中也存在着以下问题。

（一）社会实践执行过程中思想性不强，缺失内涵

开展大学生社会实践的目的是促进大学生的成长成才，作为社会实践活动的组织管理部门，高校团组织一般根据社会主义核心价值观教育的内涵制定社会实践活动的主题，但是在执行的过程中，往往会出现思想性不强、内涵缺失、以活动谈活动、缺乏理论反思和进一步提升的现象。究其原因，主要有以下几方面：第一，大学生对理论掌握的水平不高，驾驭实践的能力尚处于提升阶段，虽然大学生能够认识到只有掌握了马克思主义科学实践观、具有中国特色的社会主义共同理想，才能够驾驭社会实践活动的基本方向，但是还不能在实践中较好地践行。内涵不足导致的最显性的结果就是社会实践活动流于形式，这也成为目前大学生社会实践活动普遍存在的问题，有的大学生在图书馆里做农村调查，没有深入到农村一线，有的社会实践活动的口号多于实质性的内容，甚至有的学生托关系找基层单位盖个章就回学校混学分。第二，社会实践活动流于形式，缺失社会实践活动应有的内涵，与开展活动之前没有明确的目的性、专业针对性不强有直接关系。活动的开展脱离学生专业结构，未能体现学生专业特色和知识水平，形式单一呆板，内容空泛无味，缺乏新意，毫无特色，实

践活动多是些简单的参观、调查，很难引起学生的兴趣，对学生自身素质的提高更是收效甚微。第三，指导教师力量不足也是社会实践活动质量不高的另一个重要原因。由于社会实践活动参与面大，但尚未形成多方齐抓共管的局面，而是仅仅由部分教师承担指导工作，因此，不能为学生提供有效的指导。

（二）学生参加社会实践活动的积极性不高，参与人数少，受益人数更少

从网上的信息和大学生的日常表现来看，大学生的个性与普通青年相比比较强。他们有丰富的想象力和创造力，对烦琐的操作和陈旧的行为有所排斥，但是思想不够成熟，对于深刻的社会事实认识不够，所思所想缺乏深度，往往凭着自己的兴趣参与社会实践。一旦社会实践与大学生的兴趣针对性不强，那么大学生的积极性和社会实践的效果就会大打折扣。甚至有一部分大学生看待社会实践的观点过于偏激，将社会实践看作混学分、应付学校课程的一种表现。因此，他们对于社会实践的态度更加应付，不参加社会实践，报告则是瞎编摘抄了事。这种现象完全背离了社会实践的初衷。再加上部分学校经费有限，难于对每一个学生的实践效果进行核查。这一部分学生就更加容易蒙混过关。

（三）时间集中化与短期化

这主要表现在把社会实践活动集中安排在寒暑假期间进行，没有实现常态化，活动开展缺乏连续性。许多高校往往是把社会实践活动当作一时之举，在寒暑假前才开始着手筹划社会实践活动，确定主题，统一安排，组织重点团队，在比较集中的一段时间内开展活动。从表面上看，声势浩大，轰轰烈烈，一时间红红火火很热闹，但往往是有点无面，虚功有余，实功不足，一阵风过去，又会冷冷清清。大多数情况下各个方面对社会实践都是应付了事，学生的参与面并不大，受益并不多。

三、充分发挥社会实践的育人作用

（一）端正对社会实践活动的认识

要使各种社会实践活动顺利而有序地开展，必须对社会实践活动有正确的认识。在大学生核心价值观教育中，既要认识到社会实践活动的重要作用，积极开展各项有意义的活动，也要做好活动的各项保障工作，避免安全事故的发生。尤其要避免盲目的活动，比如媒体报道的某些大学生自发进行的探险活动，由于缺乏对活动的可行性的策划和安排，参与者的人身安全就没有保障，也给国家行政管理资源造成不必要的浪费。特别要克服两种错误倾向，一种是认为活动越多越好，结果是活动太滥太频繁，参与者感到疲惫不堪，既影响了中心工作，又冲淡了大学生的参与热情；另一种是因为在活动中出现问题而不敢开展活动，谈活动色变的倾向，产生“一朝被蛇咬，十年怕井绳”的心理，认为开展社会实践活动越多，出问题就越多，出了问题不是去思考出现问题的原因，总结社会实践活动的经验教训，而是把问题简单归咎于活动本身，认为不开展活动一样事情都不会发生。这两种倾向对于充分利用社会实践活动载体都是有害的，必须在核心价值观教育中加以克服。

（二）精心设计，合理安排，加强组织领导，力求解决实际问题，突出实效

以社会实践活动为载体开展大学生核心价值观教育，不仅要考虑社会实践活动的必要性，而且要研究社会实践活动的可行性和针对性，力求社会实践活动有意义并取得好的效果。开展什么样的活动，应当在事前做好精心设计，做出科学合理的安排，要处理好中心工作与活动之间的关系。特别是要避免为搞活动而活动、放弃中心工作的做法。在活动中，尤其是具有一定规模的活动，如果缺乏有效的组织领导，就会使活动混乱不堪，不但收不到

预期的效果，而且会使参与的大学生产生抱怨情绪，再有意义的活动也收不到理想的效果。是否能发挥社会实践活动的有效作用，关键看活动的内容和形式是否为大学生所需要。也就是说，各种活动都要坚持以人为本，以满足大学生的物质生活和文化生活需要作为出发点。

（三）加大投入，提供保障

开展必要的社会实践活动，需要一定的物质条件。离开必要的物质条件，活动就无法进行。比如，要对大学生进行爱国主义教育，除了基本理论教育以外，各地必须建立爱国主义教育基地，为这一活动的开展和进行提供物质保障是当务之急。

（四）要丰富社会实践活动

第一，主题意义明确。实践团队应结合学校特色、社会热点、市场需求，从本专业实际出发，确定实践主题。各基层实践单位可以在主线不变的情况下根据自身实际情况设定分主题。同时，社会实践是学生接触社会、了解现实、主动学习、自主发展的有效途径。社会实践主题的确定重在调动学生自主参与的积极性，增强他们参与活动的浓厚兴趣。主题应简单易行，便于操作，学生在探究与实践过程中增进了知识，开阔了视野，提高了团队意识和合作精神，切切实实成为学生在实践中接受教育的有效途径。

第二，实施方式灵活。为实现让大学生通过社会实践这种方式，更真实客观地观察社会，主动接受外部世界的考验的目标，社会实践在实施过程中应注重实施方式的灵活性与实践形式的多样性。在实施过程中宜以院系、班级团支部、专业、课题组、社团、兴趣爱好等方式拓宽实践活动领域、丰富实践活动内容，因地制宜，采用理论宣讲、社会调查、学习参观等方式。

第八章　社会主义核心价值观培育和践行的社会维度

核心价值观是在一个社会中起决定作用的价值观念，并决定着整个社会的发展方向。要将核心价值观的内容转变为个人的价值观念从来都是一个历史难题。随着我国经济的飞速发展，急需一种与之相应的核心价值观来指引人们的精神生活。

第一节　社会主义核心价值观培育和践行与构筑中国梦

经历三十多年的改革开放，伴随着全球化的时代进程，中国既迎来了难得的发展机遇，也面对着严峻的现实考验。一方面，经过三十多年的快速发展，我们取得了举世瞩目的成就，为今后的发展奠定了坚实的基础。另一方面，社会加速转型，社会阶层多样化，意识形态和价值观取向呈现层次性和多样性，各种思潮涌动，甚至出现了“道德滑坡”、价值观解构等值得警惕的不良现象和危险苗头。面对机遇，我们把实现中华民族伟大复兴的中国梦确立为全体中国人民的共同理想，指明未来的发展目标、道路选择与价值取向。应对考验，我们倡导社会主义核心价值观这一反映全国各族人民共同认同的价值观的“最大公约数”，以社会主义核心价值观为统领，明确方向、振奋精神、凝聚力量，为实现中国梦提供根本保证。

一、中国梦的内涵及特色

(一)中国梦的具体内涵

中国梦既是一个寓意多义的象征性理念,又是一个具有特定所指的内涵丰富的基本概念。其内涵有以下几方面。

第一,中国梦的主旨是实现中华民族的伟大复兴。实现中华民族伟大复兴的科学含义和“中国梦”的本质内涵,不是要恢复古代中国强盛时期的疆域版图,而是使中华民族跻身于世界先进民族行列,为人类做出的贡献尽量占更大份额。实现中华民族伟大复兴凝结着近代以来仁人志士的理想,反映着当代中国的追求和未来的发展走向,是连接中国的历史、现实和未来的民族复兴之梦。实现民族复兴这一最伟大的中国梦,就是要实现“两个百年”的奋斗目标:即到建党100周年时,全面建成小康社会,基本实现工业化;到建国100周年时,将中国建成富强、民主、文明、和谐的社会主义现代化国家,基本实现现代化,实现中华民族的伟大复兴。

第二,中国梦的本质是国家富强、民族振兴、人民幸福。具体来说,国家富强就是要进一步增强我国的综合国力,进一步发展和完善中国特色社会主义事业。民族振兴就是不断发展与强大自身的实力,将中华民族优秀传统文化继承下来,并向全世界进行广泛的传播,从而实现影响世界,在全球地位上处于领先地位的目的。人民幸福就是指社会主义发展的成果能够保证人民充分共享,并使得人民享有更加充分的权利保障,获得美满幸福的生活。中国梦是国家的梦、民族的梦,也是每一个中国人的梦。

国家富强、民族振兴、人民幸福三者之间相互联系、相互制约。国家富强是实现中国梦最重要的前提,是民族振兴和人民幸福的基础和前提条件。国家富强不仅是物质财富的强大、制度建设完善等硬实力,更是文化竞争力和文化软实力的与日俱增和不断提升。民族振兴是实现中国梦的核心,它首先是民族精神的振兴。中华民族在五千年的历史发展中，形成了以爱国主义为核心的团结统一、爱好和平、勤劳勇敢、自强不息的伟大民族精神，这是中华民族自尊心和自信心的力量源泉，是中华民族生存发展的强大精神支柱。同时，民族振兴也体现在社会主义现代化建设的经济、政治、文化、社会、军事、外交等各个方面，中国梦也是中华民族两岸同胞以及海内外全体中华儿女的共同梦想。人民幸福是实现中国梦的根本、出发点和归宿。国家富强、民族振兴归根到底是为了使全体人民过上幸福生活，因此，人民幸福更具根本性、终极性。

第三，实现中国梦的基本要求。实干才能梦想成真，这是实现中国梦的要求。中国梦的实现过程是一个非常艰巨而漫长的过程，需要每一个人付出艰苦努力。在实现中国梦的实践过程中，基本实现现代化要靠实干，全面建成小康社会要靠实干，实现中华民族伟大复兴要靠实干。中华民族、中华人民共和国和中国人民，从积贫积弱一步步走到今天的发展繁荣，靠的就是一代又一代人的顽强拼搏，靠的就是中华民族自强不息的奋斗精神。面对社会主义初级阶段的基本国情和改革发展道路上种种困难，必须始终保持拼搏奋斗的实干精神，依靠全体人民的辛勤劳动，去造就中华民族光明的未来。要牢固树立劳动光荣、伟大、崇高、美丽的观念，通过体制机制的完善，使全社会的劳动热情和潜能尽情释放，依靠辛勤劳动、诚实劳动、创造性劳动开创美好生活。中国梦，最终必须依靠全体人民的奋斗来实现。

（二）中国梦的特色

与曾经风靡全球的“欧洲梦”和当今世界占主流地位的“美国梦”相比较，中国梦展现出了其独有的特质和魅力。中国梦不仅属于每个中国人和整个中华民族，更属于全人类，它与世界人民的梦想相通。

第一，梦想实现的领导者不同。当今中国梦的领导者是中国共产党，其代表中国无产阶级和广大劳动人民的利益，它是一个无私奉献、为人民服务的政党。在中国共产党的领导下，中国人民实现了真正独立，真正实现了当家做主。当前，中国人民在中国共产党领导下正稳步迈向国家富强和民族复兴的伟大梦想。反观“欧洲梦”和“美国梦”，其领导者是代表资产阶级利益的政党，其代表的也仅是极少数的有产阶层的利益而不具有普遍性和广泛性。因此，资产阶级政党领导的“欧洲梦”和“美国梦”必定会陷入某种困境，近两年的欧债危机和美国经济的低迷就是最好的明证。

第二，梦想的价值观不同。具体来说，“美国梦”和“欧洲梦”的思想基础和灵魂在很大程度上表现为个人主义，从而导致个人价值的实现是这两者的核心理念，即通过个人奋斗实现自由、民主核心价值观。与此不同的是，中国梦在本质上是以集体主义和爱国主义为根基的，实现集体或整体的价值是中国梦的核心，从而可以看出中国梦的最终实现需要通过集体即全体中华儿女的共同奋斗来完成。

第三，梦想实现的方式或途径不同。纵观“欧洲梦”和“美国梦”的实现途径，其时常带有对外扩张、掠夺和侵略的特质。与二者相反，中国梦实现靠的是全国人民的辛勤劳动和汗水，靠的是全党全国人民团结协作，靠的是中国的和平崛起，靠的是和平发展。

第四，梦想的目的不同。中国梦的最终目的是国家富强和民族振兴，“欧洲梦”和“美国梦”的目的是追求个人富裕和成功。中华民族是一个优秀的民族，也是一个多灾多难的民族。历史的遭遇使中华民族尤其重视国家的富强和民族的振兴。历史的教训告诉我们：国家的富强是人民安居乐业的前提和保障；民族孱弱，任人欺凌，个人的尊严就会丧失，生命财产就会得不到保护，也无幸福可言。因此，中国梦必须把“国家富强”和“民族振兴”放在第一位。对于欧洲国家和美国而言，独特的经济、文化、科技和地理优势不但使这些国家为个人的发展创造了宽松的条件，而且决定了其民族特性中的优越感，因此其国民可以利用一切有利因素实现属于自己的梦想。

第五,梦想对世界的影响不同。“欧洲梦”和“美国梦”所具有的一个共同本质是排他性。两者都强调追求自己主导的世界,甚至为了自己国家的利益而不惜损害和牺牲其他国家人民的利益和整个世界的利益。中国梦追求的是促进世界共同发展、共同进步、建设和谐世界,这个伟大梦想不仅属于中国也属于世界。实现中国梦不仅有益于整个中华民族,而且也是全世界人民的福音。只有中国梦才能在未来造福于全人类。

二、中国梦的提出意义

(一)中国梦的提出顺应了当代世界发展潮流

中国梦的提出,是顺应和平、发展、合作、共赢的时代潮流,把握国际国内大势的战略思维和政治智慧。它将中国社会的共同理想更加形象化、通俗化地表达出来,传递了中国话语。在积极学习吸收借鉴世界人类文明的一切优秀成果的同时,在理论生产和理论传播方面站得更高,并以有力的实践成果来显示中国的比较或独特优势。在世界范围内中国不仅要实现经济强大,而且要占据意识形态的制高点,在文化或意识形态领域交流交融中掌握话语权。在当今世界深刻复杂变化、中国同世界的联系和互动空前紧密的情况下,我们更要密切关注国际形势发展变化,把握世界大势,统筹好国内国际两个大局,在时代前进潮流中把握主动、赢得发展。以中华民族的复兴为世界带来更多的新希望、新机遇,为人类现代化历史进程提供新的经验,为发展中国家选择道路提供新的范例,从而为国际社会互利共赢、和平发展提供一种新范式,为人类文明做出新的更大的贡献。

(二)中国梦在理论上具有深化和指导价值

中国梦在理论上不断深化了对人类社会发展规律的认识、对共产党执政规律的认识、对社会主义建设规律的认识,丰富和发展了中国特色社会主义的内涵，深刻揭示了近代以来中华民族的历史命运和中国历史发展的主线，更进一步揭示了当代中国的发展走向，指明了中国特色社会主义长远的奋斗目标。

（三）中国梦为当代中国社会的发展提供了一系列新的价值理念

中国梦是我们时代中华民族的精神旗帜，代表着中华民族独特的精神标识，积淀着中华民族最深层的精神追求，为中华民族生生不息、发展壮大提供了丰厚滋养。坚持走中国道路、弘扬中国精神所蕴含的源远流长的中华优秀文化，蕴含着丰富的思想道德资源，涵养着社会主义核心价值观，是我们在世界文化激荡中站稳脚跟的根基，是捍卫国家、民族、个人尊严的思想武器。把中国梦作为统领我们时代中国特色社会主义意识形态的核心价值理念，是目前面对西方资产阶级意识形态冲击、面对各种经济殖民主义的挑战的必然，是引导广大人民群众不断提高思想道德文化素养和民族意识，增强中国特色社会主义道路自信、理论自信和制度自信的必然选择。

三、社会主义核心价值观是实现中国梦的思想保证

当前，弘扬社会主义核心价值观，“是推进中国特色社会主义伟大事业、实现中华民族伟大复兴中国梦的战略任务”①。只有切实发挥社会主义核心价值观的思想保证作用，才能推动实现中国梦的社会历史进程。

（一）实现中国梦需要最大限度地释放思想能量

社会主义核心价值观是社会主义本质使然，其目的即在于明确国家、社会、公民三大层面的基本价值准则，寻求我国社会价值

① 中共中央办公厅.关于培育和践行社会主义核心价值观的意见[N].人民日报，2013－12－24

观的“最大公约数”，最大限度地激发实践主体的积极性、主动性、创造性，从而汇集起实现远大理想和奋斗目标的思想动能。中国梦是国家情怀、民族情怀、人民情怀高度统一的梦，连接着国家、集体、个人的利益诉求，归根到底是人民的梦。这就需要通过大力培育和践行社会主义核心价值观，全面发挥广大人民群众的能动作用，汇聚实现中国梦的强大力量。

（二）实现中国梦需要最为鲜明地确立价值导向

实现中华民族伟大复兴中国梦是新时期中国共产党人的庄严承诺和神圣使命。社会主义核心价值观以鲜明价值导向构筑起中国社会历史发展的精神坐标，其价值功能已经深深嵌入实现中国梦的过程之中。中国梦开启于马克思主义中国化历史进程，必然需要汇聚国家、社会和个人的共同力量，而社会主义核心价值观就是聚合这一价值追求的思想基础。中国梦旨在坚持和发展中国特色社会主义，必然需要整体构架当代中国社会的核心价值，而社会主义核心价值观就是奠定这种共同理想的基本保障。中国梦事关国家和民族乃至个人前途命运，必然需要汇集 13 亿人不可战胜的磅礴力量，而社会主义核心价值观就是汇集这股精神力量的价值导向。

（三）实现中国梦需要最为广泛地提供实践原则

社会主义核心价值观主导并统领着新时期主流意识形态的发展，既是社会意识中最为基础的价值观念，也是社会实践活动中最为基本的价值诉求，能够拉近梦想与现实的距离，能够贯通理想信念与奋斗目标的关系。实现中国梦需要遵循社会主义核心价值观所涵括的实践原则，更为明确实践主体的价值目标，牢固确立治国理政的价值准则，进而打通理想与现实的通道，使共同梦想从抽象转化为具体，使奋斗目标从理论形态转向实践形态。因此，社会主义核心价值观对实践原则的整体厘定，是托举和支撑中国梦的重要前提和必要条件。

四、社会主义核心价值观融入中国梦的伟大实践

中国梦承载着厚重的价值意蕴，社会主义核心价值观涵括的价值追求描绘出伟大梦想的总体风貌。借以“三个倡导”为主要内容和重要依托，社会主义核心价值观的价值取向更为鲜明，实现中国梦的价值目标更为凸显。发轫于此，两者的价值追求与实践选择在新的高度实现了统一。

（一）中国梦是国家富强之梦，需要从国家层面和战略高度提供与之相适应的价值理念作为支撑

社会主义核心价值观大力倡导“富强、民主、文明、和谐”，能够在新的历史起点上，深入贯彻党在社会主义初级阶段的基本理论、基本路线、基本纲领，能够清晰描绘当代中国未来发展轨迹。这不仅是坚持和发展中国特色社会主义的内在要求，也是国家层面的价值目标与国家富强之梦的内在统一，充分反映出社会主义核心价值观与实现中国梦的深度融合。

（二）中国梦是民族振兴之梦，需要塑造全社会共同价值追求与之相衔接并形成整体价值目标

社会主义核心价值观大力倡导“自由、平等、公正、法治”，着力于持久推动社会主义和谐社会建设，明确政策制度、法律法规、社会治理的基本要求，形成人们日常生产生活的基本遵循，充分激活社会发展的内生动力，增强人们的认同感和归属感，积聚实现中华民族伟大复兴的源源动力。用“自由、平等、公正、法治”来充实民族振兴之梦，既是社会主义核心价值观融入社会生活的集中体现，也是以中国梦推动民族振兴和社会发展的真实写照。

（三）中国梦是人民幸福之梦，需要确立公民道德价值与之相匹配并完善社会基本道德准则

社会主义核心价值观大力倡导“爱国、敬业、诚信、友善”，致

力于推进社会主义道德评价体系建设，完善社会公德、职业道德、家庭美德、个人品德的基本内容，树立道德底线意识和道德行为标杆，明确个人层面的价值准则，释放公民道德建设正能量，从而构建起实现中国梦的精神领地。用“爱国、敬业、诚信、友善”来打开人民幸福之梦，不仅追寻着中华民族世代相传的崇高道德境界，而且促进了中国梦与建设社会主义精神家园的有机融合。

第二节　社会主义核心价值观培育和践行与建设文化强国

文化是国家和民族发展的血脉，先进文化是人民心灵的安顿之所，中华文化是中华民族共有的精神家园。社会主义核心价值体系是社会主义文化的本质体现，只有大力推进社会主义文化的发展繁荣，社会主义核心价值才能深入人心。建设中国特色社会主义，必须走文化强国之路；建设社会主义文化强国，必须加强社会主义核心价值观建设。

一、文化的含义、特征和作用

（一）文化的含义

从广义而言，文化是人类生活的总和。它着眼于人类与动物、人类社会与自然界的本质区别，着眼于人类卓立于自然的独特生存方式，其涵盖面非常广泛，包括众多领域，诸如认识领域：语言、哲学、科学、教育等；规范领域：道德、法律、信仰等；艺术领域：文学、美术、音乐、戏剧等；器用领域：生产工具、日用器皿及其制造技术；社会领域：制度、组织、风俗习惯等。正如梁漱溟先生所说，是“人类生活的样法”。它包括精神生活、物质生活和社会生活等极其广泛的方面。

从这个角度而言，文化就是“人化”，人类实践活动各种不同的类型和形式不仅可以看作是文化，而且世界上一切打上人的痕迹的事物，均可以称为文化。因此，从这种意义上讲，文化是指人的社会实践和人在社会实践过程中所创造的物质财富和精神财富的总和。前苏联的学者就曾经这样来界定和理解文化："文化(来源于拉丁字 cultura——耕作、培养、教育、发展、尊重)，是社会和人在历史上一定的发展水平，它表现为人们进行生活和活动的种种类型和形式，以及人们所创造的物质财富和精神财富。文化这一个概念用来表明一定的历史时代，社会经济形态，具体社会，氏族和民族的物质和精神的发展水平(例如，古代文化、社会主义文化、玛雅文化)，以及专门的活动或生活领域(劳动文化、艺术文化、生活文化)。"[①]这种语义在我国学术界也普遍地被采用。它把文化同自然对立起来，在世界上，凡是没有人参与过的，没有打上人的痕迹的事物，都是自然的；反之，凡是打上人的痕迹的东西，经过人类创造的事物，都是"文化"。

对于狭义的文化，《古今汉语词典》给出如下定义："指运用文字的能力及具有的书本知识。"一般说"文化知识""学习文化""文化水平""培养一代有理想、有道德、有文化、有纪律的公民""做新时代有文化的农民"等中的"文化"，都是指掌握书本知识、读书识字、运用文字的能力。所以，这个狭义的文化的含义是从古义"文章礼乐教化"的含义发展而来的，其含义比广义的文化的范围要小得多，只局限于掌握书本知识、运用文字能力这个范围。

(二)文化的特征

文化是人类创造的，不同的民族由于不同的地理环境和历史条件，产生了不同的社会心理、价值取向和思维方式，从而形成了不同的文化特征，这也就是文化的民族性。文化是一个社会历史范畴，文化的主体始终是人，而客体是整个客观世界，由此构成了文化的两大因素都是属于社会历史范畴的概念，因而不同的时间

① 中共中央党校科学社会主义教研室编译.文明和文化——国外百科辞书条目选译[M].北京:求实出版社,1982,第 45 页

和空间就必定形成不同的生产方式和时代精神，也就是文化的时代性。每一时期文化的形成和发展都是对前一时期文化的批判继承而来，文化本身就意味着它是一种延续性、一脉相承的活体，这也就是文化的继承性。人类的历史自从出现了私有制，也随之产生了阶级，阶级作为文化的主体在于客观世界的作用中所产生的文化形态，不可避免地带有某一阶级的烙印，这也就是文化的阶级性。

1. 时代性与稳定性

每个历史时期都有着自己独特的文化，如中国文化分期中的先秦文化、汉唐文化、宋元文化、明清文化等。再如人们常说的游牧文化、农业文化和工业文化，也是指它的不同时代特征。当然文化的时代性，并不否认文化的稳定性。每一个民族的文化，都有其深层的文化积淀成分。这种属于思想意识形态的文化因子，作为一种文化的代表内容或标识，将在较长的时期内沉积在一种文化深层中，在一定程度上还可以成为一种文化的传统与这种文化相始终。如语言、文字，或宗教思想、思维方式等。

2. 民族性和趋同性

文化的民族性是文化最为显著的特征，但是任何一种文化绝对不是与其他文化隔绝和殊异的。由于文化的扩散性和融容性，文化的民族性又逐渐向趋同性发展。从人类文化史的轨迹中可以看出，人类从许多小的地区逐渐融合交流，逐渐构成一个大的地区，文化从小的慢慢合成大的，这是一个不断继续的过程。从20世纪到21世纪，我们已经看到，人类文化的趋同文化途径越来越明显。自从第二次世界大战之后，各方面的发展突飞猛进，各民族、各地区交流的频繁，各种错综复杂、切不断的关系，使得世界文化日益结合起来，世界无法分割的事实已经被证明。在历史演变的过程中可以看到最初几个重要的文化突破，在世界若干地区构成共同文化体，人类的将来唯有合成一个共同的文化体，这便是文化从民族性走向趋同性的大势所在。

3.阶级性与非阶级性

不可否认在阶级社会中存在着剥削阶级与被剥削阶级彼此对立的两种文化,否认文化的阶级性,就不是唯物史观,但不承认文化同样有它的非阶级性的一面,也同样不是辩证唯物主义所应持的观点。不是一切文化都被打上阶级的标志,文化也常常表现出超民族、超地域、超时代以及超阶级的特征。如人们常说的"科学无国界",就是最好的证明。

(三)文化的功能作用

一个社会是由经济、政治、文化等诸要素组合起来的有机整体。经济、政治、文化等要素可以综合体现出社会的进步与否。综观世界现代化的历程,它不仅与经济革命、政治革命密切相关,而且与文化革命有着更紧密的联系。思想观念和科学技术的革命,就常常是社会发展的先导。经济、政治、文化三者是一个有机联系的统一体,文化是经济、政治的反映,但又对经济、政治产生巨大的反作用。文化同政治、经济一样对社会起着十分显著的作用。

1.促进经济的发展

一个国家的综合国力是由一定的经济力、政治力、军事力、文化力等组成。文化力又由智力因素和精神因素这两方面的因素构成。智力因素主要是指科技和教育,精神因素主要是指思维方式、价值观念、理想、道德、情操、意志等。科学技术作为第一生产力,对一个国家经济的发展起着决定性的作用。教育则能对劳动者的知识水平、技术水平和管理水平起到直接的提高作用,培养他们的学习能力和创造能力。思想、道德、意志等精神因素则能激发人们的劳动热情和创造力,增强经济实体的凝聚力并产生正确引导经济发展的导向力。随着社会的进步与发展,文化力在社会的经济发展中日益成为重要的动力,同时生产力系统中的文化含量也越来越大,商品的文化附加值也越来越高。专家们认为,21 世纪世界经济的角逐,将是国家与国家之间文化力直接的或间接的较量。

2. 促进和保障政治进步和社会稳定

文化是社会政治的反映,并直接作用于政治。文化不仅为统治阶级提供合适的统治思想、社会政治学说以及相应的政治法律制度,提高政府官员的素质和办事效率、管理水平,增强政府的决策能力和智慧能力,而且还可以提高整个民族的思维水平,增强全体国民的爱国主义精神和高尚的道德情操,形成巨大的社会凝聚力。江泽民曾提出,要以科学的理论武装人,以正确的舆论引导人,以高尚的精神塑造人,以优秀的作品鼓舞人。这正是对文化教化功能的充分肯定和具体运用。

3. 促进社会变革

每当社会处于大变革的前夜,作为社会价值观念、行为集中表现的文化,总是率先出现在潮流之前。一批先进的知识分子提出新的思想、新的理论以指引时代的方向。如中国战国时代出现的百家争鸣,就为新兴的地主阶级的统一、封建帝国的建立和发展奠定了理论基础;辛亥革命之后兴起的五四新文化运动,举起了民主与科学的大旗,为马克思主义在中国的广泛传播和中国共产党的诞生准备了条件;十一届三中全会之前,真理标准的大讨论,为呼唤新时期的改革开放吹响了号角。还如欧洲的文艺复兴,就为结束黑暗的中世纪和迎接资本主义的新时期提供了锐利的思想武器。可见,所有重大的社会变革之前,总是有先进的思想奏出前奏曲,以文化革命的方式催动时代的春潮。

二、社会主义核心价值观与社会主义先进文化建设

（一）社会主义先进文化的内涵

在马克思主义经典作家看来，文化是在一定的经济活动和社会活动基础上产生的，文化在本质上是人的有目的、有意识的对象化活动，即实践活动，而不是无意的或随心所欲的活动，文化是现实的人在既定的、具体的、前人创造的生活条件基础上创造的，并且总是同各种不同的利益和观念纠缠在一起，具有鲜明的实践性、历史性和时代性。文化有先进文化与落后文化之分。先进文化是反映先进生产力发展要求、指明社会前进方向、代表广大人民群众根本利益的文化。落后文化是影响社会生产力发展、阻碍社会历史前进、代表极少数落后人群或腐朽势力利益的文化。社会主义先进文化，是相对于封建的、落后的文化而言的，是顺应人类社会发展的历史趋势，反映社会物质文明和精神文明建设最新成果，具有远大前途的，能够维系社会发展的精神纽带。具有三个方面的本质特征：一是人民性，即最广大人民的根本利益和美好愿景的集中反映；二是科学性，即人类社会历史的发展规律的高度体现；三是历史性，即随着人民群众认识世界和改造世界的实践的发展而发展。社会主义先进文化的核心内容是社会主义核心价值体系，它是引导中国特色社会主义事业前进最活跃和最强劲的精神动力。

不同的民族在不同的时代都曾诞生自己的先进文化，指引着人民创造美好家园、实现幸福理想的前进方向。春秋战国时期繁荣的诸子学说形成百家争鸣的文化景象，为中国封建社会的诞生奏响了前进的序曲，是中华民族从奴隶社会向封建社会迈进的历史诉求。欧洲文明进程中的启蒙运动，同时就是一场彻底的文化革命，扫除了封建社会向资本主义社会迈进的思想障碍，是资产阶级革命和资本主义制度的助产婆。近代中国的新文化运动，为了实现民族的富强，从“中学为体、西学为用”的文化主张，到“师

夷长技以制夷”,高扬“科学与民主”的大旗,开启了中国社会救亡图强的奋斗史,演绎中国近百年的先进文化苦旅。文化在历史进程中发挥着培育民族精神、塑造健全人格的巨大作用。

马克思主义文化观认为,文化深深熔铸在人类的血脉中,激发人类创造历史的积极性,在人类的历史活动中展现为极大的生命力、创造力和凝聚力。这是文化的人类共性。每一个民族的生活方式和实践方式的不同,决定了这个民族的思维方式和意识形态的差别,每个民族都有自己不可替代的文化,这是文化的民族个性。展现人类普遍性的文化和表现民族特殊性的文化是辩证统一的。一方面,人类社会总是由各具个性的民族组成的,人类的文化就是通过民族的文化体现出来;另一方面,风格迥异的民族是人类大家庭的一员,每个民族的文化就是人类的文化。因此.不可将文化的普遍性与特殊性割裂开来。

人类历史总是从野蛮愚昧走向文明智慧、从低级社会形态走向高级社会形态的发展过程,文化就是这个过程的反映和写照。一定意义上,人类史就是文化史,掌握了人类实践活动的规律,也就能够理解人类文化的本质;反过来,理解了人类文化的本质,也就掌握了理解人类自身发展的钥匙。文化包含个体意识和群体意识、社会心理和社会意识形式两个层面。一定的文化对于人们的精神和思想、对于人们的生活和实践都有十分重要的影响。邓小平指出:“不论是对于满足人民精神生活多方面的需要,对于培养社会主义新人,对于提高整个社会的思想、文化、道德水平,文艺工作都负有其他部门所不能代替的重要责任。”文化在社会发展、人的培养中的积极意义显而易见。人类发展的历史表明,人所创造的文化环境和文化氛围是人类的生活世界,在这里人类“懂得按照任何一个种的尺度来进行生产,并且懂得怎样处处都把内在的尺度运用到对象上去;因此,人也按照美的规律来建造”。

建设中国特色社会主义文化,“就是以马克思主义为指导,以培育有理想、有道德、有文化、有纪律的公民为目标,发展面向现代化、面向世界、面向未来的,民族的科学的大众的社会主义文化”。先进文化是时代精神的升华,对社会发展具有潜移默化的能动作用。通过社会主义先进文化建设,能够为中国特色社会主义提供有力的思想保证、强大的精神动力和良好的文化氛围。

与时俱进的品格是先进文化先进性的突出表现。历史阶段不同,先进文化的内容和价值判断标准也有所区别。先进文化的先进内容和形式不会永远停留在一个水平上,而是随着物质生产的发展和社会历史的前进不断丰富、发展和前进的。而文化的先进性又是由文化氛围中的自觉、和谐、开放、创新所形成的程度决定的。

(二)社会主义核心价值体系是先进文化的灵魂

社会主义核心价值体系是兴国之魂,是社会主义先进文化的精髓。把社会主义核心价值体系建设放在文化强国建设的核心位置,体现了党中央对社会主义核心价值体系与文化强国之间关系的科学认知。

坚持马克思主义理论指导,是社会主义核心价值体系的灵魂,决定了社会主义先进文化的性质和方向。只有始终高举马克思主义的伟大旗帜,始终坚持用马克思主义中国化的最新成果指导先进文化建设,才能建立中华民族共同的精神支柱,为建设文化强国提供广泛而坚实的思想基础。

中国特色社会主义共同理想是中华民族追求美好发展前景的价值认同,是社会主义文化的重要组成。共同理想是我们党治国理政、凝聚民心的旗帜,是我们国家走向富强民主、繁荣昌盛的向导。中国特色社会主义作为现阶段我国各族人民的共同理想,是我党立足社会主义初级阶段的客观实际,在总结改革开放以来理想建设方面的经验教训基础上提出来的,符合我国社会发展的规律,体现全党全国各族人民的根本利益和共同愿望,因而是团结全体人民共同奋斗、攻坚克难的强大精神动力。

以爱国主义为核心的民族精神和以改革创新为核心的时代

精神,是对实现共同理想驱动力的价值认同。民族精神是在长期的社会历史进程中形成的、为大多数社会成员所认同和接受的思想品格和价值取向的总和,是支撑一个民族追求理想、自强不息、发展壮大的精神支柱。时代精神是在新的历史条件下形成的、响应时代发展的召唤、体现了社会主流群体的精神风貌。民族精神是时代精神的基础和依托;时代精神是民族精神的转型和升华。民族精神是中华民族团结奋进的历史足迹,是传统的积淀;时代精神是中华民族进行新长征的宣言,是现实的升华。民族精神和时代精神都是中华民族的宝贵精神财富,是社会主义先进文化的精髓,是文化生产力、文化生命力、文化凝聚力和文化创造力的源头活水。

着眼当今国际形势的新变化和国内社会的新情况,总结我国社会主义革命和建设的基本经验,遵循中国特色社会主义的价值取向,胡锦涛提出社会主义荣辱观,为当代中国社会确立了基本的价值取向和行为准则,为社会主义核心价值体系奠定了道德基石。社会主义荣辱观与社会主义市场经济相适应、与社会主义法律规范相协调、与中华传统美德相承接、与世界道德文明的优秀成果相接轨,是社会主义思想道德体系的系统概括,其所包含的思想道德规范、法律法规和积极健康的生活方式既是维系社会安宁的价值尺度,也是文化建设的基本内容。见荣知荣尚荣,见辱知辱拒辱,知荣辱才能树正气,知荣辱才能促和谐。社会主义荣辱观贯穿着爱国主义、集体主义和社会主义思想,体现着正确的世界观、人生观、价值观和道德观,丰富了社会主义先进文化的宝库。

社会主义核心价值体系是社会主义文化的灵魂,社会主义文化的基础是中国特色社会主义的伟大实践。强其魂才能健其体,固其本才能壮其身。社会主义先进文化建设要以建设社会主义核心价值体系为根本任务,要密切联系人民群众的社会实践,准确反映人民群众的酸甜苦辣,及时回应人民群众的心声。

（三）大力建设社会主义先进文化

文化“既是推动社会发展的重要手段，又是社会文明进步的目标；既是凝聚人心的精神纽带，又是民生幸福的关键内容；既直接贡献于经济增长，又对提升经济发展质量发挥着重要作用”。正因为文化的这种特殊地位和特殊功能，我们党历来重视文化建设。

社会主义先进文化的建设离不开三个方面，一是向经典著作寻求“经”的资源，二是向历史传统和文化传统寻求“史”的资源，三是向生活世界和社会实践寻求“实”的资源。要了解一个民族的价值观的形成，只研究这个民族的经济状况是不够的，还必须知道它的风俗习惯，了解它的个人意识和群体意识，研究它的社会心理和社会意识形式。一句话，对这个民族的文化没有精细的研究与了解，就根本不可能做出科学的历史唯物主义的解释。可以说，文化不仅是一种价值取向标准，而且也是一种行为规范体系，它给整个民族和每个社会成员提供了判断是非、优劣，分辨善恶、美丑的标准，并通过学习和宣传使其内化为整个民族和社会成员的正义感、审美感和责任感，从而有效提升人们的精神境界，塑造人们的健全人格，营造社会的良好风尚。文化对于民族精神的抚育呵护，对于时代精神的培育升华，对于促进人的全面发展都具有特别重要的作用。

三、社会主义核心价值观建设与文化软实力

（一）文化软实力的内涵

文化软实力是软实力的子概念，是在软实力的深入理论研究中衍生而成的。文化，广义是指人类在社会发展过程中所创造的物质财富和精神财富的总和；狭义是指社会的意识形态及民族心理积淀。文化具有广泛的渗透性，是软实力中最重要的因素。一般来说，我们谈论软实力时，就是指的文化软实力。文化、知识、

科技力量、国家的凝聚力、意识形态的感召力，都是软实力的重要因素。不管从何种角度来阐述软实力，都是以文化价值观为首要因素，并且其他的因素也都镶嵌在文化之中。文化软实力关乎一个民族的兴衰，影响着国家的强弱，关系到人民的物质生活水平。文化软实力是一国软实力的核心，体现着一个国家的意识形态，是一个国家文化的重要体现。

（二）社会主义核心价值观对于提升文化软实力的重要意义

文化作为国家软实力的重要内容，它是国家的核心竞争力的体现和标志。文化软实力来自一个国家的政策法规的正义性、政治行为准则的合法性、文化的吸引力和感召力。如果一个国家的政策法规具有正义性，就会得到世界各国的认同，因而提升国际形象；如果一个国家的政治行为准则具有合法性，就有利于开展经济、文化和各方面的贸易往来，因而加强国家的话语权；如果一个国家的文化具有很强的吸引力和感召力，就能够主导世界秩序、规范世界行为、引领世界潮流。就文化软实力自身而言，一个国家的文化软实力集中体现在价值观上，我国正在培育的社会主义核心价值观是社会主义文化的本质和灵魂，是社会主义意识形态的基石。社会主义核心价值观极大提升了中华民族的凝聚力、影响力和竞争力。

1.社会主义核心价值观能够提升中华民族的凝聚力

文化软实力的一个基本内涵就是文化凝聚力，这种凝聚力来自于人们对文化价值观的认同和接受，文化有了凝聚力就会形成民族凝聚力，形成一个民族对自己文化的高度自觉和自信。中华民族凝聚力是在历史发展长河中维系整个中华民族生存与发展的一种内在的精神力量。客观地讲，今日世界是资本主义主导的世界，全球化浪潮夹杂着文化的渗透和普世价值的冲击。西方世界鼓吹的“自由”“民主”“博爱”的普世价值观念随着工业产品与文化产品传遍全世界。为了从容应对这种全球化浪潮的冲击，我们必须着眼于社会主义先进文化的建设，着眼于社会主义核心价值观的培育和践行，增强民族凝聚力，着力提升国家文化软实力，以求在日趋激烈的国际综合国力竞争中赢得主动。

中华民族不仅在近代饱受外敌的凌辱，而且承受着自然灾害的磨难。在抗击自然灾害的过程中，中华民族展现出顽强的意志和超强的凝聚力。改革开放以来，在灾难面前，党和国家领导人心系人民，心忧天下，与人民在一起；人民军队成为人民的中流砥柱，坚强的后盾，成为国家的定海神针，不倒的长城；全社会万众一心，人尽所能，众志成城，迸发出气吞山河的社会力量。灾难面前，各级党的组织、政府部门和机关干部自觉履行人民公仆的职责，使人民公仆不再是一种概念的可能性，而成为实践的现实性；每一个社会成员都奉献出自己的拳拳爱心，让灾区充满爱，构筑起民族凝聚力的深厚根基；关注生命、珍视生命的意识被视为人间的最高伦理，以人为本成为生命伦理的最高目标。改革开放以来中华民族在应对突发事件过程中，迸发出来的民族凝聚力是对民族精神与时代精神的丰富和深化，充分彰显出中国特色社会主义先进文化的实践特色、民族特色与时代特色。

2. 社会主义核心价值观能够提升中华民族的影响力

中华民族文化影响力，是国家文化软实力的重要标志。中华文化的原创性思想和整体性思维具有独特魅力，其生命力极其旺盛、繁衍力极其强大，是世界文化的珍品，一度引领世界文化风骚。只是近代以来，在现代化浪潮的冲击下，中华文化开始呈现疲态，在西方价值观的强势主导下，中华文化的国际影响力开始下降。全球化时代，中华文化虽然得到了广泛传播，但其影响力与我国作为发展中大国的地位还不相适应。马克思主义在中国的传播，给中华文化带来了新鲜血液、注入了强劲活力。社会主义核心价值观的培育和践行，文化强国战略的有力实施，中华文化的内容和形式都焕然一新、风头正劲，充分向世人展现出中国特色、中国风格和中国气派。随着历史的前进，具有民族性、时代性和先进性的中华文化，必将并注定要向世界展现着强大的国际影响力。

3.社会主义核心价值观能够提升中华民族的竞争力

今日世界，国与国之间的竞争日趋激烈，而且突出表现为文化之间的竞争，文化的强弱直接关系到国家竞争力的强弱，国家的发展亟须文化的支撑和思想的支撑。文化越先进，对别国的影响力就越大；文化产业越强大，对别国的渗透就越深，在国际竞争中就越占据优势。“作为后起的大国，中国与发达国家尤其是美国相比，差距最大的不是国内生产总值和军事实力，而是各种软力量。”文化软实力作为综合国力的重要体现，要想在国际竞争中立于不败之地，就必须占领文化的制高点；一定意义上，中华民族的复兴就是文化的复兴，中华民族的复兴必须走文化立国、文化兴国、文化强国之路。

（三）提升文化软实力的路径

1.强化创新意识，着力推进文化思想创新

没有创新的思想，就没有创新的行动，思想是行动的先导，是创新的前提。把转变思想观念贯穿于文化创新的全过程，不断强化创新意识，以创新的理论认识新的情况，以创新的方法解决新的问题，以创新的成果提升文化软实力。要着力推进文化体制机制创新。体制机制是推进文化创新的制度保证。体制优越才能焕发文化自身的生命力，机制畅通才能极大解放文化生产力。要着力推进文化内容创新。内容创新是文化创新的核心，要从传统中发掘文化资源，要从世界文化精品中寻找灵感，创造内容丰富多彩、具有民族特色和时代特色的文化精品。要着力推进文化形式创新。好的文化需要好的形式，形式美是文化魅力的展现，优秀的文化作品要为人们接受和认可，必须具有生动优美、活泼多样的形式。

创新需要科学精神与人文精神的共同作用。创新首先要尊重事物自身发展的规律，创新不是盲目蛮干，只有具备扎实专业功底和深厚知识积累的人，创新才有可能，灵感是偏爱有准备的头脑的。独立的思考、艰苦卓绝的研究和上穷碧落下黄泉的探索，这是科学精神的重要内涵；创新同时需要正确世界观的指导，充分发挥创新主体的主观性和创造性，需要追求卓越的高远境界和团结协作的集体主义精神，需要睿智、热情、理性，以及不屈不挠的品格，这是人文精神的重要体现。我们既要做文化大国也要做文化强国，既要做科技大国也要做科技强国。科技创新是推动文化发展的重要引擎，无论是文化精神的培育还是文化产业的发展都需要加大科技创新的力度，要大力提倡科学精神、科学方法、科学态度，尊重科技人才和知识分子。要加快实施科教兴国战略，促进文化和科技良性互动，增强自主创新能力，建设科学文化创新型国家。

2.深化文化体制改革，增强文化发展活力

第一，深化文化体制改革，必须解放思想、转变观念、凝聚共识，树立新的文化发展观，进一步增强深化改革的自觉性和坚定性。这就要求我们充分认识繁荣发展社会主义先进文化的全局性、战略性意义，深化对文化发展思路、目的、动力、格局的认识，冲破一切妨碍文化发展的思想观念，改变一切束缚文化发展的做法和规定，革除一切影响文化发展的体制弊端，解放和发展文化生产力，让一切文化创造源泉充分涌流，为人民提供广阔文化舞台，开创全民族文化创造活力持续迸发、社会文化生活更加丰富多彩、中华文化国际影响力不断增强的新局面。

第二，深化文化体制改革，必须坚持以体制机制创新为重点。体制机制创新是文化创新的核心，是实现文化内容形式创新和文化传播手段创新的重要力量。传统的文化事业体制机制，特别是“事业单位、企业经营”的体制机制，是制约中国特色社会主义文化建设发展的重大障碍。要以推动发展为主题，以构建覆盖全社会的公共文化服务体系为重点，完善文化建设和文化发展的法律法规体系，增强宏观调控能力，建立新型的党委领导、政府管理、行业自律、企事业单位依法运营的宏观文化管理体制。以重塑文化市场主体为重点，加快推进国有经营性文化单位转企改制，提高文化企业竞争力，增强文化事业单位活力，提高文化事业单位的服务水平和效率，构建富有效率的文化生产和服务的微观运行机制。发动社会力量参与文化事业建设和文化产业发展，形成政府主导、社会参与的文化发展体系和公有制为主体、多种所有制共同发展的文化产业格局，充分发挥国有资本在文化领域的主导作用。以完善市场机制在文化资源配置中的基础性作用为重点，改革按部门、行政区划、行政层级分配文化资源和文化产品的传统体制，打破条块分割、地区封锁、城乡分离的市场格局，建设和形成统一、开放、竞争、有序的现代文化市场体系。

3.要着力建设文化民生，满足人民群众的精神需求

文化民生是指文化层面的人民生计，也就是人民生计中的文化层面，属于精神层面的民生。文化民生所要解决的首要问题，是广大群众的精神家园问题，解决人民群众的安身立命之本。社会主义先进文化所倡导的基本精神，社会主义核心价值体系所呈现的基本内容，都是文化民生的精神家园所在，是各族人民群众的精神支柱。人民群众获得安身立命之本，得到精神上的激励和智力上的支持，享受优质的文化资源和教育资源，享受体育和医疗卫生服务，满足图书影视消费需求，满足休闲旅游观光需求，以及其他各种各样的文娱活动、讲座展览等需要，都是文化民生的基本内容。目前社会上一些不满情绪的蔓延和宣泄，究其原因一是文化基本权益得不到保证，二是不同群体的人民的安身立命之本没有着落。国家软实力与文化民生关系密切，文化民生直接影响文化生产力。完善文化生活方式，着力文化民生的建设、享受和实践，将为文化发展注入新的动力，本身就是文化功能和价值的实现与文化软实力的提升。疏通文化民生的脉络，完善公共文

化服务体系，提供更多的文化产品、文化设施、文化机遇和文化消费，让民众时时处处浸润在优美健康的文化氛围之中，感受到文化生活的便捷和美好，从而缓解情绪、振奋精神、放飞激情，最终达到提高文化生产力、建设和谐社会的目标。从意识形式角度看，文化民生则涉及现代公民意识，即文化公民的权利意识，人民群众既是文化创造的主体，也是文化享受的主体。公共文化服务的目标就是实现每一个公民的基本文化权利。这些文化权利包括如下不可或缺的内容：文化创造的权利，文化选择的权利，文化消费的权利，文化休闲的权利，文化传播的权利，以及文化批评的权利。

第三节　社会主义核心价值观培育和践行与建设和谐社会

进入历史新阶段，特别是党的十八大以来，以习近平为总书记的党中央，不断推动我国政治、经济、文化等领域向前发展。围绕着我国的社会发展问题习近平总书记发表了一系列重要讲话，多次强调我们应该坚定不移地坚持中国特色社会主义道路，为新常态下我国社会的全面发展和进步描绘了美好的蓝图。构建社会主义和谐社会”思想理论的产生与发展，正如我们党历史上产生的中央三代领导集体的毛泽东思想、邓小平理论和“三个代表”重要思想一样，是在新世纪、新阶段、新情况下所面对的国际国内大背景、大环境和大时代中产生，并逐步成熟和完善。建设社会主义核心价值观，必将有力地推动构建社会和谐社会的伟大进程。

一、社会主义和谐社会的概念

社会主义和谐社会的内涵非常丰富，既指国家稳定、政令畅通、社会祥和、人民安居乐业，也指经济繁荣、物价稳定、市场有序、供需平衡、人民物质生活富裕，还包括文化昌盛、人际和谐、人们精神生活充实，彼此之间诚实守信、相互尊重、理解和包容，以及环境友好、资源节约、日丽气新，人与自然和谐共处的状态。

和谐社会是一个理想的社会、一个多元的社会、一个宽容的社会、一个善治的社会、一个有序的社会、一个公平的社会、一个诚信的社会、一个可持续发展的社会。所谓理想的社会，就是令人神往、令人心情舒畅、超越了现实弊端的社会；所谓多元的社会，就是和而不同、思想自由、言论民主、个人价值取向有异，但彼此又能兼容、基本思想观念一致的社会；所谓宽容的社会，就是人们之间相互包容、体谅、礼让，宽以待人、严以律己，能够求同存异、和睦相处的社会；所谓善治的社会，就是政府遵循以人为本理念，坚持依法治国，以良法治理的社会；所谓有序的社会，就是社会运行状态平稳，人们工作和生活秩序正常，法律和道德等行为规范能为人们自觉遵守的社会；所谓公平的社会，就是在收入、分配，社会资源占有和使用方面，没有地域、城乡、人群差异，大家平等共享国家发展成果，平等地参与国家政治生活，平等地拥有教育、文化、卫生、社会保障等方面权利的社会；所谓诚信的社会，就是人们以诚相待，讲究信用、信誉，没有欺诈、一诺千金，遵守合同，具有信德的社会；所谓可持续发展的社会，就是人口、资源、环境的协调发展，生产、消费相互平衡，发展方式文明，发展后劲充足，发展基础厚实的社会。

二、社会主义和谐社会的内容维度构成

构建社会主义和谐社会是我国经济社会发展的总体目标，人与人的和谐、人自我身心的和谐、人与社会的和谐、人与自然的和谐是构建和考量社会主义和谐社会的四大维度。

（一）人与人的和谐

人与人的和谐，是人与社会和谐的核心。人与人之间的关系，可以分为两个层面，即个体与群体的关系以及自我与他人的

关系。

1. 个体与群体之间的关系

个体与群体之间的关系，可以扩展为个人与家庭、单位、组织、国家、民族、人类之间的关系，这是人与社会关系的具体体现。个体与群体也是既相互依赖、又相互排斥的矛盾关系。人是以群的形式生存和发展的，人无法真正脱离群体而单独生存和发展；但与此同时，群体也由个体构成，舍弃了个体的人，群体也就不复存在。人与人的和谐，主要是指个体的人与群体的人之间的和谐。个体的人要很好地在世界上生存和发展，一定不能与群体为敌，相反地，要同群体和谐相处，从群体中获得支持和帮助。尽管有时个体与群体之间会存在利益冲突，但超越了具体利害之争，群体与个体在根本利益上是可以相容的。

2. 自我与他人之间的关系

自我与他人之间的关系，是指一个人与周围其他人的关系，人与人的和谐，当然包括个体人之间的和谐。由于自我利益、自我个性、价值取向的不同，以及社会竞争的存在，人与人之间的关系很容易变得脆弱和紧张，因此，当下处理好自我与他人的关系，是构建和谐社会的重要方面。

（二）人自我身心的和谐

人自我身心的和谐，是社会和谐在微观上的要求和体现。人自我身心的和谐，是指一个人身心（特别是指心理和精神）的健康状态，主要体现为人在现实生活中心理、精神上的一种平和、宁静、乐观、豁达、欢悦、向上的状态。从一定意义上说，没有个体的身心和谐也就不可能实现真正的人与人的和谐、人与社会的和谐以及人与自然的和谐。随着物质欲望的不断增加和社会竞争、生活压力的加大，人们的身体和心理都容易产生疲惫、厌倦之感，因此身心的平衡状态会经常被打破，这既不利于个体的健康，也不利于人际交往与社会和谐。《中共中央关于构建社会主义和谐社会若干重大问题的决定》明确提出，要“注重促进人的心理和谐，加强人文关怀和心理疏导，引导人们正确对待自己、他人和社会，正确对待困难、挫折和荣誉”，“塑造自尊自信、理性平和、积极向上的社会心态”。

（三）人与社会的和谐

人与社会是辩证统一的关系，人是社会的人，社会是人的社会，人离不开社会而存在，社会也需要人的维持和推动。另外，人在社会环境中生存和发展，必须要遵守社会制度，维护社会秩序，依照社会规则行事；而社会也应当尊重人的个性，满足人的合理需求，为个人的全面自由发展提供必要的条件支持。其实，个人与社会在许多情况下是存在矛盾冲突的，由于社会资源的有限性以及个人需求的无限性，彼此之间时常会有不和谐。问题的关键是，二者之间应保持必要的张力，个人欲望的满足不能超出社会现实提供的可能；社会对个人的约束和要求，也要以不伤害人的合理需求和抹杀人的个性为限度。只要能够遵循上述原则，人与社会的和谐就可以实现。

（四）人与自然的和谐

人与自然的和谐，是生态文明建设的需要，也是构建和谐社会的重要方面。随着人们对自然界和对自身认识的加深，人与自然的关系越来越受到重视。人类源于自然，在自然界中获取生存和发展的条件，并且是自然界的有机组成部分。人既不能超越自然，也不能战胜自然，而应该与自然和谐共处。马克思早就指出：“现实的、有形体的、站在稳固的地球上呼吸着一切自然力的人，本来就是自然界。”[①]恩格斯在《反杜林论》中也指出：“人本身是自然界的产物，是在自己所处的环境中并且和这个环境一起发展起

① 马克思恩格斯全集(第42卷)[C].北京：人民出版社，1982，第167页

来的。”[①]在《自然辩证法》中，恩格斯又强调指出：“我们每走一步都要记住：‘我们统治自然界，决不是像征服者统治异族人那样，决不是像站在自然界之外的人似的——相反地，我们连同我们的肉、血和头脑都是属于自然界和存在于自然之中的。”[②]中国古代哲人也早就指出“天人合一”的思想。《道德经》说：“人法地，地法天，天法道，道法自然”。当然，这里的“自然”并不是指自然界，而是说“自然而然、究竟至极”的意思。但是，这里的“地”、“天”则与今天的“自然”同义。庄子在老子道论的基础上，进一步指出：“天地与我并生，而万物与我为一”。这里的“天”就是指自然，人与天地万物之自然合为一体。到了汉代，董仲舒则在当时阴阳五行学说的浓厚氛围下，提出：“人之(为)人本于天”的观点，在此基础上，他认为人的一切言行都应当遵循“天”意，凡有不合天意而异常者，则“天出灾害以谴告之”。董仲舒的“天人合一”思想对后来的中国文化产生了重要影响，“天意不可违”，这是中国百姓的基本社会心理。“天意”在这里虽有客观唯心主义的色彩，但也有自然规律不可违背的意蕴。可是，近年来在市场经济的冲击和物欲横流世风的影响下，“天意”的概念越来越淡化，而人欲的意念越来越强盛。资源枯竭、河水断流、乌云蔽日、水土流失、沙尘肆掠等，似乎皆与此有关。当然，人类不同于动物，不是被动地适应自然。人具有主观能动性，通过实践和思维可以认识、把握自然规律，从而实现对客观世界的改造，以更好地满足自己生存和发展的需要。但是，人决不能随心所欲地改造自然，必须按客观规律行事。人们一旦违背了自然规律，为了满足自己的不断膨胀的欲望，无限制地攫取自然资源，甚至不顾自然环境的承受能力，达到了破坏自然的程度，就必然会遭到大自然的报复，最后损害人类的根本利益。人与自然的关系恶化，会引起资源的紧缺、环境的破坏，进而会导致人与人之间为争夺资源而战斗，为保护自己的生存环境而厮杀，社会的和谐也就无从谈起了。

---

① 马克思恩格斯选集(第3卷)[C].北京：人民出版社，1995，第374～375页

② 马克思恩格斯选集(第4卷)[C].北京：人民出版社，1995，第383～384页

三、以社会主义核心价值体系和核心价值观为根本，推进和谐社会的构建

纵观人类发展史，任何一个时期的文化价值观都是多样的，我们必须尊重这种主体价值观的差异性，鼓励人的个体发展。在尊重、包容多样的前提下，应当积极培育壮大主导价值观，大力弘扬主旋律，努力在多元中立主导、在多样中谋共识。古今中外，所有国家都非常强调社会主导文化、主导价值的建设，以此来整合、规范、引领多元的社会文化、社会价值，确保社会的良性运行和政权巩固。因此，在构建和谐社会时要以社会主义核心价值体系和核心价值观为根本。

（一）把握指向，体现国情

在我国核心价值体系建设的指向上，首先要体现社会主义的本质要求，体现它的先进性。其次要体现人类社会的发展要求，体现它的时代性和发展性。再次要体现制度层面的约束性，既可作用于每个人，但又不是对每个人的具体要求。最后要充分体现它的民族性和可实践性。我们的核心价值观应由民众来参与提炼，而不应由政府来发文规定，应由民众在实践中来感悟，而不应只由几个学者来论证确定。

（二）妥善处理好几对关系，体现价值的普世性

一是要处理好国家、社会、个人的关系。既要尊重个人的价值诉求，又要强调个人服从国家的利益，遵守社会的共同规则和秩序，在服务社会中寻求个人价值诉求的实现。二是要处理好情、理、法的关系。尤其要防止法对社会道德的打击。三是要处理好传统与现代的关系。根植于传统又不囿于传统。四是整体性与层次性的关系。既要有统一的价值要求，又要根据不同层次、不同群体设计不同的价值要求，实现核心价值观与社会公德、

职业道德、家庭美德、个人私德、官员官德的有机统一。五是知与行的关系。既要明确应该是什么，也要给出如何践行的实践路径，做到知行合一。

（三）从优秀传统文化中汲取营养

习近平总书记在2014年2月24日中共中央政治局第十三次集体学习时的讲话强调，“培育和弘扬社会主义核心价值观必须立足中华优秀传统文化。牢固的核心价值观，都有其固有的根本。抛弃传统、丢掉根本，就等于割断了自己的精神命脉。”价值观既具有时代性，又具有历史的承继性。建构我国社会价值体系的根基在于先人们给我们留下来的宝贵文化财富特别是儒学文化价值观。在传统儒学文化价值观中，讲仁爱、重民本、国为先、守诚信、崇正义和敬天地、尚和合的生态伦理观以及仁、义、礼、智、信，诚、勇、忠、孝、悌等价值规范，反映了人们处世、行事、立世的基本准则，不仅从道德伦理层面维系了中国社会的有序运动，助推中华民族创造了辉煌灿烂的历史文明，而且在当下仍极具普世价值。传承、弘扬优秀传统文化，还要高度重视革命战争年代先烈们用鲜血换来的优秀革命传统的传承和当代中国特色社会主义宝贵实践经验的进一步提炼，通过革命历史传统和中国特色社会主义宝贵实践经验的学习宣传，增强全体人民对马克思主义的信仰，对建设中国特色社会主义的信念，对现代化建设的信心，对党和政府的信任，为科学发展的实践提供强大的精神文化动力。

（四）完善价值体系，增进社会共识

作为一个社会的核心价值体系，既要强调原则性、普世性，又应注重层次性和针对性，过高的道德要求只会使道德虚化，出现道德要求和道德实践的二元分离。因而，在社会主义核心价值体系建设中，既要制定社会成员应普遍遵守的底线价值规范，又要分不同层次进行有针对性的价值设计。一是要研究制定全社会必须共同坚守的普遍价值或底线价值。二是要细分群体进行价值设计。

参考文献

[1]马克思恩格斯选集(第 1—4 卷)[C]. 北京:人民出版社,1995.

[2]马克思恩格斯全集(第 19 卷)[C]. 北京:人民出版社,1963.

[3]列宁选集(第 1—4 卷)[C]. 北京:人民出版社,1995.

[4]毛泽东选集(第 1—4 卷)[C]. 北京:人民出版社,1991.

[5]毛泽东文集(第 7 卷)[C]. 北京:人民出版社,1999.

[6]邓小平文选(第 1—2 卷)[C]. 北京:人民出版社,1994.

[7]邓小平文选(第 3 卷)[C]. 北京:人民出版社,1993.

[8]郑文范. 五维契合:社会主义核心价值观与中国特色社会主义理论关系研究[M]. 北京:社会科学文献出版社,2015.

[9]郭建宁. 民族复兴的价值支撑——社会主义核心价值观研究[M]. 北京:高等教育出版社,2015.

[10]周菲. 社会主义核心价值观与中国梦[M]. 北京:人民出版社,2015.

[11]季明. 培育和践行社会主义核心价值观学习读本[M]. 北京:人民日报出版社,2014.

[12]郭建宁. 社会主义核心价值观基本内容释义[M]. 北京:人民出版社,2014.

[13]许俊. 中国人的精气神——社会主义核心价值观国民读本[M]. 北京:人民出版社,2014.

[14]黄德珍,李艳,石中晨. 社会主义核心价值观教育研究[M]. 北京:中国文史出版社,2015.

[15]艾四林. 中国梦与大学生思想政治教育[M]. 北京:中国文史出版社,2015.

[16]崔志胜.培育和践行社会主义核心价值观[M].成都:西南交通大学出版社,2016.

[17]姜正国.建设社会主义核心价值体系与思想政治工作创新研究[M].长沙:湖南人民出版社,2012.

[18]王克千,吴宗英.价值观与中华民族凝聚力[M].上海:上海人民出版社,2001.

[19]郑洁.网络媒体传播社会主义核心价值观研究[M].北京:中国社会科学出版社,2012.

[20]李建华,夏建文.立德树人之道——大学生社会主义核心价值观的培育与践行研究[M].北京:人民出版社,2015.

[21]习近平.做党和人民满意的好老师——同北京师范大学师生代表座谈时的讲话[N].人民日报,2014—09—10.

[22]习近平.青年要自觉践行社会主义核心价值观[N].人民日报,2014—05—05.

[23]冯颜利,廖小明.问题·旨趣·路径——社会主义核心价值观新探究[M].北京:人民出版社,2014.

[24]赵爱玲.中国特色社会主义核心价值体系建设研究[M].北京:中国人民大学出版社,2013.

[25]谢晓娟.社会主义核心价值观研究[M].北京:中国社会科学出版社,2012.

[26]陈新汉.社会核心价值体系价值论研究[M].上海:上海人民出版社,2008.

[27]周文华.美国核心价值观建设及启示[M].北京:知识产权出版社,2014.

[28]李新仓,李建森.雷锋精神与社会主义核心价值体系建设[M].北京:中国财政经济出版社,2013.

[29]田鹏颖.社会主义核心价值观七论[M].北京:社会科学文献出版社,2015.

[30]左鹏.意识形态领域挑战社会主义核心价值体系的几种主要社会思潮[J].思想理论教育导刊,2014(4).

[31]曾长秋，曹挹芬．社会主义核心价值观结构探析[J]．伦理学研究，2014(2)．

[32]陈秉公．论社会主义核心价值观“高势位”培育和践行的规律性[J]．思想理论教育，2014(2)．

[33]徐园媛，李思雨，罗二鹏．大学生社会主义核心价值观教育长效机制构建[M]．成都：西南交通大学出版社，2015．

[34]张志军，沈威，高飞．构建高校发展型学生工作体系的理论与实践[M]．北京：中国书籍出版社，2015．

[35]陈芝海．大学生社会主义核心价值观教育研究[M]．北京：光明日报出版社，2013．

[36]杨业华．当代中国大学生核心价值观研究[M]．北京：人民出版社，2011．

[37]鲍硕来，陈俊．社会主义核心价值观内化为大学生修身教育的路径思考[J]．思想理论教育导刊，2015(1)．

[38]汪立夏，李曦．当代大学生社会主义核心价值观内化机制的创新[J]．思想教育研究，2012(12)．

[39]王学俭，刘强．新媒体与高校思想政治教育[M]．北京：人民出版社，2012．

[40]李东，孙海涛．在大学生中培育和践行社会主义核心价值观研究[M]．北京：中国书籍出版社，2015．